Knaur

Von Elizabeth Forsythe Hailey ist außerdem erschienen:

Chronik einer Ehe

Über die Autorin:

Elizabeth Forsythe Hailey wurde in Dallas geboren. Sie arbeitete als Journalistin und schrieb gemeinsam mit ihrem Mann, dem Bühnenautor Oliver Hailey, Drehbücher für verschiedene Fernsehserien. 1978 veröffentlichte sie ihren ersten Roman, der in den USA zum Bestseller wurde. Die Autorin lebt heute mit ihrem Mann und ihren zwei Töchtern in Los Angeles.

Elizabeth Forsythe Hailey

Jeder Tag ein neuer Anfang

Roman

Aus dem Amerikanischen
von Luise von Tiedemann

Knaur

Die amerikanische Originalausgabe erschien 1978 unter dem Titel
»A Woman of Independent Means« bei Viking Press, New York

Vollständige Taschenbuchausgabe 2000
Droemersche Verlagsanstalt Th. Knaur Nachf., München

Ein Verlagsimprint der Weltbild Verlag GmbH, Augsburg
Lizenzausgabe mit Genehmigung des Schneekluth Verlages

Umschlaggestaltung: ZERO Werbeagentur, München
Umschlagabbildung: Masao Ota / Photonica, Hamburg
Satz: Ventura Publisher im Verlag
Druck und Bindung: Ebner Ulm
Printed in Germany
ISBN 3- 426-61228-3

2 4 5 3

Honey Grove, Texas, den 10.12.1899

Lieber Rob,
eben habe ich Miss Appleton gebeten, dass sie uns für den Wettbewerb im Rechtschreiben in die gleiche Gruppe steckt. Wir sind die Einzigen in der Vierten, die *perspicacious* richtig buchstabieren können, und damit ist der Sieg unser!
Kannst du nach der Schule vorbeikommen? Der Gärtner gräbt das Malvenbeet um, so dass wir mehr Platz zum Fangenspielen haben. Meine Idee!

Bess

Honey Grove, den 2.1.1900

Lieber Rob,
gutes neues Jahrhundert! Ich wollte, ich könnte lange genug leben, um das nächste Millennium noch willkommen zu heißen (wenn du nicht weißt, was das heißt, dann erkläre ich dir's nach der Schule). Kannst du heute rüberkommen? Ich möchte dir meine Weihnachtsgeschenke zeigen. Wie üblich habe ich alles gekriegt, was ich mir gewünscht habe.

Bess

Honey Grove, den 30.5.1902

Lieber Rob,
eine gute Nachricht! Papa hat sein Grundstück in der Stadt an Karussellleute vermietet, und ich habe ihm gesagt, er soll sich doch die halbe Miete in Eintrittskarten auszahlen lassen – dann kriegst du die Hälfte von meinem Anteil, und wir fahren so lange im Kreis rum, bis die Schule wieder anfängt.

Bess

Honey Grove, den 8.2.1906

Lieber Rob,
das war der aller-, allerlängste Winter in meinem Leben! Wenn die Eltern dich nur in mein Zimmer rauf ließen, wenn du die Hausaufgaben bringst! Aber ich sehe ja ein, Tuberkulose ist so ansteckend.
Wenn ich dran denke, dass du im September eine Klasse über mir bist, werde ich traurig. Jetzt bin ich gerade fünfzehn und habe ein ganzes Jahr meines Lebens vertan. Aber irgendwie werde ich schon damit zurechtkommen, und dann will ich nie wieder einen Tag verlieren. *Deine Bess*

Mary Baldwin College/Staunton, Virginia 1.5.1909

Lieber Rob,
ich habe genug von der Welt gesehen, wenigstens von der Welt ohne dich. Das College ist prima. Ich will aber nur die Grundbegriffe von allem lernen, dann kann ich schon allein weitermachen; im nächsten Monat komme ich nach Hause und bleibe da!
Bei deiner Examensfeier sitze ich in der ersten Reihe. Bitte gehe auf keinerlei Angebote für eine Anstellung ein, bevor ich zurück bin. *Immer deine Bess*

Staunton, den 5.5.1909

Liebste Mama,
in einem Monat bin ich daheim, und noch in diesem Sommer werden Rob und ich heiraten. Ich bitte dich, Papa kein Wörtchen davon zu sagen. Er soll es von mir erfahren.
Am liebsten wäre mir die Trauung in unserem Haus, und zwar im vorderen Wohnzimmer, das prächtiger ist als jede Kirche in Honey Grove. Ich bin dort auch glücklicher gewesen. Wahr-

scheinlich dauert es Jahre, bis Rob und ich uns ein schönes Haus leisten können, aber ich finde, er soll ruhig sehen, was von ihm erwartet wird. *Deine dich liebende Tochter Bess*

Staunton, den 20.5.1909

Liebster Papa,
glaube mir: Meine Ausbildung ist mir sehr wichtig, sogar noch wichtiger als dir, und es liegt mir viel daran, die Studien fortzusetzen. Aber warum soll ich denn, da ich nie einen Abschluss ins Auge gefasst habe, noch länger hier im College bleiben?
Ich liebe Rob und möchte an seiner Seite leben. Dass er aus einer mittellosen Familie stammt, ist mir klar, und auch, dass er es sich nicht leisten kann zu heiraten. Aber *meine* Familie hat die Mittel, und *ich* kann es mir leisten. Er wird in den nächsten paar Jahren die Weichen für sein weiteres Leben stellen, und wenn ich daran teilhaben will – und ich will! –, dann müssen wir jetzt gemeinsame Entscheidungen treffen. *Deine ergebene Tochter Bess*

Dallas, den 10.11.1909

Liebste Eltern,
ich vermisse euch sehr! Rob gibt jetzt auch zu, dass es richtiger war, hierher zu ziehen und ins Immobiliengeschäft einzusteigen, als in Honey Grove zu unterrichten wie sein Vater.
In der letzten Woche hat Rob einen großen Häuserblock in der Stadt verkauft und mir zur Feier ein Pferd und einen Landauer geschenkt. Am Sonntag werden wir uns in die Gemeinde der St. Matthew's Episcopal Cathedral eingliedern. Macht euch aber bitte darüber keine Gedanken, denn so gerne ich bei den Methodisten in Honey Grove war – Dallas bietet eben eine größere Auswahl an allem, sogar an Kirchen.

Eure treue Tochter Bess

Dallas, den 2.4.1910

Liebste Mama,
entschuldige bitte mein Gekritzel. Ich hatte einen Traum, so nah und lebendig, dass mir noch jetzt im hellen Tageslicht die Hände zittern.
Ich war gestorben und schon drei Tage lang tot, doch Rob setzte sich weiterhin mir gegenüber an den Tisch zum Abendessen, schlief nachts an meiner Seite und küsste mich am Morgen zum Abschied. Er hat nicht einmal gemerkt, dass ich aufgehört hatte zu atmen!
Seine Gleichgültigkeit im Traum hat mich so verstört, ja gelähmt, dass ich mich heute früh schlafend gestellt habe, als er ins Büro ging. Ich habe ihn in Verdacht, dass er lieber allein frühstückt, damit er seine Zeitung lesen kann, jedenfalls lässt er mich neuerdings gern ausschlafen. Aber der Traum hat mir zu verstehen gegeben, dass mir noch mehr auf der Seele liegt.
Du hast mich am Abend vor der Hochzeit gefragt, liebste Mama, ob ich noch irgendwelche Fragen hätte. Damals hatte ich keine, aber nun werde ich regelrecht davon überschwemmt. Ich möchte dich jedoch nicht mit Problemen im körperlichen Bereich in Verlegenheit bringen – Rob hat Antworten auf Fragen parat, die ich gar nicht zu stellen wüsste – nichts von dem, was ich gelesen oder mir vorgestellt hatte, hat mich auf die körperliche Leidenschaft vorbereitet, die die Ehe entfesselt. Im Schoß der Dunkelheit sind wir beide eins, Rob und ich – eine vollkommene, unteilbare Einheit, zwei gleiche Hälften eines Ganzen.
Es ist das Tageslicht, das dieses Gleichgewicht zerstört. Wenn er aufsteht und zur Arbeit geht, dann fangen meine quälenden Gedanken an. Er ließe mich ohne weiteres den ganzen Tag durchschlafen, ja er verlangt nichts weiter von mir, als dass ich warte, bis er abends wieder nach Hause kommt; vermutlich, so denke ich manchmal, würde es ihm nichts ausmachen, wenn er

mich noch im Bett anträfe. Kaum hat der Märchenprinz Dornröschen wachgeküsst, lässt er es schon wieder einschlafen. Er ist mein ganzes Leben, Tag und Nacht, Nacht und Tag, aber am Tag bin ich nur ein Splitterchen von ihm.
Bin ich denn die einzige Frau, die sich so unnütz, so allein gelassen fühlt? Dich allein, liebste Mama, kann ich das fragen. Mache dir bitte nicht die Mühe und antworte mit einem Brief; ich habe vor, nächste Woche zu kommen, und dann können wir ausführlich über alles reden. Ich will nicht riskieren, dass Rob dahinter kommt! *Ich liebe dich und brauche dich, Bess*

Honey Grove, den 8.4.1910

Liebes Herz,
ich schlafe in meinem alten Zimmer und träume jede Nacht davon, dass du bei mir bist. Und am Morgen, wenn ich aufwache, bin ich dann allein und voller Sehnsucht nach dir. Aber wenn wir jetzt auch getrennt sind, so bin ich doch mit dir mit diesem neuen Herzschlag unter dem meinen verbunden. Ich bete darum, dass meine Mutter noch so lange lebt, dass sie ihr erstes Enkelkind sehen kann, aber ihre Kräfte nehmen mit jedem Tag ab; seit ich hier bin, hat sie das Bewusstsein nicht wiedererlangt. Jetzt muss ich zu ihr! – Ach, könnte ich ihr nur klarmachen, wie sehr ich sie noch brauche! *Immer deine Bess*

Dallas, den 15.11.1910

Liebster Papa,
eben erhalte ich deinen Brief mit den Erläuterungen zu Mamas Testament. Dass sie eine finanziell unabhängige Frau war, wusste ich nicht; ihren Sinn für Würde und Selbstachtung habe ich immer einem mehr geistigen Ursprung zugeordnet.
Bitte verschwende keinen Gedanken mehr daran, wie ich mit

so einem dicken Batzen Geld umgehe. Das Interesse an der Sache gleicht meine beschränkte Erfahrung aus.
Deine Verlassenheit und deinen Kummer teile ich mit dir zu jeder Stunde, auch wenn mich meine eigene Familie in Atem hält. Wir freuen uns darauf, dich nächste Woche bei uns zu haben, dann wirst du am ersten Thanksgiving deines Enkelsohnes teilnehmen! *Deine dich liebende Tochter Bess*

VEREINBARUNG
Am heutigen Tag lieh Elizabeth Alcott Steed ihrem Ehemann Robert Randolph Steed $ 20.000,– (in Worten zwanzigtausend Dollar). Das Geld wird in jährlichen Raten von $ 1.000,– (in Worten eintausend Dollar) innerhalb der nächsten zwanzig Jahre zurückgezahlt. *10.1.1911, Elizabeth Alcott Steed*

Zeugen: Annie Hoffmeyer, Haushälterin
Hans Hoffmeyer, Gärtner

Die Immobilienmakler
Florence und Field
beehren sich,
ihre Partnerschaft mit
Robert Randolph Steed anzuzeigen.

Ein Empfang zu seinen Ehren
findet am Sonntag, dem 2. April,
im Dallas Country Club
von 3 bis 5 Uhr Nachmittag statt.

U. A. w. g.

An den Aufsichtsrat
des Dallas Country Club

Dallas, den 1.5.1911

Sehr geehrte Herren,
besten Dank für die prompte Aufnahme als Clubmitglied. Beiliegend ein Scheck für die Aufnahmegebühr und den ersten Monatsbeitrag. *Mit besten Grüßen, Mrs. Robert R. Steed*

$ 1.000,– (eintausend Dollar) dankend von Robert Randolph Steed erhalten. Noch zu zahlen: $ 19.000,– (neunzehntausend Dollar) *10.6.1911, Elizabeth Alcott Steed*

Zeugen: Annie Hoffmeyer
Hans Hoffmeyer

Dallas, den 8.8.1911

Lieber Vater Steed,
wie ich erfahre, sind Sie erkrankt. Das tut mir sehr Leid, und ich hoffe, Sie sind bald wieder gesund und können wieder Schule halten.
Erlauben Sie uns bitte, Ihnen und Mama Steed jede erdenkliche Hilfe anzubieten – so weit es in unseren Kräften steht. Ein Leben im Dienste der Allgemeinheit ist wohl befriedigend, befreit einen aber nicht von finanziellen Sorgen.
In den zwei Jahren unserer Ehe hat Rob sich eine gute Position auf dem Immobilienmarkt gesichert. Ich weiß, dass seine Entscheidung enttäuschend für Sie war, aber hätte er als Pädagoge, Ihrem Vorbild folgend, nicht ständig im Schatten Ihrer Erfolge gestanden? Jetzt ist ihm der Glanz der eigenen beschieden.
Sie sind ja ebenso stolz auf ihn wie ich – stimmt's? Wenn Sie ihn sehen, sagen Sie ihm das bitte.
Rob lässt Sie lieb grüßen und wünscht Ihnen eine baldige Genesung. *Ihre Bess*

Dallas, den 10.9.1911

Liebes Herz,
dieses Haus lastet auf mir mit seiner Leere, und die Nächte ohne dich sind so traurig. Aber ich weiß natürlich, dass es jetzt wichtiger ist, den Nachlass deines Vaters zu ordnen.
Mein Zustand ist allmählich nicht mehr zu übersehen, und ich spaziere brav die täglichen Runden um unseren Besitz. Aber heute, an diesem schönen Morgen, musste ich einfach mit Robin eine Ausfahrt im Landauer unternehmen, die Rawlings Street hinunter – und zu meiner Freude entdeckte ich an dem Eckhaus, das wir immer so bewundert haben, ein Schild: *Zu verkaufen!*
Ich habe sofort, dein Einverständnis voraussetzend, ein Angebot gemacht. Gott sei Dank gilt es nicht als unschicklich, wenn man in meinem Zustand Geld ausgibt. Also spute dich und komme bald nach Hause, mein Herz, und heimse die dir zustehende Liebe ein …

Immer deine Bess

Dallas, den 20.12.1911

Liebster Papa,
wir freuen uns riesig, dass du Weihnachten mit uns feiern und Miss Bromley mitbringen willst! Sie scheint ja eine bewundeungswürdige Dame zu sein; als Schulmädchen bin ich ein paar Mal in Mineola gewesen, aber die einzigen Bromleys, an die ich mich erinnere, waren damals Mädchen in meinem Alter. So könnte deine Miss Bromley vielleicht eine ältere Verwandte sein.
Dein Namensvetter hier gedeiht und hat schon im zarten Alter von sechs Wochen dein würdiges Gebaren. Er schreit nie, aber sein Dasein erfordert unsere äußerste Aufmerksamkeit. Robin ist, wie es aussieht, kein bisschen eifersüchtig, aber nachdem er jetzt endlich laufen kann, behandelt er den kleinen Andrew so

wie jede andere Kuriosität in der ihm neuerdings zugänglichen Welt.
Fast täglich hatte ich jetzt ein Treffen mit dem Architekten, der die Pläne für unser neues Haus zeichnet. Sobald wir uns über die Entwürfe einig sind, wird der Bau in Angriff genommen – sehr bald im neuen Jahr, bestimmt! *Deine ergebene Tochter Bess*

Dallas, den 2.1.1912

Liebe Mavis,
du kannst dir wohl meine Überraschung vorstellen: Mit dieser Miss Bromley, die am Arm meines Vaters hierher kam, habe ich vor vielen Jahren Krokett gespielt!
Wenn ich meinen Vater so mit dir sehe, kommt er mir beinahe vor wie ein Altersgenosse – eine verwirrende, aber doch beglückende Erfahrung! Nie habe ich ihn in so guter Laune erlebt, und das ist ganz ohne Zweifel dein Verdienst.
Ich kann mir die Gerüchte vorstellen, die in Orten wie Honey Grove und Mineola über eure Beziehung im Umlauf sind. Aber selbst in einer Großstadt wie Dallas nähme man eine Verbindung mit einem so großen Altersunterschied nicht kommentarlos hin; es war vielleicht ein Fehler, dass ich den Abend im Country Club arrangiert habe. Bei euerem nächsten Besuch werden wir zu Hause essen, das ist sicher für alle gemütlicher! Es war eine Freude, dich wieder zu sehen und meinen Vater so glücklich an deiner Seite zu erleben.

Herzlichst, Bess

$ 5.000,– (fünftausend Dollar) dankend von Robert Randolph Steed erhalten. Noch zurückzuzahlen: $ 14.000,– (vierzehntausend Dollar). *10.1.1912, Elizabeth Alcott Steed*

Zeugen: Annie Hoffmeyer/Hans Hoffmeyer

Dallas, den 18.7.1912

Liebe Mama Steed,
nun ist das neue Haus nahezu fertig, und wir hoffen sehr, dass du es mit uns bewohnen kannst! Es ist größer als das Heim, in dem ich meine Kindheit verbracht habe, aber Dallas ist ja auch größer als Honey Grove, da wird Entsprechendes von mir erwartet.
Durch meines Vaters Heirat mit Mavis Bromley fühle ich mich irgendwie verwaist. Als Mama starb, war ich doch noch sehr von ihr abhängig. Jetzt kommt es mir vor, als hätte ich auch meinen Vater verloren … Das hat aber mit Mavis selbst nichts zu tun. Ich mag sie, ihre Schlagfertigkeit und ihre unerschütterlich gute Laune gefallen mir, aber es gibt doch Zeiten, in denen man sich gern einen Rat bei der älteren Generation holt und sich einer festen Führung anvertraut.
Wenn du das Gästezimmer, so wie verabredet, auf Dauer bewohnen möchtest, wollen wir es gerne nach deinem Geschmack einrichten. Du bist jetzt das einzige mütterliche Wesen, das ich habe. *Deine dich liebende Schwiegertochter Bess*

Dallas, den 19.8.1912

Liebe Lydia,
deine Mutter ist jetzt ein hoch geschätztes Mitglied unseres Hausstandes, und wir hoffen nur, dass sie für immer hier bleibt. Du warst ihr eine aufopfernde Tochter, aber die Verantwortung für so hochbetagte Eltern sollte doch der Sohn übernehmen. Deine junge Ehe sollte nicht damit belastet werden. Wie gehen die Geschäfte im Laden deines Mannes? Er ist ein so versierter und redegewandter Mann, aber jemandem, der die Welt mit den Augen eines musischen Menschen betrachtet, fällt ja das Rechnen nicht leicht. Für mich selbst haben Zahlen erfreulicherweise immer etwas Faszinierendes, fast Poetisches gehabt!

Ich hoffe sehr, dass du und Manning uns bald in unserem wunderschönen neuen Haus besuchen kommt!

Mit lieben Grüßen, Bess

St. Louis, den 2.10.1912

Lieber Papa und liebe Mavis,
auf unserer Reise haben wir erst St. Louis erreicht, aber es kommt mir vor, als sähe ich die Welt zum ersten Mal. Und ich will mich von jetzt an nicht mehr damit begnügen, zu Hause zu sitzen – jedenfalls nicht mehr so lange! Mit meinen einundzwanzig Jahren ist ein Drittel meines Lebens schon dahin (oder auch erst ein Viertel, da ich mich auf ein sehr langes Leben freue!) – und jetzt erst entdecke ich, was für ein kleiner Fleck auf der Welt Texas ist! Ich wünsche mir, dass Rob und ich noch viele Reisen zusammen unternehmen – von nun an will ich überall mit von der Partie sein, egal ob es eine Geschäftsreise oder eine Vergnügungsfahrt ist. Doch für ihn ist Geschäft gleich Vergnügen, und ich glaube, ich komme langsam auch auf den Geschmack. *Alles Liebe euch beiden, Bess*

St. Louis, den 10.10.1912

Liebe Mama Steed,
könntest du nur deinen Sohn hier sehen – du wärest stolz auf ihn! Die Honoratioren der Stadt sind alle von ihm beeindruckt: ein Mann, der nicht lockerlässt der, um seine Sache durchzufechten, bis ans Ende der Welt ginge. Und mein höchster Wunsch im Leben ist, ihm dorthin folgen zu dürfen.
Ich möchte unsere Rückkehr mit einem großen offiziellen Abendessen in unserem Haus feiern. Sei doch bitte so gut und gehe mit dem beigelegten Muster bei der Druckerei vorbei und bestelle fünfzig Einladungen. Ich habe den Platz für das Datum

frei gelassen, dann hast du Spielraum, dich mit der Firma zu arrangieren – ob am 29. oder 30. Oktober.
Und tröste Annie, sie soll doch bitte angesichts einer offiziellen Abendgesellschaft die Nerven nicht verlieren, es wird jemand zum Servieren kommen. Sie hat mein Wort: Sie braucht keinen Schritt aus der Küche zu tun, und sie muss sich nicht neu einkleiden.
Wir haben Sehnsucht nach den Kindern, und du hast sicher nicht minder das Bedürfnis, sie eine Zeit lang *nicht* zu sehen!

Herzlich, Bess

Dallas, den 20.10.1912

Liebe Lydia,
dein Brief lag hier, als wir von einer wunderbaren Reise nach St. Louis zurückkamen. Das sehnlich erwartete Wiedersehen mit Manning und dir müssen wir leider hinausschieben, da wir für den 29.10. eine gesellschaftliche Verpflichtung haben. Vielleicht wäre das folgende Wochenende für euch auch passend? Wir wollen ein Picknick am Exallsee ins Auge fassen, dann besteht keine Gefahr, dass wir von »wohlmeinenden« Freunden heimgesucht werden.
Bis bald also! Wir freuen uns.

Alles Liebe von uns beiden, Bess

$ 14.000,– (vierzehntausend Dollar) dankend von Robert Randolph Steed erhalten. Damit ist der volle Betrag der Leihgabe von $ 20.000,– (zwanzigtausend Dollar) zurückgezahlt, gemäß dem Vertrag vom 1.10.1911.

10.1.1913, Elizabeth Alcott Steed

Zeugen: Annie Hoffmeyer/Hans Hoffmeyer

Dallas, den 28.2.1913

Lieber Papa, liebe Mavis,
meinem Gesellschaftsleben hier in Dallas sind die wieder aufgenommenen französischen Studien höchst dienlich. Eine reizende Dame aus Paris erteilt mir Unterricht; ihrer Familie gehört das Hutgeschäft am Oak Lawn. Während wir Verben durchkonjugieren, putzen wir meine Frühjahrshüte heraus!
Gestern habe ich meinen ersten Vortrag in der Shakespeare-Gesellschaft gehalten – da saß die ganze illustre Damenwelt vor mir, lauter Prominenz! Ich war schrecklich nervös. Doch mein erster Versuch mit den Literaturwissenschaften wurde mit Begeisterung aufgenommen, und ich stehe, wie es scheint, mit meiner Bewunderung für Lady Macbeth nicht mehr allein da!

Eure getreue Bess

Dallas, den 18.3.1913

Liebe Lydia,
dir und Manning die herzlichsten Glückwünsche zur Geburt eures Töchterchens! Für Robin ist die Ankunft seiner ersten echten Cousine aufregend – sie ist ja auch der erste weibliche Nachkomme in der Familie. Aber dabei wird es sicher nicht bleiben: Ich erwarte unser drittes Kind und erhoffe mir ein Mädelchen. Mir graut es vor dem langen Sommer, der vor mir liegt – keine Abendgesellschaften, kein Tanz im Club, kein Theater! Wie bringe ich nur die Zeit bis zum Termin im September hin? Könnte ich mich doch den Sommer über an einen Ort zurückziehen, an dem man auf seine Schwangerschaft stolz sein kann und sie nicht wie hier tunlichst versteckt, als wäre sie ein peinlicher Zustand.
Liebste Grüße an Mama Steed, die wir sehr vermissen. Aber natürlich gehen ihre eigenen Angelegenheiten jetzt vor, das verstehen wir doch. Gib dem Baby einen Kuss von Onkel Rob

und mir – sobald ich es geschafft habe, bekommt es Besuch von uns und der frisch gebackenen Cousine. *Alles Liebe, Bess*

Dallas, den 21.4.1913

Liebe Mama Steed,
seitdem ich von Annie weiß, wie viel ungezwungener sich werdende Mütter in Europa bewegen können, liege ich Rob in den Ohren, den Sommer im Ausland zu verbringen. Und siehe da, heute hat er mich damit überrascht, dass er eine Reise auf einem Überseedampfer gebucht hat! Abfahrt in New York City am 30. Mai, Ankunft in Southampton am 8. Juni. Er hat auch eine Reservierung für dich – wenn du Lust hast?
Natürlich hatte ich fest angenommen, dass Rob mitfahren würde. Aber leider lassen das seine Geschäfte jetzt nicht zu, und er scheint felsenfest überzeugt zu sein, dass ich wunderbar mit allem ohne ihn zurechtkomme. Denn warum sollte er mich sonst zu dieser Reise ermutigen? Ich sollte vielleicht geschmeichelt sein. Seit den ersten Ehemonaten habe ich alles versucht, ihn davon zu überzeugen, dass ich ein ebenbürtiger und gleichwertiger Partner bin und kein schwaches Weib, das sich vor der rauen Welt unter den Fittichen des Mannes verkriecht. Doch jetzt frage ich mich manchmal, ob es mir nicht zu gut gelungen ist! So hoffe ich eben, dass er mich genauso vermisst wie ich ihn. Wie auch immer, ein Gedanke überwältigt mich: Ich werde Europa sehen! Auch werden wir auf männliche Gesellschaft nicht gänzlich verzichten müssen, da Robin und Drews mit von der Partie sind und natürlich die treue Annie als Hüterin dazu. Sie war seit zehn Jahren nicht mehr zu Hause in Deutschland und ist schon ganz aufgeregt. Hans, der kein Verlangen hat, die Heimat wieder zu sehen, bleibt hier bei Rob.
Als ich mit der Tuberkulose ein Jahr lang in mein Zimmer verbannt war, habe ich in Gedankenflügen so manche Reise ge-

macht, aber keine der fantastischen Fahrten damals war so aufregend wie der wirkliche Aufbruch jetzt. Ich hoffe, du wirst meine Begeisterung teilen – und die Reise! *Deine ergebene Bess*

Dallas, den 25 4.1913

Liebe Lydia,
ich weiß, dass du Mama Steed ungern ziehen lässt, aber inzwischen ist das Baby sechs Wochen alt, und du wirst es schon allein schaffen. Wir haben hier so viel mit den Reisevorbereitungen um die Ohren. Alle Bekannten sind entsetzt bei dem Gedanken, dass eine Frau in meinem Zustand eine solche Reise unternimmt – dazu noch ohne ihren Mann, und mit zwei Kindern! Sie können sich alle nicht vorstellen, auf welch unterhaltsame Weise man die letzten Monate einer Schwangerschaft verbringen kann!
Mein großer Kummer ist, dass Rob nicht mitfährt. Wir haben doch von dem Tag an, als wir in der vierten Klasse zusammen auf der Schulbank saßen, gemeinsam jedes neue Abenteuer bestanden! Europa zum ersten Mal – und ohne ihn! Das kommt mir wirklich schnöde vor. Aber ich darf nicht klagen; die Verpflichtungen, die ihn in Dallas binden, seine Geschäfte, haben ja schließlich die ganze Sache erst ermöglicht.

Von Herzen, deine Bess

Lieber Papa, liebe Mavis,
vielen Dank für eure beiden Briefe, die ich heute Morgen erhielt. Aber eure Sorgen sind – ich versichere es euch – unberechtigt. Niemand außer Rob ist so um mein Wohlergehen bemüht, niemand besorgter um meine Gesundheit. Er will mich glücklich sehen und weiß, welche Last mir sonst dieser Sommer wäre – ich hätte ihn hinter verhängten Fenstern zubringen

müssen! Es entbehrt nicht der Ironie, dass die Alte Welt einer schwangeren Frau gegenüber mehr Toleranz beweist als die Neue Welt! Wir haben 1776 wohl unsere Freiheit errungen, aber auf dem Feld der Frauenrechte geht der Kampf immer weiter.

Wir werden ganz standesgemäß und komfortabel reisen. Rob garantiert uns an jedem Ort die bestmögliche Unterkunft. Und wir werden so rechtzeitig wieder zurück in Dallas sein, dass mir genügend Spielraum bleibt, die Geburt unseres Babys im September vorzubereiten und die Herbstsaison zu eröffnen.

Eure ergebene Bess

Unterwegs nach New York City, den 28. Mai 1913

Liebes Herz,

ich wüsste keinen einzigen Ehemann auf dieser Welt, der seiner Frau, den Kindern und seiner Mutter auf dem Bahnhof so liebevoll zum Abschied winkt! Einen Augenblick lang war ich versucht, die Notbremse zu ziehen und zurückzurennen in deine Arme – aber im August wird es dafür ein noch innigeres Wiedersehen geben.

Nach zwei Nächten im Zug, der knirschend über die Gleise holperte, wird die Schiffsreise im ruhigen Auf und Nieder der Wellen eine Erholung sein. Ich habe gelesen, dass die Gleise hier zu Lande von Sträflingen und Einwanderern verlegt worden sind; offenbar haben sie mit jedem Stein an der privilegierten Klasse, die sie ausgebeutet hat, Rache geübt.

Nachts liege ich viel wach. Das Rouleau ist hochgezogen, und ich sehe die dämmerige Landschaft vorüberfliegen. In der vergangenen Nacht raste der Zug mitten durch einen Waldbrand hindurch; ich sah mit Spannung, wie die Flammen uns umkreisten, aber nicht erfassen konnten! Und ich dachte, dass mein Leben dem gleicht; es ist so unversehrt wie das Stück

Boden, das ich in der letzten Nacht durchfuhr. Draußen wüten Tod und Zerstörung, aber die Flammen können mir nichts anhaben! *Mit meiner ganzen Liebe, deine Bess*

An Bord der *Lusitania,* den 3. Juni 1913

Liebes Herz,

als wären sie mit Blumen bewachsen, so sahen die Wände unserer Kabinen aus, als wir kamen! Wie aufmerksam und großzügig von dir! Auf dieser Reise sind wir ganz von den Zeichen deiner Liebe umgeben: Telegramme, Körbe mit Obst und Champagner, und die kleinen Schiffsmodelle für die Buben. Sei für alles bedankt, aber ganz besonders für deine zärtlichen Zeilen und die Blumen. In ihrem Duft schlafe ich jede Nacht ein und liege im Traum in deinen Armen. Ach, mein Liebster! Wenn du bei mir bist, bin ich selbst der Garten, und unter deiner Berührung brechen die Blüten auf. Aber ohne dich liege ich brach, und so ist der Anblick einer Rosenknospe ein Trost. Und der Gedanke an das neue Leben in mir. Den meisten Frauen, die ich kenne, sind ihre Männer in den Monaten der Schwangerschaft unwichtig, eine Nebensache, aber in mir entfacht der ständig fühlbare Beweis unserer Liebe immer neu die Flammen der Leidenschaft.

Oh, du meine geliebte andere Hälfte, wären wir nur wieder ein Ganzes! Inniger als in der Hochzeitsnacht würde ich mich dir heute Abend hingeben. Damals habe ich einfach die für mich aufbewahrten Freuden hingenommen, aber jetzt weiß ich, was mir durch die Entfernung und die Umstände vorenthalten wird – und mit jeder Faser meines Seins bäume ich mich dagegen auf. Ich protestiere!

Schreibe so viele Briefe, wie du kannst, Liebster! Aber bitte keine, die du Mrs. Hopkins diktierst. Du denkst, sie tippt lediglich, aber natürlich verfolgt sie neugierig jedes Wort, ich weiß es. Nimm, eh du dich schlafen legst, die Feder zur Hand, mein Schatz, und erlöse mich mit Worten, bis ich wieder in deinen Armen liege.

Ewig die deine, Bess

An Bord der *Lusitania,* den 6. Juni 1913

Liebe Lydia,
hoffentlich kannst du meine Schrift entziffern – seit vierundzwanzig Stunden werden wir von heftigem Sturm durchgeschüttelt; man hat die Möbel festgebunden, und niemand darf wegen der riesigen Wellen an Deck.

Fast den ganzen Tag habe ich mich in der Kabine aufgehalten und Annie und Mama Steed versorgt, die beide schwer seekrank sind. Den Buben geht es gut, ihnen macht der Trubel Spaß. Jedes Mal, wenn sich das Schiff seitwärts neigt, heulen sie vor Vergnügen auf. Mir selbst macht der Sturm gottlob wenig aus – im Vergleich zu den ersten paar Wochen meiner Schwangerschaft ist er eine Lappalie!

Schade, dass du Robin nicht sehen konntest, wie er hier seinen dritten Geburtstag gefeiert hat! Er saß auf dem Ehrenplatz am Kapitänstisch, angetan mit einem frisch gestärkten weißen Matrosenanzug; Papierkappen und Pfeifchen wurden an alle ausgeteilt, und es gab ein großes Hallo und einen Mordsspaß, als eine riesige, dreistöckige Torte in den Saal gerollt wurde! Die Kapelle spielte »Happy Birthday«, und wir waren alle nicht schlecht erstaunt, als Robin ganz zackig vor dem Kapitän salutierte.

Mama Steed meint, dass er sich wahrscheinlich später an nichts mehr erinnern wird, aber ich finde das auch unwichtig – er hat doch alles, so wie es ablief, in sich aufgenommen und war in den paar Stunden vollkommen glücklich. Was können wir denn mehr vom Leben erwarten?

Morgen ist mein letzter Tag an Bord, und ich bin wie einst Kolumbus beim Anblick der Neuen Welt gespannt auf den ersten Anblick der Alten Welt!

Alles Liebe, auch für Manning und das Baby, eure Bess

London, den 11. Juni 1913

Liebes Herz,
zum allerersten Mal bin ich in London, doch an jeder Ecke habe ich das Gefühl, dass ich schon mal hier war. Mein ganzes Leben lang bin ich auf Papier herumgereist, zwischen Buchdeckeln, aber die Wirklichkeit übertrifft jede Reisebeschreibung.
Heute haben wir das Haus von Charles Dickens besucht. Dort hat er meinen geliebten *David Copperfield* verfasst – ich weiß noch gut, wie ich ihn gelesen habe, tränenblind. Und da stand ich nun an seinem Schreibtisch! Er wird sich wohl bei der Niederschrift auch die Augen gewischt haben …
So oft es sich arrangieren lässt, gehe ich ins Theater. Gestern hat Mama Steed mich begleitet; wir sahen eine brillante Inszenierung von Ibsens *Puppenhaus*. Ja, und zum ersten Mal auf dieser Reise war ich froh, dass du nicht dabei warst, denn du hättest das Stück genau wie deine Mutter reichlich albern gefunden.
Ich habe keine Nachricht von dir, seit unserer Landung nicht. Hoffentlich fühlst du dich nicht zu einsam ohne uns? Berichte bitte ganz genau über alles; meine Fantasie treibt in der Ferne üppige Blüten. Du bist doch bei Hans gut aufgehoben, nehme ich an? Annie versichert mir, dass er ausgezeichnet kochte, aber ich würde das lieber von dir selbst hören.
Annie hat arges Heimweh und schluchzt jeden Abend in ihre Kissen; längst wäre sie mit dem nächsten Schiff auf und davon und zurück, wenn der Familienbesuch in Deutschland nicht vereinbart wäre! Ich glaube, Hans ist schuld an diesen Gefühlsausbrüchen; er hat ihr das Herz schwer gemacht und am Tag

der Abreise von nichts anderem geredet als davon, wie einsam er ohne sie sein wird. Kein Wort über die große Chance, die Annie jetzt durch diese Reise hat. So selbstlose Männer wie du sind dünn gesät auf der Welt, mein Liebster.
England ist erfüllt von der Trauer über den Tod von Prinz Albert, nimmt teil am Schmerz der Königin Victoria um den Verlust ihres geliebten Gatten. Sie hat angeordnet, die Glocken in Windsor Castle *eine ganze Woche lang* ohne Unterlass zu läuten. Zwar konnte sie schon nach einem Tag das Gebimmel nicht mehr ertragen und befahl, den Glockenturm mit schwarzem Wollzeug zu umwickeln, um den Klang zu dämpfen, doch es musste weiter geläutet werden. All ihre feinen Kleider und Staatsroben sind weggepackt worden, sie wird nun bis ans Ende ihrer Tage schlichtes Schwarz tragen. Als ich es wagte, unsere Fremdenführerin zu fragen, ob die Queen damit, dass sie ihr Eigenleben so vollständig aufgibt, das Andenken ihres Gatten wirklich ehrt, da war sie gekränkt! Wenn mir, aus welchen Grund auch immer, etwas passieren sollte, dann gehst du hoffentlich mit unvermindertem Schwung deinen Weg entschlossen weiter – mit der gleichen Zielsetzung wie jetzt, ohne dich mit Kummer oder Schuldbewusstsein zu belasten. Warum nur kreisen die Gedanken sogar bei einer so kurzen Trennung immer auch um die letzte, endgültige!?

Ich liebe dich von ganzem Herzen, deine Bess

Paris, den 3. Juli 1913

Lieber Papa, liebe Mavis,
endlich Paris – »Cité de la Lumière« (übersetze das bitte für Papa, Mavis!). Alles ist genau so, wie ich es mir vorgestellt habe, und ich wollte, ich wäre hier geboren – dann wäre es meine Stadt!
Ich bin Mademoiselle Girard so dankbar für jeden Hut, den

wir zusammen fabriziert und für jedes Verb, das wir gemeinsam konjugiert haben! Beides ist ständig in Gebrauch, seit wir vor drei Tagen hier angekommen sind. Allerdings finden meine Sprachkenntnisse am meisten Anklang bei den Franzosen, die überhaupt nicht Englisch können; der Portier in unserem Hotel dagegen beantwortet mir meine in Französisch gestellten Fragen immer ganz stur in Englisch, und ich gehe schließlich der Einfachheit halber auch auf Englisch über. Jetzt warte ich darauf, dass ich einem Franzosen begegne, der sich nicht so überlegen vorkommt. *Herzlichst, Bess*

München, den 11. Juli 1913

Liebes Herz,
Bayern bezaubert uns alle! Und Annie habe ich nie so glücklich gesehen – in England hatte sie Heimweh nach ihrem Hans, in Frankreich kehrte sie Feindseligkeit heraus, aber hier ist sie einfach selig. Sie hat uns zu ihrer Familie gebracht, die uns sehr warm und offen empfangen hat; wenn es ihren Hans nicht gäbe, dann würde sich Annie sicher hier von uns trennen. Er wird aber hoffentlich merken, dass er sie auf dieser Reise um ein Haar verloren hätte. Nur wenige Ehemänner sind sich darüber im Klaren, an welch brüchigem Band sie ihre Frauen halten! Gleich Magneten hat ihre Anziehungskraft nur eine begrenzte Reichweite. Ich selbst müsste allerdings noch unendliche Strecken zurücklegen, um aus dem Bannkreis deiner Liebe zu gelangen: Wie weit weg ich auch drifte, fühle ich mich doch immer mit meinem ganzen Wesen zu dir hingezogen.
Und wie ist es bei dir? Übe ich die gleiche Wirkung auf dich aus? Seltsam, die Sprache in deinen Briefen erscheint mir so beherrscht. Warum Männer nur immer so schüchtern sind und die Dinge, die sie ohne Scheu tun, partout nicht in Worten aus-

drücken können? Doch es gefällt mir, dass du dir jetzt die Zeit nimmst und deine Briefe mit der Hand schreibst. Aber bist du dir wirklich ganz sicher, dass die Sekretärin sie nicht doch liest? (Ha!) Wenn ich dir schreibe, dann geschieht es in einer intimen Zweisamkeit, nicht anders als auf nächtlichem Lager. Aber deine Briefe – da spüre ich einen Schatten, so als sei da ein Anstandswauwau im Hintergrund. Wer oder warum, weiß ich nicht zu sagen.
Nein, natürlich bist du im Recht. Nicht ich. Worte können deine Gegenwart nicht ersetzen. Ich will dich jetzt auch gar nicht länger mit meiner kribbeligen Sehnsucht plagen, sondern will es aushalten und still sein. Du wirst, wenn du wieder bei mir bist, den Aufruhr besänftigen, den du gleicherweise hervorrufen und stillen kannst. *Du bist mein Leben, Bess*

Wien, den 25. Juli 1913

Liebes Herz,
jetzt ist das eingetreten, was ich befürchtet habe. Annie ist nicht mit uns weitergereist, sondern in Deutschland geblieben. Sie meint zwar, sie könnte vielleicht in Italien wieder zu uns stoßen, aber versprechen wollte sie nichts.
Und Hans? Als ich davon sprach, ist sie in Tränen ausgebrochen: Sie ist überzeugt, dass er ihr untreu ist! Der Beweis liegt für sie in seinen Briefen, deren Ton sich in den letzten Wochen drastisch verändert hat. Zuerst hat er immer nur von seiner Einsamkeit geschrieben und wie sehr sie ihm fehle! Aber neuerdings drängt er sie direkt, sich doch zu vergnügen und sich gar nicht um ihn zu scheren. Für sie heißt das: Da ist eine andere, die an ihrer Stelle in den Genuss seiner Zuneigung kommt. Wie absurd – so sagte ich ihr. Du hast doch auch nicht ein einziges Mal dein Strohwitwerdasein beklagt, und niemand – nur ein Narr! – käme auf die Idee, hierin einen Hinweis

auf Untreue zu sehen. Warum nur haben Frauen solche Angst, sie könnten, wenn sie sich ihre Unabhängigkeit bewahren, die Liebe ihrer Gatten aufs Spiel setzen? Ich liebe dich gerade deswegen umso mehr, weil du mir Mut gemacht hast, ohne dich zu verreisen. *Meine ganze Liebe dir, Bess*

Wien, den 25. Juli 1913

Lieber Papa, liebe Mavis,
Wien ist fürwahr eine Stadt aus einem anderen Jahrhundert! Nirgendwo sonst leben die Menschen so wie hier, und ich bin ihrem Charme, ihrer Höflichkeit und dem kultivierten Lebensstil ganz verfallen. Überall, wo wir hingekommen sind, in jeder Stadt, gab es viel zu bewundern, aber wenn ich unter den Städten Europas wählen müsste, würde ich in Wien leben wollen. Annie ist bei ihrer Familie in Deutschland geblieben; nun nehmen Mama Steed und ich die Kinder überallhin mit.
Gestern gab es zu Ehren von Kaiser Franz Josef im Schönbrunner Schloss eine Sonderaufführung von Offenbachs *Hoffmanns Erzählungen*. Ich hatte Glück und konnte vier Karten für uns ergattern. Robin und Drew applaudierten dem Kaiser mit riesiger Begeisterung, lauter als alle anderen, obwohl Robin enttäuscht war: Der Kaiser hatte keine Krone auf, und er trug auch keinen Samtumhang mit Hermelinkragen, so wie Robin es auf den Portraits der Könige im Tower von London gesehen hatte. Im Publikum haben sich sicher manche gewundert, dass jemand so kleine Kinder in eine Aufführung für Erwachsene mitnimmt, aber diese beiden Buben werden wohl die Einzigen in ihrer Generation in Amerika sein, die einem richtigen Kaiser applaudieren konnten – ob sie sich nun später daran erinnern oder nicht. *Herzlich, Bess*

TELEGRAMM AN
ANNIE HOFFMEYER
MINDENSTR. 6
MÜNCHEN DEUTSCHLAND
KINDER ERKRANKT STOPP TOTAL ERSCHÖPFT
STOPP REISE NACH ITALIEN VERSCHOBEN
BITTE SOFORT KOMMEN STOPP BETTY STEED/
WIEN 5.8.1913

Wien, den 7. August 1913

Liebes Herz,
rege dich bitte nicht auf, wenn du diese Zeilen liest. Wir kommen jetzt schon zurecht. Ich wollte nur, dass du von unseren veränderten Plänen erfährst und weißt, wie die Reise jetzt weitergeht.
Vor drei Tagen bekam Andrew die Grippe. Und nach einer schlaflosen Nacht für uns alle zeigten sich bei Robin in der Morgendämmerung die gleichen Symptome! Ich schickte sofort ein Telegramm an Annie, und nachmittags war sie schon da! Sie steckte mich als Erstes ins Bett – und nun fühle ich mich nach ein paar Stunden Schlaf vor dem Abendessen schon wesentlich besser. Annies Anblick war die wirksamste Medizin für die Kinder, sie schlafen schon.
Eben habe ich an die Hotels in Italien gekabelt, dass sich unsere Termine ändern. Mama Steed hat vorgeschlagen, direkt nach Florenz weiterzufahren und Venedig auszulassen, aber ich bin ganz strikt dagegen: Nichts soll uns von unserer Route abbringen! Ich hoffe und bete, dass dies nicht meine letzte Reise nach Europa bleiben möge. Niemand weiß, was übermorgen sein wird, aber der morgige Tag wird uns, wenn die Kinder einigermaßen wohlauf und reisefähig sind, in Venedig sehen!

Meine ganze Liebe dir, Bess

Venedig, 9. August 1913

Liebes Herz,
wir kamen gestern hier an, als die Sonne gerade über dem Canal Grande unterging – die beste Stunde, wie es heißt, um Venedig zum ersten Mal zu sehen. Aber haben wir es denn wirklich gesehen? Es kommt mir eher vor wie ein Traum …
Die Kinder haben sich offensichtlich wieder ganz erholt, verbrachten aber außer einer Gondelfahrt am Nachmittag die Zeit mit Annie im Hotel.
Annie meinte, das Telegramm sei genau im richtigen Moment gekommen, um eine Entscheidung zu erzwingen. Ihr Bruder, der Kriegsgefahr wittert, hat sie beschworen, mit uns von Neapel aus heimzureisen; er hat ihr gesagt, wenn sie jetzt nicht führe, dann sähe sie die Vereinigten Staaten und ihren Mann womöglich niemals wieder! Hier lag ein Brief von Hans für Annie. Ich habe keine Ahnung, was er geschrieben hat, aber gottlob ist Annie jetzt felsenfest davon überzeugt, dass er ihr in der Zwischenzeit treu geblieben ist und sehnlichst auf ihre Rückkehr wartet. Was ich auch von dir hoffe! *Immer deine Bess*

Florenz, 12. August 1913

Liebe Lydia,
dem gekürzten Aufenthalt hier in Florenz zum Trotz haben wir es fertig gebracht, alle Kunstwerke zu sehen, die wir in der Schule durchgenommen haben, und noch ein paar unbekannte dazu! Mama Steed erlitt einen Schock, als sie zum ersten Mal vor Michelangelos David stand. Und wirklich, seine Größe ist überwältigend! Ich selbst, die beim Anblick einer Figur aus Stein niemals erbleicht, war leider nicht auf die italienischen Männer aus Fleisch und Blut gefasst. In allen anderen Ländern hat mich mein unverkennbarer Zustand immer vor Annäherungen bewahrt, denen eine allein reisende Frau ausgesetzt ist,

doch hier in Italien übt er – wenn er überhaupt bemerkt wird – eine äußerst große Anziehungskraft auf das andere Geschlecht aus. Auch Mama Steed bleibt von Anspielungen auf der Straße nicht verschont. Bei uns ist eine Witwe von 45 Jahren eine alte Dame, hier in Italien sieht man in ihr eine reife Frau – es ist entschieden ein Land, in das nur die Leute reisen sollten, deren Kinder schon flügge sind und die noch einmal ein Stück vom Leben fassen wollen. Mir sind solche Gedanken offen gestanden fremd und werden es auch bleiben.
Wenn wir Italienisch könnten, wir zwei Frauen, dann wäre vielleicht ein vernünftiges Gespräch mit diesen Männern möglich, die uns überallhin folgen, so aber ignorieren wir sie einfach, überhören ihre Annäherungsversuche und plaudern nur miteinander. Seit wir hier sind, haben wir uns angewöhnt, zeitig mit den Kindern zu Abend zu essen und auf unsere Spaziergänge danach zu verzichten. Das italienische Lexikon, das ich mir besorgt habe und Abend für Abend fleißig studiere, habe ich vergeblich nach solchen Worten durchforscht, mit denen ich hier auf der Straße angesprochen werde.
Manning wird Robs Geschäftspartner – ist das nicht wundervoll? Es freut mich sehr. Wann zieht ihr nach Dallas um? Zu gerne werde ich euch behilflich sein, ein Haus zu finden und einzurichten; man erwartet ja doch einiges von der Gattin eines neu zugezogenen Geschäftsmannes. Manning wird bestimmt von Robs Erfahrungen profitieren und du nicht minder von den meinen.

Herzlichst, Bess

Rom, den 15.8.1913

Liebster,
wie sehr vermisse ich dich! Diese warmen italienischen Nächte machen mich so sehnsüchtig, allein ist das gar nicht auszuhalten!

Heute Abend haben wir eine lange Ausfahrt unternommen. Die Ruinen lagen im Mondlicht. Hier scheint die Zeit zu fließen, wir treiben von der Vergangenheit in die Gegenwart und wieder zurück, ja, ich kann sogar einen Blick in die Zukunft werfen und Enkel und Urenkel vor mir sehen, wie sie auf unseren Spuren durch das Forum streifen. Dir läge diese Stadt besonders, du würdest sie mehr als alles andere, was wir bisher gesehen haben, genießen.
Unser ungeborenes Kindchen pocht schon auf sein Recht als ein selbstständiges Wesen und hat mich eben, als ich am Einschlafen war, wieder wachgeboxt! Jetzt ist es ruhig; ich kann jedoch keinen Schlaf mehr finden, sitze da und träume mich in deine Arme. *Alles Liebe, Bess*

Neapel, den 19.8.1913

Lieber Papa, liebe Mavis,
das wird der letzte Brief für euch mit einer ausländischen Marke sein! Heute haben wir die Ruinen von Pompeji besichtigt; Mama Steed meint, wenn sie die Wahl hätte, würde sie am liebsten so wie die Menschen in Pompeji mitten im Leben ohne Vorwarnung vom Tod überrascht werden. Ich nicht! Ich möchte dem Tod bewusst ins Auge sehen, ebenso wie meinem Leben, und ich möchte auch nicht als x-beliebiger Name auf der langen Liste der Opfer stehen. Nein, ich habe kein Bedürfnis danach, im Tod mit den Leuten vereint zu sein, mit denen ich auch im Leben nichts zu tun haben will.
Was ist an einer Europa-Reise so besonders? Wohl das, dass man das Dasein als einen Teil der Geschichte sehen lernt, eingefügt in einen großen Zusammenhang – ein anregender Gedanke, auf den ich, so in Texas dahinlebend, bestimmt nicht gekommen wäre! Und den ich festhalten möchte für mein weiteres Leben. *Alles Liebe, Bess*

Mr. und Mrs. Robert Randolph Steed
geben mit stolzer Freude die Geburt
ihrer ersten Tochter
Eleanor Elizabeth *bekannt,*

geboren am 25. August 1913
an Bord der »Nuovo Mondo«
auf der Fahrt von Neapel nach
Galveston, Texas.

Frau Heinrich Mittler
Mindenstr. 6
München, Deutschland

Dallas, den 12.10.1914

Meine liebe Frau Mittler,
Annie hat mir eben berichtet, dass Ihr Sohn gefallen ist. Ich möchte Ihnen hiermit mein inniges Beileid aussprechen. Es bricht mir fast das Herz, wenn ich daran denke, wie schwer die Orte und Menschen heimgesucht worden sind, die wir erst im vergangenen Sommer so schätzen und lieben gelernt haben. Für uns ist es sehr schwer, die Ereignisse in Europa aus so großer Entfernung zu verstehen. Ungeachtet der offiziellen Stellung unseres Landes: Ich werde immer zwischen den beiden Seiten hin- und hergerissen sein, so wie meine Urgroßmutter, deren Söhne im Bürgerkrieg gegeneinander gekämpft haben.
Sie haben uns so lieb empfangen, als wir nach Deutschland kamen, und hier gehört Annie mit zur Familie. Seien Sie versichert, dass es immer so bleiben wird!

Mit tiefem Mitgefühl, hochachtungsvoll,
Ihre getreue Bess Steed

Dallas, den 15.5.1915

Lieber Papa, liebe Mavis,

es geht mir so nahe, wenn ich an das Schicksal denke, das unsere gute *Lusitania* ereilt hat, mit der wir vor zwei Jahren über den Atlantik gedampft sind. Und nie mehr werden wir das gleiche Europa wieder sehen, auch wenn wir, was ich so sehr wünsche, eines Tages dorthin zurückkommen.

Wir alle sind bei guter Gesundheit, nur Rob arbeitet zu viel, und das macht mir Sorgen. Die Lebensversicherung hält ihn viel von zu Hause fern, aber eine neue Tätigkeit ist wie ein neues Baby. In den ersten Jahren erfordert es den vollen Einsatz, und erst später gewinnt es schnell an Eigenständigkeit.

Eleanor *geht* nicht mehr, sie rennt! Keiner von uns kann es mit ihr aufnehmen, und ich hoffe nur, dass es einen Engel gibt, der ein besonderes Auge auf kleine Kinder hat, denn für jemand ohne Flügel ist das eine ganz und gar unmögliche Aufgabe!

Annie war seit Kriegsausbruch ständig in großer Anspannung, was mir zu der Sorge Anlass gab, dass sie der Betreuung der Kinder nicht mehr gewachsen sei. Jetzt habe ich sie dieser Verantwortung enthoben, sie wird sich fortan nur noch um den Haushalt kümmern. Für die Kinder habe ich eine reizende schottische Dame engagiert, die Mutter des Golflehrers im Dallas Country Club. Ihr Name ist Flora McCullough, und ihr Dialekt ist mindestens so stark wie Annies deutscher Akzent, aber es ist doch ein gefälligerer Klang, besonders jetzt in diesen prekären Zeiten. Sie ist älter als Annie, aber die Kinder brauchen ja nicht nur jemanden, der für ihr leibliches Wohl sorgt, sondern inzwischen in erster Linie einen Menschen aus ähnlichen Kreisen, der ihnen auch geistige Perspektiven vermitteln kann.

Alles Liebe, Bess

TELEGRAMM AN
ROBERT STEED
JEFFERSON HOTEL
ST. LOUIS MISSOURI
ELEANOR VON AUTO ANGEFAHREN STOPP LIEGT IM KOMA BAYLOR KLINIK BITTE SOFORT HEIMKOMMEN BESS/5.8.1916 DALLAS

Dallas, den 12.8.1916

Sehr geehrter Herr Fineman,
vielen Dank für Ihren Brief, den ich letzte Woche erhielt. Erst heute, da mein Kind endlich aus dem Koma aufgewacht ist, bin ich in der Lage, Ihnen zu antworten. Durch die mehrfachen Brüche ist Eleanor von Kopf bis Fuß bewegungsunfähig. Aber als sie heute Morgen ihre Augen aufgeschlagen und mich angelächelt hat (zum ersten Mal im Verlauf dieser Woche!), da hatte ich das Gefühl, als sei sie aus ihrem Bettchen gesprungen. Wir danken Ihnen für Ihr Angebot, uns zu helfen, aber wir kommen mit diesem Unglücksfall jetzt einigermaßen allein zurecht. Seien Sie jedoch mit diesem Schreiben erneut versichert, dass mein Mann und ich keine juristischen Maßnahmen ergreifen werden. Das Kind ist direkt auf die Fahrbahn und in Ihren Wagen hineingerannt, kein Fahrer hätte diesen Unfall verhüten können.
Ich selbst fühle mich verantwortlich. Ich hatte Eleanor an der Hand, da machte sie sich plötzlich los und wollte zu ihren großen Brüdern, die mit dem Kindermädchen die Straße bereits überquert hatten. Ich lief hinterher, griff nach ihr in dem Moment, als sie schon auf der Straße war. Zu spät! Seither, seit diesem Augenblick, rollt die Szene immer wieder vor mir ab, so wie sie wohl auch vor Ihren Augen abläuft. Sie sind der Einzige, mit dem ich dieses Schuldgefühl teilen kann, in der Fami-

lie mag ich mit keinem darüber sprechen. Selbst mein lieber Mann gibt sich jetzt mir gegenüber als der vom Unglück heimgesuchte Vater, und er, dessen Gegenwart mir sonst ein Trost ist, ist nun der wandelnde Vorwurf. Ich habe mich noch nie im Leben so allein gefühlt. Wie viel gefährlicher ist das Leben doch geworden! Ich bin in einer Kleinstadt aufgewachsen, ohne Bürgersteig, und ich erinnere mich gut, wie ich neben Pferden und Wägen herhüpfte – keine Idee daran, dass ein Ding auf Rädern mich oder einen meiner Lieben verletzen könnte. Autos gab es ja noch keine.
Ich muss schließen. Eleanor wacht eben wieder auf!

Ihre aufrichtige Bess Steed

In den Wolken, am 30.10.1916

Liebe Eleanor,
du bist das erste Menschenkind, das einen Brief aus dem Wolkenreich bekommt, aber wir haben dich in deinem Bettchen erspäht und wollen dir sagen, wie fabelhaft tapfer wir dich finden. Die Puppe, die dir den Brief überbringt, sieht genauso aus wie ihre Schwestern, mit denen hier unsere Kinder in den Wolken spielen: blaue Augen wie der Himmel, die Haare mit dem Glanz der Sonne und das Kleid in der Farbe eines Sonnenuntergangs! Wir wissen, dass du den ganzen Tag stillliegen musst und von deinem Fenster aus nur den Himmel siehst – da schaust du in unsere Welt hinein, und kein Mensch kann sich vorstellen, wie wunderbar sie ist! Wenn du ganz genau schaust, dann wirst du entdecken, wie wir auf den Wolken schlafen, zwischen den Sternen verborgen. Wir aber blinzeln hinunter auf die Erde und erzählen dir dann, was die anderen Menschenwesen da alles anstellen – komische Dinge! *Alles Liebe und viele Küsse von der Wolkenfee*

Mrs. Martin Banks
Shakespeare-Club, Dallas

Dallas, den 10.11.1916

Liebe Exa,
mit großem Bedauern muss ich um Urlaub auf unbestimmte Zeit bitten. Durch Eleanors Unfall bin ich ganz an ihr Krankenbett gefesselt, und das wird, so wie es aussieht, auch in nächster Zukunft so bleiben.
Sie ist so tapfer! Es greift mir ans Herz. Gottlob hat sie in ihrem Alter noch keinen Zeitbegriff, ihre Kalenderrunde geht von Weihnachten über Ostern zum Geburtstag und fertig – die Zwischenräume sind unwichtig. Wenn der Arzt ihr sagt, sie dürfe zu Ostern nach Hause und an ihrem Geburtstag werde sie wieder laufen können, dann ist diese Prognose für sie kein Grund zur Verzweiflung so wie für mich!
In den langen Stunden, die ich hier am Krankenbett sitze, habe ich alle meine Lieblingsstellen bei Shakespeare wieder gelesen, aber nur wenige fand ich trostreich. Nein, auch Lears ganzer Jammer hat mit den Gefühlen nichts zu tun, die mich seit dem Unfall bewegt und überwältigt haben. Shakespeare wird wohl nie eines seiner Kinder so leiden gesehen haben wie ich das meine!
Bitte übermitteln Sie all denen meinen Dank, die mich für die Mitgliedschaft vorgeschlagen haben, und gleichzeitig mein Bedauern, dass ich vorübergehend eine der größten Auszeichnungen meines Lebens ausschlagen muss – aber immer war mir meine Familie vorrangig, und nun ist für nichts anderes mehr Platz.

Ihre ergebene Bess Steed

Mlle. Helen Girard
Paris Millinery
4608 Oak Lawn
Dallas, Texas

Dallas, den 20.11.1916

Mein liebes Fräulein,
ich bedaure es sehr, dass wir die angenehmen französischen Nachmittage, die wir in den letzten drei Wochen miteinander verbracht haben, nicht fortsetzen können, aber jetzt muss ich jeden Tag im Krankenhaus bei meiner kleinen Eleanor sein. Zum ersten Mal in meinem Leben habe ich Angst vor der Zukunft.
Ich bedanke mich noch einmal bei Ihnen für die hübschen Blumen, die Sie ins Krankenhaus geschickt haben. Seit dem 5. August ist dieses Zimmer meine Welt geworden, und die Blumen sind eine Erinnerung an die schönere Welt.

Mit herzlichen Grüßen, Bess Steed

Dallas den 30.12.1916

Sehr geehrter Herr Fineman,
wie reizend von Ihnen, dass Sie in den Weihnachtsferien an uns gedacht haben. Der geräucherte Truthahn hat große Freude bei allen ausgelöst und ebenso der hervorragende korsische Früchtekuchen. Eleanor liebt den Korb mit den Plüschkätzchen; er wird hoffentlich ihre Enttäuschung mildern, wenn sie heimkommt und sieht, dass ihre echten Katzenkinder schon halb erwachsen sind. So wie wir alle es tun, erwartet sie, dass in ihrer Abwesenheit alles so bleibt, wie es ist. Dass Sie die Geschenke überbringen ließen und mit großem Takt nicht selbst in Erscheinung getreten sind, rechne ich Ihnen hoch an. Eleanor bringt keinen Menschen mit dem Unfall in Zusammenhang, das Auto ist der einzige Missetäter, und sie erwartet von niemandem eine Wiedergutmachung. Die Plüschkätzchen sind

eben einfach ein Geschenk von einem Freund – und so empfinde ich es auch.
Eleanor hat ihre lange Rekonvaleszenz mit einem erstaunlichen Gleichmut, ja mit Heiterkeit akzeptiert. Ich habe ihr stundenlang vorgelesen und bin mit ihr in Myriaden von imaginären Welten entschwunden, in denen wir uns viel wohler gefühlt haben als hier in der unseren. Jeden Morgen, wenn sie wach wird, liegt ein Brief von der Wolkenfee auf ihrem Kissen, zusammen mit einem kleinen Geschenk. Es wird mir, wenn ich an die ersten furchtbaren Tage nach dem Unfall zurückdenke, erst jetzt bewusst, dass ich mir dieses bunt schillernde Wolkenreich nur deshalb ausgedacht habe, um dem Kind zu zeigen, dass da noch andere Welten existieren – für den Fall, dass diese hier plötzlich ein Ende hat und erlischt. Vielleicht hat sich diese Illusion auch in meinem Herzen eingenistet.
Ich danke Ihnen noch einmal für Ihre liebevoll ausgedachten Geschenke und sende Ihnen die besten Wünsche zum Neuen Jahr.

Ihre ergebene Bess Steed

Dallas, den 18.2.1917

Lieber Papa, liebe Mavis,
ihr habt den Kindern mit den Geschenken zum Valentinstag eine Riesenfreude gemacht! Mein »Valentin« von Rob hat mich beim Aufwachen in der Einfahrt erwartet: ein eigenes Auto! Noch vor einem Jahr hätte mich das hingerissen, aber jetzt jagt mir die Vorstellung, selbst so ein gefährliches Vehikel zu chauffieren, nur Angst und Schrecken ein. Seit Eleanors Unfall ergreift mich Panik, wenn ich so ein Ding sehe. Was für eine Erfindung! Rob sagt, das sei genau die richtige Einstellung, um an ein Automobil heranzugehen. Vor einem Jahr wäre es ein aufregendes Spielzeug gewesen – jetzt weiß ich es besser! Heute Nachmittag hat Rob mir die ersten Fahrstunden erteilt – mit

Erfolg, wie er meint, obwohl das Auto mich beherrscht hat und nicht umgekehrt ... Das soll in Zukunft durch viel Üben besser werden! Von meinen Freundinnen kann keine fahren, sie bekämen auch nie die Erlaubnis dazu von ihren Ehemännern, die außerdem nicht im Traum daran dächten, ihren Frauen ein Auto zu schenken. Aber nun, mein Rob verbringt jetzt immer mehr Zeit auf Reisen, und da ist ihm der Gedanke, ich säße flügellahm zu Hause herum, ein Gräuel. Es ist erstaunlich, wie viel Unabhängigkeit er mir zugesteht, und nicht nur das – er fördert sie auch noch! Wir sind zusammen als Freunde durch dick und dünn gegangen, als ebenbürtige Kameraden aufgewachsen, und der Respekt voreinander hat sich in unserer Ehe – anders als bei vielen Paaren, die ich kenne – nicht verringert, im Gegenteil. *Liebe Grüße! Bess*

In den Wolken, am 24.3.1917

Liebe Eleanor,
wir haben dir heute alle zugeschaut und dir zum Abschied gewinkt, als du die Klinik verlassen hast. Was für ein tapferer kleiner Kerl bist du in den letzten Monaten gewesen! So tapfer wie der kleine Zinnsoldat, der dir dieses Brieflein überbringt. Jetzt wirst du nicht mehr so oft von uns hören wie in der Klinik; bald wirst du ja wieder herumspringen, spielen und keine Zeit mehr haben zum Liegen, keine Wolken mehr anschauen – aber wir, wir sind immer hier oben und sehen dir zu und passen auf. Und wenn dir die Tage auf der Erde je lang werden oder du in Schwierigkeiten kommst, dann wende nur den Blick herauf zum Himmel und denke an den Spaß, den wir hier oben haben! *Liebe Grüße und Küsse, die Wolkenfee*

Dallas, den 25.3.1917

Lieber Herr Fineman,
Eleanor hatte so große Freude heimzukommen und ihr Glück erreichte den Höhepunkt, als sie die siamesischen Katzenkinder entdeckte, die Sie ihr als Willkommensgruß geschickt haben! Sie bewegt sich immer noch mit Schwierigkeiten und hat Schmerzen, jede Stunde der Anstrengung erfordert zum Ausgleich ein paar Stunden der Ruhe. Wenn sie dann liegt, kuscheln sich die Kätzchen dazu oder toben auf dem Bett herum – eine unerschöpfliche Quelle des Vergnügens für das Kind und gleicherweise für mich! Meine eigene Vorstellungskraft ist durch das viele Geschichtenerzählen in der Klinik ganz erlahmt.
Es tut mir sehr Leid, dass Sie wegen Ihrer Erkrankung nicht mehr Auto fahren können. Aber warum gewinnen Sie nicht Ihre Frau als Chauffeur, anstatt den Wagen zu verkaufen? Im letzten Monat hat mir mein Mann einen eigenen Wagen geschenkt, und ich finde, es ist eine vergnügliche Neuerung, nachdem der erste Versuch mich völlig verschreckt hatte! Ich fahre natürlich äußerst vorsichtig und tüftle mir meine Strecken genau aus, um ja ein Linksabbiegen zu vermeiden, aber solange ich nicht in Eile bin, komme ich mit einem »Immerrechts-Herum« an jedes Ziel! Ihnen und Ihrer Frau wünsche ich nun alles Gute für die kommende Ferienzeit! Ich erlebe diesmal die Vorbereitung auf Ostern mit ganzem Herzen und begreife zum ersten Mal den Sinn der Auferstehung – habe ich doch mein Töchterchen wieder bei mir zu Hause, im vollen Besitz ihrer Kräfte, und langsam, wenn auch nur mit Schmerzen, wird sie wieder Herr über ihre Arme und Beine. Hätte ich Ihren Glauben, ich sähe denselben tiefen Sinn in der Passionszeit, denn der Todesengel hat wahrhaftig in diesem Jahr unser Haus gestreift. Am Ostersonntag will ich aus vollem Herzen das Halleluja für Ihn singen, unseren gemeinsamen Gott.

Ihre ergebene Bess Steed

Dallas, den 15.4.1917

Lieber Papa, liebe Mavis,

heute war ich auf dem Speicher und brachte die Koffer mit herunter, die jahrelang da oben verstaubt sind. Als ich von Europa zurückkam, schien es mir, als sei das Reisen in mein Leben eingeplant, ein Bestandteil seines Musters. Aber nun habe ich begriffen, dass es solche Muster in unserem Leben nicht gibt, oder wenn doch, dann kann man sie nur mit Entsetzen betrachten. Jetzt bin ich sehr aufgeregt bei dem Gedanken, dass Rob bald mit mir nach New York fährt – und so dankbar, dass ihr beide die Kinder hüten könnt. Natürlich waltet auch Mama Steed im Hause, und die Kinder hängen sehr an ihr, aber sie ist der Verantwortung für drei kleine Lebewesen nicht gewachsen – sie mag ja nicht einmal eine Topfpflanze mit auf ihr Zimmer nehmen aus Angst, sie könnte ihr eingehen und sie hätte Schuld.

Annie hat jetzt die amerikanische Staatsangehörigkeit erworben. Immer mehr ist ihr die Arbeit einer Hausangestellten zuwider; Hans und sie haben die Personalwohnung über der Garage verlassen und sind in ein eigenes, sehr nettes Häuschen gezogen. Im August kommt ihr Baby – das erste! –, aber Annie hat versprochen, bis Mitte des Sommers bei uns zu arbeiten.

Selbstverständlich bleibt unsere Mrs. McCullough hier bei den Kindern. Sie lieben einander so sehr! Sie wird nicht müde, ihnen ihre schottischen Geschichten zu erzählen, und ich muss mich gelegentlich heranschleichen und ein bisschen lauschen. Ihr Sohn fühlt sich im Country Club recht wohl und hat den meisten Geschäftsleuten der Stadt Golfspielen beigebracht. Auch Rob hat ein paar Stunden genommen, aber er hat so selten Zeit zu spielen. Ich selbst mache gute Fortschritte! Lydia besucht uns täglich mit ihrer kleinen Marian. Eigentlich habe ich meine Schwägerin erst in den letzten Monaten so recht kennen und schätzen gelernt – sie spielt für die Kinder

Klavier, komponiert Lieder, arrangiert Tänzchen und ermuntert Eleanor zu ihren Übungen. Das Kind ist inzwischen viel freier in seinen Bewegungen, muss aber wieder ganz von vorn anfangen und laufen lernen. Es greift mir ans Herz, wenn ich sehe, wie sie umfällt, tapfer wieder aufsteht und wieder von neuem startet.
Doch zurück zu meiner Packerei! Das Gästezimmer ist mein Hauptquartier, dort türmen sich die Kleider. Was trägt die elegante Dame in diesem Jahr in New York? Mein Kopf schwirrt!

Alles Liebe euch beiden, Bess

Mrs. Dwight Davis
Westport

Dallas, den 20.4.1917

Liebe Totsie,
wie herrlich, dich schon so bald wieder zu sehen! Und den Mann kennen zu lernen, von dem du ununterbrochen geredet hast, Tag und Nacht, als wir zusammen das Zimmer hatten – ist es erst acht Jahre her? Es kommt mir vor, als hätte ich seitdem ein ganzes Leben gelebt. Gleichzeitig bin ich überzeugt davon, dass die Frau von sechsundzwanzig Jahren, die ich jetzt bin, sich bis zu ihrem Lebensende nicht mehr verändern wird – das junge Mädchen aber, achtzehn Sommer alt, das ist für immer entschwunden. Oder etwa nicht? Die Entscheidung darüber überlasse ich lieber dir. Ich freue mich irrsinnig auf diese Reise. Rob und ich haben in den letzten Jahren so wenig voneinander gehabt, keine Zeit! Ist es nicht eine Ironie, dass die Familie, die zwei Gatten aneinander binden soll, sie in Wirklichkeit einander entfremdet und trennt? Rob ist nicht mehr der Mann, den ich geheiratet habe, ebenso wie ich nicht mehr das junge Ding bin, an das du dich erinnerst. Ich weiß aber auch nicht, zu wem er geworden ist.
Zu Beginn unserer Ehe bin ich wohl ehrgeiziger für ihn gewe-

sen, als er es für sich selbst war. Doch jetzt ist er pausenlos damit beschäftigt, neue Investitionsmöglichkeiten ausfindig zu machen, nur schlucken diese immer mehr Zeit, Kraft und Geld. Hier in Dallas sind ein paar Leute am Werk, neue Konzerne aufzubauen, und mein Mann ist einer von ihnen. In den alten Zeiten konnte ich über jeden Pfennig, den er verdient hat, abrechnen, aber jetzt habe ich keine Ahnung mehr davon, was er verdient und was er mit seinem Geld anfängt: Ich bekomme mein reichliches, fast extravagant großes Haushaltsgeld, und damit basta.

Eine Ehe, so dachte ich immer, ist das Verschmelzen zweier Leben zu einem, aber die einzigen Fusionen, die Rob wirklich interessieren, sind die, die Profit abwerfen. Wir leben im gemeinsamen Heim, teilen es als zwei Menschen von Fleisch und Blut, aber unsere Seelen werden einander fremd.

Als ich anfing, diesen Brief zu schreiben, war mir gar nicht klar, wie sehr ich dich all die Jahre vermisst habe. Weißt du noch, wie wir mitten in unseren Unterhaltungen eingeschlafen sind? Ja, und jetzt passiert es mir wieder: Es ist drei Uhr, und ich bin noch lange nicht zu Ende! Noch so viel gäbe es zu erzählen, aber das muss alles warten, bis wir uns sehen. *Je t'embrasse, Bess*

Miss J. Farrow
Syracuse, New York

Dallas, den 17.4.1917

Liebe Cousine,

obwohl wir uns nie persönlich begegnet sind und ich Sie nur aus Vaters Erzählungen kenne, scheint es mir doch angemessen, Sie so anzusprechen.

Mein Mann und ich kommen am 4. Mai für zwei Wochen nach New York, und ich würde gerne einen Tag nach Syracuse fahren, um Sie zu sehen, am besten mit der Bahn. Mein Vater hat so oft davon gesprochen, wie viel Güte Ihre Eltern ihm als Jungen entgegengebracht haben. Er war ja erst acht Jahre alt, als er seine Mutter verloren hat, und ist nie ganz über diesen Verlust hinweggekommen. Doch hat sicher die liebevolle Art, mit der Ihre Familie sich seiner angenommen und ihn in ihr Leben einbezogen hat, seinen Schmerz gemildert.

Gleich zweimal hat er den Tod der wichtigsten Frau in seinem Leben beklagen müssen – erst den seiner Mutter und dann den seiner Frau. Dies mag eine Erklärung dafür sein, dass er sich für die zweite Ehe eine so junge Partnerin ausgesucht hat. Denn was er auch immer erwarten mag – mit Sicherheit kann er damit rechnen, dass sie ihn überleben wird.

Ihre Erkrankung neulich hat ihm sehr zu schaffen gemacht. Ich will mich jetzt auf keinen Fall aufdrängen, aber ich möchte die Gelegenheit nicht versäumen, Sie zu sehen und dabei auch Näheres über die väterliche Seite der Familie in Erfahrung zu bringen.

Mit den besten Grüßen, Bess Steed

Waldorf Hotel, New York City, den 10.5.1917

Lieber Papa, liebe Mavis,

gestern habe ich den Tag mit Cousine Josie in ihrem Haus in Syracuse verbracht; sie ist sehr schwach, hustet viel und empfängt daher auch keinen Besuch mehr. Mich hat sie netterweise trotzdem kommen lassen, weil ich von so weit hergekommen bin. Ich weiß wirklich nicht, wie sie all die Jahre ohne deine Unterstützung zurechtgekommen wäre, Papa! Sie hat außer dir nur noch eine Nichte, die in einer anderen Stadt verheiratet ist, zwar schreibt sie hin und wieder, sorgt aber nicht im Geringsten für eine finanzielle Hilfe.

Cousine Josie hat nie ein Testament gemacht! Es ist zum Verzweifeln. Sie hat kein Geld, das ist klar, aber das Haus ist voll gestopft mit unschätzbaren Antiquitäten, die sie von ihren Eltern geerbt hat. Eigentlich sollten sie an dich gehen, aber vermutlich wird das Gericht diese Nichte als nächste Verwandte als gesetzmäßigen Erben einsetzen, da hier ja keiner von deiner großzügigen Unterstützung weiß.

Rob und ich genießen in vollen Zügen alles, was New York zu bieten hat. Wären nicht unsere Kinder, ich würde einfach hier bleiben, ad libitum!

Die Bahnfahrt war für uns beide wie eine Hochzeitsreise – zwei lange Tage keine Geschäfte und keine Familie! Bald werden wir unser Land mit dem Flugzeug überfliegen, glaube ich, eine herrliche Aussicht. Rob hat eine Luxussuite reservieren lassen; es macht ihm im Gegensatz zu seinen Kompagnons nichts aus, wie viel Geld er ausgibt, er hat ebenso viel Spaß daran wie am »Geld machen« – genau wie ich!

In der letzten Woche bin ich häufiger im Theater gewesen als in meinem ganzen Leben vorher, bin ganz »bühnenkrank« und überfüttert! Und was für glänzende Aufführungen! Ina Claire in *Polly with a Past* – ganz unvergesslich – und Fay Bainter in *The Willow Tree!* Ich liebe unser Leben hier! Jeden Abend Theater und hinterher ein Souper – und nichts kann einen süßen Traum so festigen wie Champagner …

Rob geht auf meine geheimsten Wünsche ein, erfüllt sie mir im Nu, und ich werde als Frau so verwöhnt, wie ich es als Kind wurde – ich genieße das nicht nur, sondern erwarte es geradezu! Bestimmt gibt es ein paar Leute, die abfällig den Kopf schütteln, aber aus Erfahrung weiß ich, dass die beliebtesten und großzügigsten Menschen immer die sind, die selbst geliebt worden sind. Ich habe als Kind und als Frau immer alles bekommen, was ich wollte, und gebe es jetzt meiner Familie und meinen Freunden mit vollen Händen weiter. Ja, es ist meine Überzeugung, dass es mit den Kriegen und Verbrechen sofort ein Ende hätte, wenn jeder Mensch mit Liebe verwöhnt aufwachsen könnte.

Ich hoffe, dass ihr die Zeit in unserem Haus genießt und dass eure rührende Fürsorge von den Kindern nicht ausgenützt wird. *Alles Liebe, Bess*

Waldorf Hotel, New York City, den 12.5.1917

Meine Schätze, meine Engel,

wir vermissen euch schrecklich, und ich hoffe nur, dass ihr nächstes Mal mit nach New York kommen könnt! Aber ein ordentliches Stück von der großen Stadt bringen wir euch mit – wartet nur ab, was ich alles in meinen Schrankkoffer gepackt habe! Den ganzen Nachmittag habe ich gestern in einem Spielwarengeschäft verbracht, so ein riesiges habe ich noch nie gesehen. Man sagt, die Leute hier hätten keine sonderlichen Manieren, aber wir wurden überall mit vollendeter Zuvorkommenheit bedient. Und gerade bei den Spielwaren hat sich der Verkäufer ganz persönlich für euch interessiert und mich bei der Auswahl gut beraten.

Wie geht's denn mit eurem Tunnel voran, Robert und Drew? Mama Steed fürchtet, ihr würdet noch unter der Erde begraben; sie hält jedes Mal den Atem an, wenn ihr hinter den Rosenbüschen verschwindet – bis ihr dann wieder beim Vogelbad auftaucht! Vielleicht könntet ihr weitere Grabungen zurückstellen, bis wir wieder da sind, das wäre wohl das Beste.

Eleanor, mein Wonnekloß, welche Freude machst du mir mit deinen Fortschritten! Ich kann den Tag nicht erwarten, an dem ich meine Arme ausbreite und du hineingerannt kommst!

Kuss und Umarmung für jeden von euch! *Mami*

Waldorf Hotel, New York City, den 15.5.1917

Liebe Lydia,

Rob und ich haben ein Wochenende bei meiner Zimmergenossin vom College und ihrem Mann verbracht und sind eben zurückgekommen; Totsie und ich waren früher innig befreundet, haben uns lange Briefe geschrieben, aber dieser Besuch jetzt hat uns einander nicht näher gebracht, sondern den Abstand zwischen uns vergrößert. Vielleicht liegt es an den Ehemännern, dass wir uns so fremd waren. Totsies Mann ist schon sehr frühzeitig in ein Internat gesteckt worden, hat zwar die Familie entbehrt, aber sein Name, als Aushängeschild sozusagen, hat ihm Tür und Tor geöffnet. Ich war wütend über ihn, denn ohne irgendetwas dazu getan zu haben, dünkte er sich erhaben über Rob, aber gleichzeitig habe ich beschlossen, dafür zu sorgen, dass sich unsere Kinder nie so unbehaglich werden fühlen müssen wie Rob an diesem Wochenende.

Wir vermissen beide unser Texas und haben beschlossen, unseren Aufenthalt hier abzukürzen und schon Ende der Woche wieder heimzufahren. *Alles Liebe von uns beiden, Bess*

Choate School
Wallingford, Connecticut

N.Y.C., den 15.5.1917

Sehr geehrter Herr Direktor,

mein Mann und ich haben mit unseren Freunden, Mr. und Mrs. D. Davis, am vergangenen Wochenende eine Rundfahrt durch das Gelände der Schule gemacht und waren sehr davon beeindruckt. Wir leben in Dallas, Texas. Trotz der großen Entfernung möchte ich meinen beiden Söhnen, Robert und Andrew, gerne die Vorzüge einer Ausbildung im Osten zugute kommen lassen.

Ich hoffe, es ist noch nicht zu spät, um sie jetzt für die Dauer von drei Jahren zur Höheren Schule vor dem College anzumelden. Robin wird im nächsten Monat sieben Jahre und Andrew sechs im November. Könnten Sie uns bitte die Plätze in den entsprechenden Klassen reservieren?

Den beiliegenden Scheck mögen Sie bitte als einen Beitrag zu den Bauvorhaben der Schule verwenden.

Mit freundlichen Grüßen, Mrs. Robert Randolph Steed

New York City, den 15.5.1917

Liebe Totsie, lieber Dwight,
es war freundlich von euch, uns ein ganzes Wochenende lang zu unterhalten, das uns gleichzeitig einen Einblick in eine Lebensweise gewährte, die es in Texas einfach nicht gibt.
Ihr habt ein wunderschönes Heim! Ich wurde nicht müde, vom Schlafzimmerfenster aus euren außergewöhnlichen Englischen Garten zu betrachten, mit Blumen, wie ich sie nie zuvor gesehen habe. Zu gerne möchte ich versuchen, sie bei uns zu Hause anzupflanzen – wenn so aristokratische Gewächse in der Erde von Texas überhaupt gedeihen! Doch ich wage zu wetten: Ja!!
Wir reisen morgen ab, ein paar Tage früher als geplant. Ein Hotel und Freunde sind nur für eine gewisse Zeit ein Ersatz für das eigene Heim und die Familie.
Wir wünschen Dwight viel Glück und Erfolg als Vorstand der Choate Bauplanungs-Kampagne.
Es hat mich gefreut, dich wieder zu sehen, Totsie, und auch, dass ich dir anscheinend nicht fremd geworden bin.

Mit herzlichen Grüßen, Bess

Dallas, den 5.7.1917

Lieber Papa, liebe Mavis,
mit einem üppigen Picknick ist gestern die Kriegsanleihen-Kampagne ins Leben gerufen worden. Rob hat eine zündende Rede gehalten. Er schien mir zuvor nie besonders geeignet zu sein für eine politische Laufbahn, aber gestern, als die Menge ihm so zujubelte, hat sich die Idee in mir festgesetzt, dass er

sich für irgendeinen Posten im Landkreis nominieren lassen könnte. Im Moment ist er jedoch nicht darauf erpicht, Stimmen zu sammeln; sein einziges Interesse gilt dem Versuch, Kriegsschuldverschreibungen in fünf Provinzen zu verkaufen, was ihn stark in Trab und von zu Hause fern halten wird. Wenn ich hier bin und er unterwegs ist, dann fehlt er mir mehr als auf der Europareise. Ach, könnte ich nur auch irgendwie mithelfen – beim Roten Kreuz habe ich mich schon umgesehen, aber meine Leidenschaft für das Aufwickeln von Verbänden hält sich in Grenzen.

Robin und Drew spitzen die Ohren bei den Gesprächen, die sich um den Krieg drehen; sie hocken fast den ganzen Tag in einem Graben, den sie sich im Garten geschaufelt haben.

Gestern hättet ihr eure helle Freude an Eleanor gehabt, wie sie beim Picknick mit den anderen Kindern gespielt hat. Wenigstens diese Schlacht ist halbwegs gewonnen! *Alles Liebe, Bess*

Dallas, den 16.8.1917

Liebes Herz,

mittlerweile bin ich in die Ränge derer aufgerückt, die ihrem Vaterland dienen, indem sie Wache stehen und warten. Doch dein Kriegsschauplatz besteht gottlob auch nur aus einem Podium, und du schlägst dich mit Schuldverschreibungen herum. Wie es auch sei, das Herz tut mir weh, wenn du fort bist!

Die Reise nach New York im Frühjahr war für mich wie eine Hochzeitsreise, belebt und wunderbar bebildert durch unsere gemeinsamen Erlebnisse in den Jahren zuvor. Mit Erstaunen höre ich oft Leute sagen, dass die ersten Ehejahre doch die besten seien, und »dann ist's aus mit dem Honeymoon«. Natürlich habe ich dich geliebt, als wir geheiratet haben. Aber erst die Ehe hat mir meine eigene Struktur, ihre Möglichkeiten und Grenzen, bewusst gemacht, körperlich und seelisch, und damit meine Fähigkeit zu lieben wachsen lassen. Und ich sehe, wie sie weiter wächst mit jeder Spanne Zeit, die wir gemeinsam leben. Das einzig Gute an der Trennung ist, dass wir zum Briefeschreiben gezwungen werden und in Worten das ausdrücken müssen, was sonst unausgesprochen bliebe.

Gute Nacht, Liebster. Schlaf gut. Deine Bess

TELEGRAMM AN
ROBERT STEED
LIBERTY LOAN HEADQUARTERS
JEFFERSON HOTEL ST. LOUIS MISSOURI
HAUS GESTERN NACHT ABGEBRANNT STOPP
ALLE GESUND STOPP KINDER BEI LYDIA STOPP
BIN MIT AUSGERENKTEM WIRBEL IN BAYLOR
KLINIK - BESS/ 18.8.1917 DALLAS

Baylor-Klinik, Dallas, den 19.8.1917

Lieber Papa, liebe Mavis,
wir sind alle gerettet! Regt euch nicht auf, wenn ihr diese Zeilen lest. Vorgestern ist unser Haus bis auf die Grundmauern abgebrannt. Die Kinder sind völlig unversehrt den Flammen entkommen; wir mussten alle aus dem zweiten Stock durch ein Fenster hinunterspringen! Rob ist in St. Louis, und so waren Mrs. McCullough und ich mit den Kindern allein (gottlob ohne Mama Steed, die die Woche bei Lydia verbringt). Mrs. McCullough sprang als Erste aus dem Fenster, dann die Buben. Tapfere kleine Helden, wahrhaftig! Hand in Hand sprangen sie ins Tuch, das die Feuerwehrleute aufgespannt hielten. Kein Schrei, bis sie sicheren Grund unter den Füßen hatten! Eleanor war völlig außer sich, ich nahm sie auf den Arm und sprang mit ihr in die Tiefe. Und erst als sie mich auf die Bahre

gepackt und ins Krankenhaus gebracht hatten, spürte ich die Schmerzen – so sehr war ich von Dankbarkeit über unsere gelungene Flucht aus den Flammen erfüllt! Es hat mir ein paar Wirbel ausgerenkt, was bedeutet, dass ich mindestens eine Woche hier bleiben muss. Aber Rob ist wieder zurück und wohnt mit den Kindern bei Lydia und Manning.
Es gibt wirklich im Moment nichts, was ihr tun könnt. Das Einzige ist, regt euch nicht auf! Trost liegt allein schon in dem Gefühl, dass ihr in der Nähe seid.
Ich lasse bald wieder von mir hören. Immer noch betäubt die große Dankbarkeit in mir die Schmerzen, die auch schon fast abgeklungen sind. *Alles Liebe, Bess*

Baylor-Klinik, Dallas, den 21.8.1917

Lieber Herr Fineman,
heute Morgen ist der Korb mit Blumen und Delikatessen bei mir angekommen – wie hübsch Sie sich das ausgedacht haben! Blumen machen mich eigentlich immer ein bisschen traurig, sie haben ein so kurzes Leben! Doch trotzdem werde ich mich in den nächsten Tagen an Ihrem Geschenk erfreuen, in der Klinik und zu Hause. Der Korb sieht so schön aus – bei seinem Anblick vergesse ich meine augenblickliche Situation und stelle mir vor, ich sei an Bord eines Luxusdampfers und träumte neuen Ufern entgegen.
Die große Beachtung, die die *Dallas News* unserm Brand gewidmet haben, hat mich wirklich überrascht! Wie aufmerksam von Ihnen, dass Sie mir den Ausschnitt geschickt haben. Hätte die Zeitung nur eine Aufnahme vom Haus vor dem Brand gebracht (ich habe ein paar ausgezeichnete Fotos, sie hätten nur fragen müssen), dann wäre das Ausmaß des Verlustes noch besser herausgekommen. Denn jeder Zentimeter war ja genau nach unseren Wünschen gebaut, wir werden nie mehr so ein

maßgeschneidertes Haus finden, zumal der Hausbau in Kriegszeiten brachliegt.
Die Trauer über den Verlust unseres Heims verblasst neben der großen Dankbarkeit, dass alle meine Lieben gerettet sind. Und wenn mein Mann und die Kinder bei mir sind, bin ich zu Hause – ganz gleich, wo!

Mit verbindlichen Grüßen, Ihre Bess Steed

Baylor-Klinik, Dallas, den 24.8.1917

Lieber Papa, liebe Mavis,
ich bin auf dem Weg der Besserung, der Doktor sagt, ich könne morgen nach Hause! Man hat sich so an dieses Wort gewöhnt: nach Hause … Lydia besteht darauf, dass wir bei ihr wohnen bleiben, wenigstens solange Rob so viel unterwegs ist. Es ist sehr in seinem Sinne, dass ich mit den Kindern nicht allein bin.
Heute Nacht wurde unsere Annie in die Klinik eingeliefert. Hans und sie sind jetzt Eltern eines kleinen Jungen. Er heißt Franz nach ihrem Bruder, der im ersten Kriegsjahr gefallen ist. Am Nachmittag habe ich sie auf der Wöchnerinnenstation besucht und veranlasst, dass sie ein Einzelzimmer bekommt.
Das einzig Traurige ist, dass ihre Angehörigen nicht an dem Ereignis teilnehmen können. Annie hat monatelang nichts mehr von ihnen gehört, und jetzt, da unsere Länder gegeneinander im Krieg stehen, wagt sie nicht zu schreiben. Hans und sie kommen mir so isoliert vor, so abgeschnitten, obwohl sie mittlerweile die amerikanische Staatsbürgerschaft haben. Beide haben sich geschworen, sich nie mehr als Dienstboten zu verdingen. Hans arbeitet als Mechaniker in einer Garage, und Annie will zu Hause bei ihrem Baby bleiben.
So hilflos ans Bett gefesselt, wie ich jetzt bin, war mir euer Brief eine Wohltat und ein Trost, und ich danke euch, dass ihr gespürt habt, wie ich mich nach einem Wort von euch sehne!

In meiner Welt hat immer alles so reibungslos seinen Lauf genommen, auch wenn »draußen« alles Mögliche passierte. Mit Eleanors Unfall kam diese Welt erstmals ins Wanken, und der Brand machte meine Befürchtung wahr, dass nichts, was uns geschenkt wird, Bestand hat. Unser Leben ist nur eine Leihgabe, und keiner weiß, wann der Einsatz fällig ist. Ich bin unendlich froh, dass diesmal nur unser Haus der Preis war, den wir zahlen mussten. Und ich schaudere: was für ein Tribut wird nächstes Mal verlangt werden? *Alles Liebe, Bess*

Baylor-Klinik, Dallas, den 24.8.1917

Liebe Cousine,
anbei schicke ich Ihnen einen Ausschnitt aus den *Dallas News,* der Ihnen erklären wird, warum ich Ihren letzten Brief erst jetzt beantworte.

Unser Haus und das gesamte Inventar sind durch das Feuer vollständig zerstört worden; auf dem Foto können Sie es unschwer erkennen. Wären mein Mann und die Kinder nicht, ich ließe mich immer noch im Zustand des Schocks orientierungslos dahintreiben.

Ich freue mich wirklich, morgen aus der Klinik entlassen zu werden, aber die Aussicht, kein Dach mehr über dem Kopf zu haben, macht mich schon wieder ganz krank. Meine Schwägerin und ihr Mann haben uns so großzügig bei sich aufgenommen; wir können dort bleiben, solange wir wollen. Aber mir wird es schwer fallen, über längere Zeit Gast in einem Haus zu sein, in dem ein anderer das Regiment führt.

Es tut mir leid, dass Sie unter Schwächezuständen zu leiden haben, und ich frage mich, ob es nicht ratsam wäre, das große Haus aufzugeben und in ein Heim zu ziehen, in dem Sie medizinisch versorgt sind. Für eine Dame in Ihrer Lage ist die Aufrechterhaltung eines so reich ausgestatteten Hauses eine große

Belastung, aber ich weiß natürlich, dass es Ihnen viel bedeutet und dass Sie sich dafür verantwortlich fühlen. Seien Sie jedoch versichert, dass das Inventar Ihres Hauses von den kommenden Generationen gut gehütet wird – wie auch immer Ihre Lebensumstände sein werden und wo Sie sich auch entscheiden zu leben.

Ihre Sie liebende Cousine Bess

Dallas, den 10.9.1917

Lieber Papa, liebe Mavis,
den Kindern und mir geht es gut bei Lydia und Manning, wir haben uns ganz gemütlich eingerichtet. Die kleine Marian ist überglücklich, dass ihre Familie plötzlich Zuwachs bekommen hat. Und ihre Eltern haben uns mit offenen Armen aufgenommen.
Rob ist in dieser Woche bei einer Versammlung der Landesobmänner für Kriegsanleihen in St. Louis. Seine Kampagne war außerordentlich erfolgreich, man hat überall im Land seine Methode nachgeahmt. Auch in der Geschäftswelt sind seine vaterländischen Bestrebungen nicht unbeachtet geblieben. Die Lebensversicherungsabschlüsse haben sich in den letzten Jahren verdreifacht, und die *Midwestern Life* hat kürzlich eine Zweigstelle in St. Louis eröffnet.
Wir leben hier sehr eingeengt und haben wenig Platz, deshalb macht Mrs. McCullough Urlaub bei ihrem Sohn; sie braucht dringend eine Pause und wird wieder zu uns kommen, wenn wir unser neues Domizil beziehen. Ich hatte nicht viel Zeit, mir Häuser anzusehen, da ich mich ja mit Lydia um die Hausarbeit und die Kinder kümmere. Mein Angebot, die Kosten für eine Hausangestellte zu übernehmen, hat sie abgelehnt – Lydia hat ihren Hausfrauenstolz. Sie will es ohne fremde Hilfe schaffen.
In der Küche bin ich ein Versager, so übernimmt sie das Ko-

chen, und ich tue mein Möglichstes, um das Haus in Schuss zu halten, was mit den vier Kindern ringsum eine Sisyphusarbeit ist! Ich verstehe jetzt zum ersten Mal, warum Annie die Hausarbeit so zuwider ist. Es ist schwierig genug, das eigene Haus in Ordnung zu bringen, aber es bei anderen Leuten zu tun macht wahrhaftig keinen Spaß.

Eben habe ich einen langen Brief von Cousine Josie bekommen, in dem sie wiederholt über ihren schlechten Gesundheitszustand klagt. Sie weigert sich aber, den Umzug in ein Pflegeheim überhaupt in Erwägung zu ziehen. Als Grund führt sie die Kosten an; sie meint, deine Zuwendungen wären dafür nicht ausreichend, und es widerstrebt ihr, um mehr zu bitten. Ich würde wirklich liebend gerne für die Differenz aufkommen und ihr damit die Belastung durch einen eigenen Haushalt abnehmen. Die Kosten für die Möbellagerung, die sie bei einem Umzug ins Pflegeheim zahlen müsste, gibt sie als weiteren Grund für ihre Weigerung an, aber ich denke, dass sich diese Ausgabe vermeiden ließe. *Herzlichst, Bess*

An das
Riverview-Pflegeheim
Syracuse, New York

Dallas, den 11.9.1917

Sehr geehrte Herren,

ich bin an Räumlichkeiten interessiert, die für eine ältere Verwandte von uns in Frage kommen könnten. Sie ist in letzter Zeit in schlechter körperlicher Verfassung. Senden Sie mir bitte einen Prospekt, aus dem eine augenblicklich verfügbare Unterbringungsmöglichkeit zu ersehen ist. Bitte auch Preisangaben hinzufügen. *Hochachtungsvoll, Mrs. Robert R. Steed*

TELEGRAMM AN
ROBERT STEED
JEFFERSON HOTEL
ST. LOUIS MISSOURI
RESERVIERE BITTE NACHBARSUITE STOPP ANKOMME MORGEN MIT KINDERN STOPP ENTSCHEIDUNG FUER UMZUG NACH ST. LOUIS GEFALLEN STOPP BESS/DALLAS 12.9.1917

St. Louis, den 15.9.1917

Liebste Lydia,
ich werde dir ewig für die liebevolle Fürsorge dankbar sein, die du uns in den letzten Wochen hast angedeihen lassen! Es ist dein Verdienst, dass die Kinder den Brand nicht als Albdruck im Gedächtnis behalten, sondern eher als ein Abenteuer.
Wer hat denn behauptet, Dauerhaftigkeit sei die Voraussetzung für die Aufzucht einer Familie? Es ist schon bemerkenswert, wie schnell sich Kinder neuen Verhältnissen anpassen; ich glaube fast, dass sie in der Abwechslung besser gedeihen als in dauerhaft geordneten Verhältnissen. Wenn ich mein Trio hier in unserer Suite beobachte, bin ich oft erstaunt: Sie erfinden Spiele, bauen Befestigungen aus leeren Schränken, errichten Zelte aus Leintüchern und Decken. Soweit ich das erkennen kann, weinen sie unserer ganzen verlorenen Habe keine Träne nach. Vom Haus sprechen sie zwar oft, aber die Möbel und Gegenstände erwähnen sie nicht – es ist, als existiere das alles anderswo, an einem fernen Ort, und warte nur darauf, dass wir, des Umherziehens müde, wieder zurückkommen.
Gerne hätte ich dir deine gute Tat mit etwas vergolten, wir haben uns bei dir wirklich daheim gefühlt – aber schon höre ich

dein Nein zu allen meinen Vorschlägen. Und deshalb handle ich jetzt auf eigene Faust: Unsere liebe Mrs. McCullough weigert sich nämlich, ihre Familie in Dallas zurückzulassen und uns nach St. Louis zu folgen, aber zur Ruhe setzen will sie sich noch nicht. Ich habe daher veranlasst, dass sie eine monatliche Rente ausgezahlt bekommt (als Dank für ihre rührende Aufopferung fühle ich mich auf jeden Fall dazu verpflichtet), und sie ist damit einverstanden, drei Nachmittage in der Woche zu euch ins Haus zu kommen. Sie freut sich darauf, und ich bin überzeugt, ihr seid auch begeistert. Sie ist noch recht aktiv für ihr Alter und liebt kleine Kinder.
Ich weiß, dass du deinen Stolz dareinsetzt, deinen Haushalt ganz allein, ohne fremde Hilfe zu bewältigen (wofür ich dich bewundere und zugeben muss, dass ich selbst nicht dazu im Stande wäre), aber betrachte doch Mrs. McCullough einfach als Freundin, als Gesellschafterin – lass sie sich um Marian kümmern, das gibt dir dann Zeit und Gelegenheit, an der Geschichte deiner Kindheit weiterzuschreiben, die du in Honey Grove vor langer Zeit mal angefangen hast. Mir liegt viel daran, dass du sie fertig schreibst, nicht zuletzt weil Rob und ich darin eine so große Rolle spielen! Mrs. McCullough wird Ende der Woche bei dir vorbeischauen, so dass ihr beide besprechen könnt, an welchen Tagen sie zu euch kommen soll. Herzliche Grüße bitte von uns allen an sie, und natürlich auch an dich und die Deinen!

Bess

St. Louis, den 20.9.1917

Lieber Papa, liebe Mavis,
viel gäbe es von uns Zugvögeln zu berichten, die sich eine so elegante Landung leisten konnten. Unsere Unterkunft ist wirklich außerordentlich komfortabel, und für eine Mutter mit drei Kindern ist das Leben im Hotel besonders angenehm und

sorglos. Heute Morgen sind wir durch den Park geschlendert, und ich habe im Vorübergehen ein Beet mit Immergrün gesehen, das dringend gejätet werden müsste, aber was für eine Erleichterung: Es ging mich nichts an! (Allerdings hinterließ ich eine kurze Notiz für den Obergärtner.)
Ich schwelge im Luxus, schlafe täglich in frischer Bettwäsche, und die Kinder haben sich so an den Zimmerservice gewöhnt, dass sie gar nicht mehr im Speisesaal essen wollen. Das gesamte Hotelpersonal begrüßt die Kinder mit ihren Namen, und so fühlen wir uns hier gut aufgehoben und zu Hause. Wenn Rob und ich abends ausgehen wollen, sind auch immer genug Angestellte da, die in ihrer Freizeit gerne Babysitten. Und tatsächlich ist unser gesellschaftlicher Terminkalender seit unserer Ankunft mit Einladungen gespickt.
Ihr wisst ja, dass Rob auf Grund des großen Erfolgs der Lebensversicherungsgesellschaft, die er mit Manning zusammen aufgebaut hat, schon seit ein paar Jahren ein prominentes Mitglied der Berufsgruppe ist. Das hat jetzt zur Folge, dass wir schnell ins gesellschaftliche Leben der Stadt integriert wurden. Und was hier alles los ist! Mit wie viel Schwung und Fantasie man hier unterhalten wird! Es würde Dallas nicht schaden, sich daran ein Beispiel zu nehmen. Mir kommt es manchmal vor, als hätte es uns von einem fernen Ort am Rande der Wildnis in eine Weltstadt verschlagen!
Die Rückenverletzung, die ich mir beim Brand zugezogen habe, ist fast geheilt; ich habe mich erholt, halte mich aber streng an die Regeln und mache alle Übungen, die mir der Arzt verordnet hat. Der erste Ball der Saison findet in einem Monat statt, und ich möchte gern bis zum Morgengrauen tanzen!

Alles Liebe, Bess

St. Louis, den 1.10.1917

Liebe Cousine,
verzeihen Sie bitte, dass ich Ihren letzten Brief mit solcher Verspätung beantworte, aber – Sie ersehen es aus dem Poststempel – wir leben mittlerweile in St. Louis! Nichts eröffnet einem so viele neue Perspektiven wie ein Umzug! Ich habe, so tragisch unser Verlust auch war, das Leben in einem unpersönlich möblierten Hotelzimmer als seltsam befreiend empfunden. In unserem Haus, das ganz nach unseren Wünschen gebaut und nach meinem persönlichen Geschmack eingerichtet war, habe ich die Stabilität und Ordnung genossen. Aber der Brand hat diese Sicherheit als Illusion entlarvt. Wir sind alle Zugvögel auf Erden, und je besser wir die Unzuverlässigkeit unserer Situation begreifen, desto mehr Vergnügen macht uns die unerwartete Freiheit, die sie uns verschafft. Dies bedenkend, werden Sie die beigelegte Broschüre über das Riverview-Pflegeheim hoffentlich mit Aufmerksamkeit durchlesen. Das Zimmer scheint recht komfortabel zu sein, die Aufenthaltsräume und der Speisesaal wirken ansprechend, die Umgebung erholsam. Ich könnte mir keine bessere Lebensform für Sie wünschen als diese; Sie wären gut versorgt und sicher aufgehoben, und der ganze tägliche Kram würde von anderen erledigt werden. Vater stimmt mir in allem voll und ganz zu. Die Kosten sind zwar höher als die Beiträge, die er Ihnen zukommen lässt, aber der Erlös aus dem Verkauf Ihres Hauses wird die Differenz üppig ausgleichen.

Herzliche Grüße, Bess

Mr. und Mrs. Robert R. Steed
geben sich die Ehre
Sie zu einem Abendessen mit Tanz
einzuladen.

Großer Ballsaal
Jefferson Hotel
Samstag, den 5.11.1917
20.00 Uhr

u. A. w. g. Abendkleidung
Suite 10d, Jefferson Hotel

St. Louis, den 10.11.1917

Liebe Lydia, lieber Manning,
ich lege das Titelblatt der Veranstaltungsbeilage in der letzten Sonntagszeitung bei, dann könnt ihr selbst sehen, welche Resonanz unser Ball erfahren hat – er war das gesellschaftliche Ereignis der Woche (und meiner Meinung nach bestimmt auch der Saison). Jetzt kann man wirklich behaupten, dass jeder in St. Louis, der Rang und Namen hat, weiß, wer wir sind.
Der Ballsaal war voller junger Männer in Uniform – ein Anblick, der mich noch vor ein paar Jahren hingerissen hätte, jetzt aber hat man das Grauen vor Augen, das sie erwartet. Rob ist hier durch seinen Tatendrang als Vorstand der Kampagne für Kriegsanleihen zu einem Helden avanciert (gottlob ohne Uniform!). Man spricht sogar davon, dass selbst in Washington seine Bemühungen nicht unbemerkt geblieben sind.

Liebe Grüße, eure Bess

St. Louis, den 8.1.1918

Lieber Papa, liebe Mavis,
mein erster Brief im neuen Jahr! Was wären wir nur ohne Kalender, der uns den Sinn für den Fortschritt im Leben vermittelt! Vielleicht ist es nur eine Illusion, aber ich sehe es so: als

eine Treppe, auf der ich jedes Jahr eine Stufe höher klettere, einem unbekannten, aber verlockenden Ziel entgegen.
Die Weihnachtsfeiertage mit euch in Honey Grove haben in uns die alten Zeiten wieder lebendig werden lassen. Ich habe die glücklichen Ferienzeiten von früher noch einmal durchlebt, den Kindern aber ist, wie ich glaube, der große Verlust, den wir durch den Brand erlitten haben, jetzt erst so richtig bewusst geworden: Sie sprachen viel vom Haus, erinnerten sich an vieles und holten sich mit Worten ihre heiß geliebten Spielsachen ins Gedächtnis zurück, die sie nie wieder sehen werden.
Heute Nachmittag habe ich einen Termin bei einem Makler. Damit ist der Anfang gemacht, ein neues Haus zu finden. Rob und ich haben uns wie ein verstoßenes Liebespaar aus Angst vor künftigen Enttäuschungen dauernd weisgemacht, dass wir ja viel glücklicher sind, wenn wir kein eigenes Heim haben. Wir verhalten uns so, als wären wir von materiellen Gütern unabhängig, aber wir kommen doch nicht an der Tatsache vorbei, dass Körper *und* Seele Zuwendungen und Obhut brauchen. Und meine Seele sehnt sich nach einem vertrauten Geruch, nach Dingen, die mir lieb sind. Wir alle haben Kräfte in uns, unsere Umgebung zu gestalten, und wie falsch ist es, diese Gabe zu missachten, nur weil die Form vergänglich ist. Wir müssen lernen zu respektieren, dass nichts, was wir schaffen, auf ewig ist und dass der Akt des Schaffens selbst schon das Geschenk darstellt.
Ihr seht, ich habe nachgedacht und in meinem Inneren geforscht, bevor ich den Mut hatte, ein neues Haus zu kaufen, das wir uns jetzt mit unseren Ideen zu Eigen machen werden. Ich bin nicht stark genug, an einen Neubau heranzugehen, dagegen beschwingt mich der Gedanke, ein Haus zu besitzen, unter dessen Dach schon andere Menschen in Geborgenheit gelebt haben.

Alles Liebe, Bess

Miss Abigail Saunders, Direktorin
Riverview-Pflegeheim
Syracuse, N.Y.

St. Louis, den 1.2.1918

Sehr geehrte Miss Saunders,
im Namen meiner Cousine, Miss Josephine Farrow, möchte ich Sie hiermit bitten, ein Privatzimmer für sie zu reservieren. Da der Umzug ins Heim davon abhängt, wann sie ihr Haus übergeben kann, das eben auf dem Wohnungsmarkt zum Verkauf angeboten wird, ist der Zeitpunkt noch nicht festzulegen. Ich füge auf alle Fälle eine Anzahlung bei, die Sie sicher für alle Ungelegenheiten entschädigen wird, die der unbestimmte Einzugstermin u.U. mit sich bringt.
Aus den Abbildungen im Prospekt ist zu ersehen, dass einige der Zimmer einen Ausblick auf die Berge haben. Wird sich dadurch der Preis erhöhen? Ich meine, meine Cousine wäre von der Aussicht sicher begeistert, nicht aber von der Tatsache, dafür extra zahlen zu müssen.
Für eine baldige Antwort, die mir die Reservierung bestätigt, wäre ich Ihnen sehr verbunden.

Hochachtungsvoll, Mrs. Robert R. Steed

St. Louis, den 14.2.1918

Liebes Herz,
ach, wie traurig, am Valentinstag allein zu sein! Das klingt aus dem Mund einer erwachsenen Frau mit drei Kindern wahrscheinlich reichlich albern, aber es ist nun einmal der Tag, an dem du mir deinen Heiratsantrag gemacht hast.
Es war in der vierten Klasse, kurz nachdem Miss Appleton uns die Bedeutung der Weltumseglungen nahe gebracht hatte, dass ich mich für dich entschied: Meine Welt bist du!
Damals gab es kaum einen Unterschied zwischen uns: nicht ein Junge und ein Mädchen, sondern eine Einheit von zwei We-

sen waren wir, einander ganz und gar gleich, und mit dem Rest der Welt hatten wir nichts zu tun; bei allen unseren Unternehmungen waren wir wie Zwillinge. Zwei Erforscher, zwei Seefahrer, zwei Cowboys, zwei Knappen – in unserem Sherwood gab es sogar Robin Hood doppelt! Keine Maid Marian für dich!

Dann kam der Tag, an dem ich das erste Valentinsgeschenk von dir bekam: ein Banner mit dem Wappen von Richard Löwenherz draufgestickt. Ich platzte vor Stolz! Und bis zum heutigen Tag war ich niemals stolzer (auch nicht, als ich meine Aktien ausgehändigt bekam, die mich zu einem Hauptaktionär machten und zum Mitglied im Ausschuss der *Midwestern Life*-Versicherungsgesellschaft). Es war eine ganz andere Art von Banner! Bei unserer ersten Begegnung waren wir einander ebenbürtig, und die Ehe hat nichts daran geändert – es ist gut zu wissen, dass wir beide so empfinden.

In deiner Abwesenheit war ich mit Hausbesichtigungen beschäftigt, und heute Nachmittag kam ich zu einem, das mir recht viel versprechend erschien. Es wurde vor einem Jahr erbaut und ist groß und komfortabel. Ein prominenter Anwalt hat es mit seiner Frau bis zu seinem Tod (nach sechs Monaten schon) bewohnt, und die Witwe zieht jetzt nach San Francisco.

Die Zeitung bringt täglich Berichte über die Kriegsanleihen. Es ist wirklich fabelhaft, wie viel Geld du zusammenkriegst! Unser Land kann sich glücklich preisen, dass du zu alt für den Schützengraben bist! Und was für ein Glück für mich, dass ich meinen Mann an den Kriegseinsatz nur verleihen und nicht verlieren muss! Trotz alldem – diese langen Trennungen werden allmählich zur Last. Komm her, so bald du nur kannst, mein Liebster – die Heimatfront ist hier! *Immer deine Bess*

TELEGRAMM AN
ROBERT STEED
BLACKSTONE HOTEL
CHICAGO ILLINOIS
MEIN ANGEBOT FUER HAUS ANGENOMMEN STOPP UNTERZEICHNE VERTRAG MORGEN STOPP BEI EINWAND BITTE SOFORT NACHRICHT ANDERE INTERESSENTEN WARTEN STOPP BESS/
ST. LOUIS 15.2.1918

St. Louis, den 20.2.1918

Liebe Cousine,
ich war hocherfreut über die Angebote für Ihr Haus, die Sie aufgelistet haben – und höchst erstaunt, dass Sie alle abgelehnt haben. Zumal das letzte Angebot kam dem geforderten Preis so nahe, dass es mir rätselhaft bleibt, wie Sie es guten Gewissens zurückweisen konnten.
Ich weiß, dass Ihnen Geschäftemacherei ein Gräuel ist, aber glauben Sie mir, es ist keineswegs unehrenhaft, den Preis hoch anzusetzen, und so ist es auch keine Niederlage, auf einen geringeren Preis einzugehen. Damit geben Sie außerdem dem Käufer das wichtige Gefühl, sein Ziel erreicht zu haben. Ich war gerade selbst in so einer Lage und weiß daher, wie wichtig es ist, dass man von der eigenen Sparsamkeit überzeugt ist, wenn man in Wirklichkeit eben eine Menge Geld ausgegeben hat.
Wir haben ein geräumiges Haus im Zentrum der Stadt gekauft und werden in einem Monat umziehen. Bis dahin sollte Ihr Anwesen veräußert sein. Gerne biete ich Ihnen an, Ihnen die Sorgen um das Mobiliar abzunehmen. Es wird nicht nötig sein, die schönen Stücke in einem Möbellager unterzustellen und dafür auch noch zu bezahlen. Ihre Sachen würden sich ganz hervor-

ragend in meinem neuen Haus ausnehmen und würden gut gepflegt und in Ehren gehalten werden.
Ihre Freunde, die schon im Heim wohnen, freuen sich bestimmt schon auf Ihr Kommen, und für Sie selbst ist nach den langen Jahren des Einsiedlerdaseins ein wenig Gesellschaft doch sicher eine willkommene Abwechslung! Freunde sind so ein großer Segen, vor allem, wenn die eigene Familie nicht mehr existiert. Auf alle Fälle zählen Sie bitte immer auf Ihre Ihnen in treuer Verbundenheit ergebene *Cousine Bess*

St. Louis, den 28. 2.1918

Meine liebe Miss Saunders,
hiermit teile ich Ihnen mit, dass meine Cousine Josephine Farrow jetzt ihr Haus verkaufen konnte und gerne das Zimmer in Anspruch nehmen würde, das Sie vor zwei Monaten reserviert haben. Da sie es erst ab Mitte März bewohnen wird, nehme ich an, dass sie nur die halbe Monatsmiete entrichten muss. Senden Sie mir bitte die Rechnung an meine neue Adresse.

Hochachtungsvoll, Mrs. Robert R. Steed

TELEGRAMM AN
MISS JOSEPHINE FARROW
25 ELM STREET
SYRACUSE N.Y.
RATE ZUR BESCHLEUNIGUNG STOPP TERMIN
FÄLLIG STOPP ANKOMME DIESES WOCHENENDE
HELFE BEIM UMZUG STOPP NUR NOTWENDIGES
EINPACKEN FÜR HEIM STOPP BESS =
ST. LOUIS 12.3.1918

Syracuse, den 18.3.1918

Lieber Papa, liebe Mavis,
heute Nacht schlafe ich in einem Haus, in dem du fast deine ganze Kindheit verbracht hast, Papa! Nicht einmal hier kann ich mir dich als unbeschwerten kleinen Jungen vorstellen – aber vielleicht deshalb, weil du dich doch immer bedrückt gefühlt hast. Wenn man denkt, was es für dich bedeutet hat, die Mutter schon im Alter von acht Jahren zu verlieren – ich werde ganz traurig bei dem Gedanken und kann mir zum ersten Mal vorstellen, wie tief du dich in der Schuld von Cousine Josie und ihrer Familie fühlst. Lange genug hast du deine Schuld abgetragen – jetzt bin ich an der Reihe. Morgen schon bringe ich die Cousine in ihr Pflegeheim. Dort steht ein sehr behagliches Zimmer für sie bereit, ich habe heute die letzten Vorbereitungen getroffen.

Mit äußerster Zurückhaltung hat die Cousine ihr Haus schließlich zum Verkauf angeboten und nur mit gutem Zureden, widerborstig wie ein Kind, hat sie gestern erst die letzten Papiere unterschrieben. Es ist doch ein riesiges Glück, finde ich, dass sie einen Käufer gefunden hat, der ihr mit dem Preis entgegengekommen ist! Das Haus ist in höchstem Maße reparaturbedürftig – ein Umstand, den ich Cousine Josie im Vertrauen beibringen musste. Sie hat hier so vor sich hin gelebt wie ein Mieter und hat es anderen überlassen, sich um die nötigen Reparaturen und Renovierungen zu kümmern – erst ihren Eltern, dann dir. Sei's drum, es ist ein solides Gebäude, und wenn er ein wenig Arbeit hineinsteckt, kann der neue Besitzer – er hat fünf Kinder, demnächst sechs – ein schönes Zuhause daraus machen.

Das Mobiliar ist prächtig; ich habe es nach St. Louis per Schiff verfrachten lassen, dort wird es unserem neuen Haus eine Atmosphäre von familiärer Tradition verleihen.

Cousine Josie sträubt sich mit allen Mitteln dagegen, ein Testament zu machen, sie sieht sich damit der Sterblichkeit überantwortet. Eigentlich besteht auch keine Notwendigkeit mehr dazu, denn mit dem Mobiliar begleicht sie dir und uns allen ihre Schulden schon jetzt.

Du musst unbedingt einen Besuch in St. Louis einplanen, damit du uns in unserem neuen Haus siehst! *Alles Liebe, Bess*

20. März 1918

Mit dem heutigen Datum überschreibt Frau Josephine Farrow das gesamte Mobiliar aus ihrem früheren Wohnsitz ihrer Cousine Elizabeth Alcott Steed in dankbarer Anerkennung der finanziellen und seelischen Unterstützung, die ihr durch die Familie Alcott zuteil geworden ist.

Unterzeichnet: Josephine Farrow
Zeugen: Abigail Saunders, Direktorin, Riverview-Pflegeheim

Zusatz: Das Himmelbett, das früher im Hause Farrow stand, wird in das Riverview-Pflegeheim überbracht und verbleibt im Besitz von Frau Farrow so lange, wie sie es wünscht, oder bis zu ihrem Ableben. Dann geht es in den Besitz ihrer Cousine, Mrs. Elizabeth Alcott Steed, über.

Syracuse, N.Y., den 20.3.1918

Liebes Herz,

ich habe einen Blick in die Zukunft getan und bin ganz erschüttert. Shakespeare hat Recht mit dem, was er über das Alter sagt! Als ich Cousine Josie heute Morgen im Pflegeheim verließ, war sie verstört wie ein Kind am ersten Schultag; ihr Zimmer ist sonnig und gemütlich, aber es sieht lange nicht so groß aus wie im Prospekt, vielleicht weil das Himmelbett, das sie unbedingt haben wollte, den ganzen Raum einnimmt. Seit Generationen

ist dieses Bett in ihrer Familie, sie ist dort empfangen und geboren worden und will jetzt auch darin sterben. Ein grässlicher Gedanke für mich, am gleichen Fleck mit dem Leben abzuschließen, wo es angefangen hat! Mittlerweile glaube ich, wir sollten unser Alter genauso planen wie jeden anderen Lebensabschnitt auch. Die Cousine hat nie wirklich gewusst, was sie wollte, in keiner Altersstufe – es ist die Tragik ihres Lebens. Sie wusste nur, was sie nicht wollte: nicht heiraten, auf keinen Fall, und erst recht nicht Karriere machen. Aber es wird kein Plus aus zwei Minus im Leben, so wie nach der Rechenregel.
Ach, ich war heute Morgen, als ich mich von Cousine Josie verabschiedete, unendlich dankbar, meine Familie zu haben. Ich habe ihr versichert, dass ich mich weiterhin um sie kümmern werde, aber sie hat nur beharrlich den Kopf geschüttelt und mich stur mit Mrs. Steed angeredet. Nie sagt sie »Cousine«, und sie wird es auch nie sagen, das weiß ich ganz genau.
Das Wochenende werde ich mit den Davisens in Connecticut verbringen, und dann fahren Totsie und ich ein paar Tage nach New York City. Wir wollen uns ein Hotelzimmer teilen, ins Theater gehen und so tun, als seien wir Schulmädchen und hätten das ganze Leben noch vor uns! Diese Reise hat mich mit dem Alter konfrontiert, und ich werde sie mit Jugenderinnerungen beschließen – ein Versuch, Zukunft und Vergangenheit auszubalancieren, bevor ich zu dir heimkehre – zu meiner sehr geliebten Gegenwart! *Alles Liebe, Bess*

St. Louis, den 20.6.1918

Liebste Totsie,
gleich als ich im März nach Hause kam, habe ich meinen Garten bestellt. Er ist dem deinen recht ähnlich, soweit das bei unserem Klima überhaupt möglich ist. Alles steht jetzt in voller Blüte, und ich kann triumphale Erfolge verzeichnen: Im April

bin ich auf Grund meines Entwurfs für eine Gartenanlage in den Gärtnerverein von St. Louis aufgenommen worden (ehrlich gesagt: Mitglied wird man eher durch gesellschaftlichen Rang als durch eine besondere Begabung für Gartenbau). Und letzte Woche habe ich für alle Mitglieder eine Teeparty im Garten gegeben, was auch ein heftiges Aufblühen meines gesellschaftlichen Lebens zur Folge hat.
Rob verbringt mehr Zeit denn je auf Reisen, in Sachen Kriegsanleihen. Der Sieg scheint nahe, aber immer noch müssen Schlachten geschlagen – und finanziert werden: Rob findet es immer schwieriger, die Leute davon zu überzeugen, etwas für eine Sache zu geben, die schon fast gewonnen scheint.
Wir bekommen viele Einladungen, und ich nehme sie alle unter der Bedingung an, dass mein Mann einverstanden ist. Fällt der Termin auf einen Tag, an dem er gerade unterwegs ist, gehe ich allein hin.
Eine Frau ist heutzutage, da so viele Männer im Feld stehen, auch allein »gesellschaftsfähig«, und ich hoffe, es wird auch in Friedenszeiten so bleiben.
Unter uns: Rob setzt sich, sogar wenn er in St. Louis ist, lieber mit seinen Partnern zusammen und arbeitet, als zu gesellschaftlichen Anlässen zu erscheinen. Manchmal frage ich mich, wie unser Leben nach dem Krieg wohl aussehen mag; in den letzten Jahren haben wir uns in so verschiedene Richtungen bewegt.
Verzeih bitte die Flecken auf dem Papier! Aber ich habe gerade eine Schreibmaschine gekauft und bringe mir selbst das Tippen bei: Erst habe ich alle meine Geschäftsbriefe geschrieben, das hat mir gut gefallen: die Klickgeräusche, die meine Gedanken begleiten, so dass ich jetzt sogar die Wäscheliste für die Wäscherei tippe! Ich komme mir wie meine eigene Sekretärin vor und kann mein gut organisiertes Leben auf einmal ganz objektiv als eine recht anspruchsvolle Unterhaltung sehen. Ich ma-

che Kopien mit Kohlepapier und habe mir in der letzten Woche einen Ordner gekauft, um einen Überblick über meine Korrespondenz zu haben. Es klingt vielleicht kindisch, aber mit dieser Schreibmaschine ist ein Sinn für Ordnung und Wichtigkeit in mein Leben eingezogen, den es vorher nicht hatte.
Wie gut, liebste Totsie, dass wir uns jetzt wieder so nah sind wie früher im College. Seit ich verheiratet bin, habe ich mich mit nur ganz wenigen Menschen wirklich befreundet. Wir müssen uns jetzt öfter sehen. Lass es uns versuchen, möglichst ohne unsere Ehemänner! Fast vier Uhr morgens! Schluss jetzt und schlafen. Wenn Rob unterwegs ist, gibt es eigentlich keine plausiblen Gründe, das Licht auszuknipsen – ja, ich bin in den letzten Wochen mehr als einmal vom frühen Sonnenaufgang überrascht worden!

Je t'embrasse, Bess

Mr. Marvin Hamilton, Vizepräsident
Midwestern-Lebensversicherungsgesellschaft
921 Olive Street, St. Louis, Missouri

St. Louis, den 29.6.1918

Lieber Marvin,
Rob ist zur Zeit nicht in der Stadt und kann daher nicht an der nächsten Sitzung der Aktionäre teilnehmen. Ich werde ihn für uns beide vertreten.
Ich lege die von Ihnen geplante Tagesordnung bei, die mir zugegangen ist, mit einem Zusatz, den ich gestern entworfen habe; es sind ein paar Punkte, von denen ich glaube, sie sollten von der Kommission diskutiert werden. Seitdem ich Hauptaktionärin bin, hatte ich bei den Sitzungen nicht allzu viel zu sagen, aber ich habe zugehört und gelernt! Ich denke, ich sollte in Robs Abwesenheit, wenn die Gelegenheit es erfordert, das Wort ergreifen. Das Abfallen der Dividenden ist er Punkt, der mich in höchstem Maße betrifft. (Kopie an Robert R. Steed)

Mit besten Grüßen, Bess

St. Louis, den 7.7.1918

Liebe Cousine Josie,
es freut mich, dass Ihnen das Schößchenkleid gefällt! Aber da wir hier im neuen Haus auf Schritt und Tritt an Sie und Ihre Familie erinnert werden, ist es ja wirklich kein Wunder, dass wir an Ihren Geburtstag gedacht haben! Hier an unserem Esstisch haben Sie unzählige Mahlzeiten mit Ihren Eltern eingenommen, und diesen Brief verfasse ich an Ihrem Sekretär, an dem Sie mir so oft geschrieben haben. Es ist, als wären unsere Leben miteinander verknüpft. Wie schön wäre es doch, wir nähmen auch in Ihrem Dasein den Platz ein, den Sie in dem unseren erhalten haben!

Auf mein Drängen hin ist meine Schwiegermutter zu uns nach St. Louis gezogen. In ihrem Zimmer steht Ihr altes Klavier; sie erteilt den Kindern Unterricht und umgibt sie täglich mit so viel Liebe, dass sie bestimmt mit größerer Aufmerksamkeit lernen als anderswo. Sogar Eleanor, noch nicht ganz fünfjährig, trippelt jeden Morgen pflichtbewusst ins Zimmer ihrer Großmutter, um Tonleitern zu üben. Nachmittags sind die Buben dran, und erst abends, wenn sich die geduldige Lehrerin hinsetzt, um selbst zu spielen, erklingen erkennbare Akkorde.

Ach, wie gern hätte ich das Haus den ganzen Tag mit Musik erfüllt! Demnächst wollen wir das Klavier in den Wohntrakt herunterstellen lassen, sobald die Kinder ein bisschen dazugelernt haben und besser spielen. Im Moment ist es allerdings ein Segen, dass die ersten mühsamen Versuche nur ihrer Lehrerin zu Ohren kommen. Zweifellos ist sie deshalb brennend am raschen Fortschritt der musikalischen Erziehung interessiert, und sicher würde sie oft nur allzu gerne die lautstarke Gesellschaft gegen die abgeschiedene Stille tauschen, die Ihnen so bedrückend erscheint.

In Ihrem Heim leben sicher viele interessante Menschen. Es ist nicht einfach, am Leben eines anderen teilzunehmen, aber ich

denke, dass es der Mühe wert ist. Macht nicht dieser stete Wechsel von Alleinsein und Gemeinschaft das Ganze farbige Spektrum des Lebens aus? Jedes Zuviel auf einer Seite ist unerträglich – mir wenigstens!
Schreiben Sie mir doch bitte bald wieder. Obwohl mein Dasein so betriebsam und bis zum Rande ausgefüllt ist mit Unternehmungen, regen mich Briefe immer an, in andere Lebensbereiche auszuscheren. Von dort kehre ich dann zufrieden in meinen eigenen Kreis zurück. *Mit herzlichen Grüßen, Ihre Bess*

St. Louis, den 10.7.1918

Lieber Papa, liebe Mavis,
könntet ihr doch den Sommer hier mit uns verbringen! Alles steht in voller Blüte und gedeiht, der Garten und auch die Kinder; mein Herz quillt über vor Freude, wenn ich unvermittelt einen Blick auf Eleanor werfe, auf ihr fröhliches Spielen mit den Brüdern, obwohl seit ihrem Unfall erst zwei Jahre vergangen sind. Die Buben nehmen sie ordentlich hart her, aber sie bleibt nie weit hinter ihnen zurück. Und wenn sie sie schließlich aufholt, lacht sie ihnen so strahlend zu! (Sie kommt natürlich nicht auf die Idee, dass sich die beiden bei ihrem Anblick manchmal erheblich weniger freuen als sie bei dem ihren.) Ich weiß jetzt, was für ein Geschenk die Gesundheit ist, und will sie niemals mehr selbstverständlich hinnehmen.
Wie schade, Papa, dass dir dein Herz einen Strich durch die Rechnung macht und du nicht, wie geplant, nach St. Louis kommen kannst! Ich hätte dir zu gerne gezeigt, wie gut Josies Möbel in unser Haus passen. Da sie auf dem Himmelbett so eisern bestand, habe ich unser Schlafzimmer mit den zwei Betten aus dem Gästezimmer eingerichtet. Aber jetzt, denke ich mir, könntet ihr diese Betten besser gebrauchen, vor allem wegen Papas momentaner Atemnot – soll ich sie also zu euch ver-

frachten, und ihr schickt mir das Französische Bett her, das meine Mutter als Braut mit nach Honey Grove brachte? Sie hat es mir schon immer zugedacht, ich weiß das ganz genau. Ich sollte es eines Tages besitzen, und wenn dieser Tag *jetzt* wäre – es wäre mir wirklich viel wert! *Alles Liebe, Bess*

St. Louis, den 10.8.1918

Lieber Papa, liebe Mavis,
keine Antwort auf meinen Brief? Als gestern das Bett ohne Begleitschreiben hier eintraf, war ich sehr vor den Kopf gestoßen. Hoffentlich hat euch mein Vorschlag nicht gekränkt. Aber nur der Gedanke an euer Wohlbefinden war die Triebfeder dazu, das könnt ihr mir glauben. Legt ihr denn keinen Wert auf die Betten, von denen ich schrieb? Sie sind in tadellosem Zustand. Auf alle Fälle warte ich jetzt mit dem Versand, bis ich Nachricht von euch habe. Eventuell habt ihr mein Vorhaben missverstanden.
Rob war ahnungslos und bass erstaunt, als er an diesem Wochenende nach Hause kam und das Französische Bett in unserem Schlafzimmer entdeckte! Wir sind ja seit längerer Zeit oft getrennt, und so pflegen wir unsere Gemeinsamkeit umso mehr, wenn wir beieinander sind. Es wäre mir schrecklich, wenn ich ein Bett hätte kaufen müssen, da Mutter das ihre doch für mich bestimmt hat. Ich danke euch, dass ihr das vorzeitige Erbe ermöglicht habt! *Alles Liebe, eure Bess*

St. Louis, den 16.9.1918

Liebe Mavis,
dein letzter Brief hat mich erschreckt – dass Papas Gesundheit in den letzten Monaten so viel schlechter geworden ist! Ich schreibe ihm einen Extrabrief, so lass ihn bitte keinen

Blick in diesen hier tun, ich will meine Befürchtungen ganz offen aussprechen können. Jetzt verstehe ich erst die Verspätung, mit der du die Betten-Frage beantwortet hast! Ich wusste ja nicht, dass ihr bereits ausgestattet seid, weil ihr schon seit einiger Zeit in getrennten Zimmern schlaft. Ich finde das übrigens sehr vernünftig in Anbetracht von Papas fortschreitendem Alter, habe es aber nie ausgesprochen, weil ich natürlich nicht in ganz private Bereiche eures Ehelebens eindringen wollte.

Ich kann mir gut vorstellen, dass du Papa die beste und selbstloseste Pflege angedeihen lässt, und beneide dich um die Krankenschwester-Ausbildung, die du im College freiwillig gemacht hast. Trotzdem wäre ich wesentlich beruhigter, wenn ihr zusätzlich noch eine examinierte Pflegerin im Hause hättet. Herzpatienten brauchen eine kontinuierliche Überwachung, und das ist für eine einzige Pflegeperson eine Unmöglichkeit. Du kannst nicht rund um die Uhr auf dem Posten sein! Du musst dir deine Kräfte erhalten – für Papa, aber genauso für dich selbst.

Ich glaube nicht, dass ich dir gegenüber jemals erwähnt habe, wie viel deine Gegenwart ihm immer bedeutet hat. Als Mama gestorben war, hatte er so gar keine Lust mehr weiterzuleben; er wollte auch nicht mit mir leben, dazu war er viel zu stolz und unabhängig. Du hast für Vater so viel getan, mehr als eine treue Tochter es je gekonnt hätte. Ich bin dir so dankbar dafür, Mavis, und hoffe inständig, dass euch noch viele gemeinsame Jahre vergönnt sein werden! Und damit die Hoffnung sich erfülle: Seid so gut und erhaltet euch eure Kräfte mit der Hilfe einer Pflegerin.

Ich weiß, dass Papa alle unnötigen Geldausgaben hasst, vor allem, wenn es sich seiner Meinung nach um eine Extravaganz handelt. Ich schreibe ihm einfach, dass die Sache mit der Pflegerin meine Idee war und ein Geschenk ist. Sie vertritt mich quasi und wird ihm an meiner Stelle in allem beistehen, aber sehr viel tatkräftiger und geschickter! Ich überlasse es dir, alles Notwendige in die Wege zu leiten, aber ich bitte dich, verliere keine Zeit! Du bist sicher erschöpft, und zwei Patienten können wir uns nun nicht leisten. *Deine treue Bess*

St. Louis, den 10.10.1918

Liebster Papa, liebste Mavis,
es ist wirklich trostlos, dass in eurer Gegend keine geprüften Pflegerinnen aufzutreiben sind! Aber ich betrachte die Angelegenheit trotzdem nicht als abgeschlossen. Ich werde Lydia bitten, sich in Dallas umzusehen. Und Mama Steed erinnert sich mit größtem Wohlwollen an die Pflegerin, die ihren Mann bei seiner letzten Krankheit versorgte. Sie ist inzwischen im Ruhestand und lebt mit ihrer Schwester in Wichita Falls. Aber ich bin sicher, dass sie die Gelegenheit gerne wahrnehmen wird, ihre Beziehungen zu Honey Grove wieder aufzufrischen und ihre Freundschaften zu erneuern. Und Papa hat höchstwahrscheinlich zur Abwechslung mal ganz gern jemand in seinem eigenen Alter um sich! Ich werde mich sofort mit Miss Sarah Powell in Verbindung setzen und dir gleich Nachricht geben, wenn ich Antwort von ihr habe. *Eure getreue Bess*

St. Louis, den 5.11.1918

Lieber Papa, liebe Mavis,
Frieden! Endlich! Überschäumende Freude auf den Straßen. Völlig fremde Menschen lachen einander zu und klatschen in die Hände.
Ich war gerade bei der Gartenarbeit, als ich die Neuigkeit erfuhr – ein Zeitungsjunge, der mit seinem Karren die Straße herunterkam, brüllte sie uns zu. Neben mir kniete unser Gärtner

und steckte Zwiebeln für den Winter; er sprang auf, umarmte und küsste mich. Und ich, ich schrie vor Freude, küsste ihn wieder – erst ein paar Minuten später kam uns das zum Bewusstsein, aber es war uns überhaupt nicht peinlich. Tränen rollten über seine Backen; er sagte, dass das Leben seines Sohnes ja jetzt gerettet sei! Er war für die letzte Musterung zu jung gewesen, aber bei der nächsten wäre er drangekommen. Mir ging es wie ihm. Ich befürchtete ja immer, dass Rob doch noch eingezogen würde. Ich glaube, ich gehöre nicht zu den tapferen Frauen, die ihre Männer in den Tod ziehen lassen; bin eine gute Bürgerin, aber eine noch bessere Gattin. Mein Gärtner meint jetzt, sein Sohn werde niemals wissen, was ein Krieg bedeutet, und geb's Gott, er behält damit Recht.

Miss Sarah Powell, die Pflegerin, die Papa Steed betreut hat, wird nächste Woche zu euch kommen. Ich habe ihr das erste Monatsgehalt im Voraus überwiesen, dessen Höhe festzulegen wir keine Schwierigkeiten hatten. Vereinbart ist, dass sie alles tun wird, was von ihr verlangt wird. Sollte sie in irgendeiner Hinsicht nachlässig sein, teilt es mir bitte vor der Überweisung des nächsten Gehalts mit.

Wir denken zu jeder Stunde an euch, und unser erstes Gebet am Erntedankfest wird für Papas schnelle Genesung sein!

Eure euch liebende Bess

St. Louis, den 5.12.1918

Liebste Totsie,

eure Karte war ja wirklich ein waschechter Weihnachtsgruß – ihr werdet ein Baby adoptieren! Was für fröhlich bewegte Zeiten liegen damit vor euch! Du musst dich nicht grämen, Totsie, dass Dwight zuerst nicht so recht zustimmen wollte. Wie viele Männer wären denn freiwillig bereit, die Vaterrolle zu übernehmen, wenn die Entscheidung ihnen allein überlassen wäre! Gott sei Dank hängt die Erhaltung der Art fast nie von ihren Entschlüssen ab!

Erst jetzt, da Rob wieder ganz zu Hause ist, merke ich, wie viel Willenskraft es ihn gekostet hat, das aufreibende Tempo der letzten Jahre durchzuhalten, und ich hoffe, er wird erst einmal daheim bleiben und richtig ausspannen. Allerdings macht es ihm zu schaffen, dass er so lange von seinen Geschäften fern gehalten wurde, und er ist darauf bedacht, die Pläne für eine Expansion voranzutreiben. Der optimistische Geist, der durch den Waffenstillstand im Land entstanden ist, ist eine gute Basis für ihr Gelingen.

Das neue Jahr wird ein Neubeginn für uns alle sein, und neues Leben zieht auch bei euch ein! Ja, und Eleanor ist schon fünf – in vieler Hinsicht wie eine exzentrische kleine Erwachsene, so dass mir allmählich ein Baby im Haus fehlt! Aber selbstverständlich braucht Rob Zeit, vielleicht ein paar Monate noch, um sich wieder mit seinen Kindern anzufreunden. Doch wer weiß? Nächstes Jahr um diese Zeit werden wir vielleicht die Geburt eines eigenen Sprösslings feiern können …

Je t'embrasse – und Dwight dazu! Bess

St. Louis, den 3.1.1919

Liebe Lydia,

wir sind alle glücklich, dass wir Weihnachten mit euch feiern konnten! Besonders nett fand ich es, Manning wieder zu sehen, der uns, wenngleich du uns durch deine vielen Briefe auf dem Laufenden hältst, fast ein Fremder geworden ist. Rob und ich waren nicht wenig überrascht zu hören, dass er sich entschlossen hat, die Versicherungsgesellschaft aufzugeben und sich einer akademischen Laufbahn zuzuwenden, und wir bewundern dich, dass du, solange er seine Studien an der Hochschule betreibt, für den Unterhalt der Familie sorgst und Stunden geben willst. Ich hoffe inständig, dass das neue Betätigungsfeld sein Verantwortungsgefühl für die Familie nicht mindern wird, und bin glücklich, einen Mann zur Seite zu haben, dem sein Beruf so viel Freude macht, ganz zu schweigen von den finanziellen Vorteilen! Ich selbst habe ja ebenfalls großes Interesse an der Hochfinanz. Natürlich wird Rob Manning vermissen, aber ich hoffe stark, dass er dafür mich öfter ins Vertrauen zieht.

Dem Himmel sei Dank, dass wir den Krieg gewonnen haben und jetzt anfangen können, uns unseren persönlichen Zielen zuzuwenden. Das lässt mich das neue Jahr mit größter Freude beginnen!

Ich muss schließen. Rob ist schon vor Stunden zu Bett gegangen; oft kommt er so erschöpft von seinem Büro nach Hause, dass er meistens schon schläft, wenn ich den Kindern noch eine Gutenachtgeschichte vorlese. Als er fort war, habe ich oft in den späten Abendstunden Reisen in meine eigene Gedankenwelt unternommen, und daran hat sich nichts geändert. Ich schreibe meine Briefe weiterhin zu nachtschlafender Zeit und spinne mit der Feder in der Hand meine Gedanken weiter, während Rob schläft. Jetzt muss ich aber wirklich Schluss machen, der Morgen dämmert schon bald herauf. Was ist es doch für eine Zeitverschwendung, schlafen zu müssen, so dumpf, so taub, so blind für die Schönheit unserer Welt die vielen Stunden hinzubringen! Und wenn ich hundert Jahre alt würde – die Tage werden mir nie lang genug sein!

Schreibe mir bald wieder, es tut mir immer gut, von euch zu hören.

Alles Liebe, eure Bess

St. Louis, den 10.1.1919

Liebe Mavis,

seit Weihnachten will ich schreiben, aber nach den Ferien waren wir alle ganz erschöpft, die Kinder leider auch von Bauchweh geplagt, was sie sicher ihren geliebten Zuckerpflaumen zu verdanken haben.

Eleanor war die Erste, die über Leibschmerzen klagte, am nächsten Tag fiel Drew ein, und als Letzter folgte unser stämmiger kleiner Robin – eines Nachmittags, als ich die zwei für ein Schläfchen ins Bett gepackt hatte, kroch er zu ihnen hinein. Und die folgende Nacht hat keiner von uns ein Auge zugetan. Doch jetzt ist das Schlimmste vorbei; heute Abend haben sich alle drei neben ihren Vater ins große Bett meiner Mutter gekuschelt und mit ihren Zinnsoldaten die Schlachten des vergangenen Krieges nachgestellt.

Miss Powell hat mir von Papas Besserung berichtet, aber ich war dann doch froh, es mit deinem Brief bestätigt zu bekommen. Was für ein Segen, dass sie dich in der Küche entlasten kann, so hast du mehr Zeit, dich Papa zu widmen. Denke dran: Er hat dich deines Köpfchens wegen geheiratet und nicht, weil du so eine gute Zitronen-Meringen-Speise machen kannst. Sieh nur zu, dass Papa den Anweisungen von Miss Powell in puncto Essen besser nachkommt! Wenn du irgendwelche Unterstützung in dieser Sache brauchst, dann lass es mich bitte wissen. Mein Vater wird beteuern, dass er niemals in seinem Leben eine weibliche Order befolgt hat. Aber wenn ich so zurückschaue: Mutter war es, die die Entscheidungen getroffen hat, die meisten jedenfalls, die, welche unser Leben gestaltet haben. Ich habe sie immer um die Fähigkeit beneidet, ihre Ideen anderen klammheimlich aufzupfropfen, dabei ganz liebenswürdig und demütig zu bleiben und stets darauf bedacht, nach außen hin wohlgefällig zu sein. Mir hat dafür immer die Geduld gefehlt, bei Rob habe ich's Gott sei Dank auch nicht nötig! Aber aus früheren Erfahrungen weiß ich, wie sehr man meinem Vater um den Bart gehen muss, damit er seine Meinung ändert – ich werde liebend gerne bei allem helfen, so weit ich kann.

Mit lieben Grüßen, deine Bess

St. Louis, den 25.1.1919

Lieber Marvin,
Rob ist heute Nacht mit heftigen Schmerzen in der Brust aufgewacht. Ich konnte ihn überreden, im Bett zu bleiben, und habe versprochen, selbst in Ihr Büro zu fahren und persönlich diese Verträge auf Ihren Schreibtisch zu legen. Sie werden sie bei Ihrer Rückkehr von Kansas City vorfinden. Er möchte dringend mit Ihnen über diese Reise sprechen und die Möglichkeit diskutieren, ob in Kansas City eine Zweigstelle eingerichtet werden könnte. Kommen Sie bitte gleich vorbei!
Erlauben Sie mir jedoch, an dieser Stelle eine Warnung aus weiblicher Sicht einzuflechten. Im letzten Jahr hat Rob alle Reserven an Energie aufgebraucht, und ich fürchte, dass er nicht mehr in der Lage ist, eine anspruchsvolle Planung für die Vergrößerung der Firma zu überblicken. Wenn Sie ihm jetzt – als sei es ein Resultat Ihrer Erkundungsreise – zu einem Aufschub raten würden, dann gäbe ihm das Zeit, wenigstens einen Teil seiner früheren Kräfte zurückzugewinnen.
Als Aktionärin weiß ich, wie ausschlaggebend es ist, zum richtigen Zeitpunkt zu handeln und vorwärts zu gehen – aber niemals zum Schaden der Gesundheit eines Mannes, der das Geschäft aufgebaut hat.

Bess

St. Louis, den 30.1.1919

Liebe Lydia, lieber Manning,
ich danke euch für eure Zeilen. Euer Brief war voller Liebe und Trost, die Tränen sind mir beim Lesen gekommen. Ich musste mich zusammenreißen, ehe ich ihn zu Rob mit hineinnahm.
Ach, könnte ich euch nur schreiben, dass es ihm besser geht! Aber seit meiner letzten Nachricht hat er sich, angegriffen wie er schon war, noch eine Influenza zugezogen; der Arzt hält sie

nicht für ernst, meiner Meinung nach aber nur, weil er schon schlimmere Fälle gesehen hat. Ich nicht.
Rob liegt so schwach und hilflos da; zum ersten Mal in seinem Leben geht er freudig auf jeden Vorschlag von mir ein. Ich war immer so stolz auf meine unabhängige Haltung, aber jetzt sehe ich, dass ich nur wie ein Kind eigensinnig darauf bestanden habe, alles allein machen zu können – immer abgesichert in dem Bewusstsein, dass jemand, der gescheiter und stärker ist als ich, mir den Rücken deckt und beim ersten Zeichen eines Missgeschicks herbeieilt. Was ich auch immer auf eigene Faust unternommen habe, Rob war mir stets zur Seite und beim geringsten Piepser zur Stelle. In meiner Überheblichkeit dachte ich, ich sei ihm ebenbürtig, aber jetzt, in den paar Tagen, in denen unsere Rollen vertauscht sind, spürte ich zum ersten Mal eine Bürde auf mir lasten: eine unausgesprochene Abhängigkeit.
Ach, wärt ihr beiden nur hier bei mir! Das ist mein allergrößter Wunsch! Noch in den Ferien, als wir von einer Abendgesellschaft zur anderen zogen, schien es mir, als sei ich schon ein Leben lang hier in St. Louis, doch jetzt bin ich auf einmal eine Fremde – ohne Rob ist mir ein Leben hier nicht vorstellbar. Ich habe solche Angst, ihn zu verlieren, er wird vielleicht diese Krankheit nicht überstehen. Als es mit Papa im letzten Herbst so bergab ging, machte ich mich langsam mit dem Gedanken an seinen Tod vertraut, ja, ich war, obwohl ich mich sorgte und alles Menschenmögliche für ihn zu tun entschlossen war, auf die Nachricht gefasst, dass es keine Rettung mehr gebe. Damals glaubte ich, wunder wie reif und vernünftig zu sein, doch jetzt sehe ich, dass ich unvernünftig und vernagelt war. Wann immer der Tod kommt – wie können wir es wagen, seine Gewalt zu verleugnen?
Ihr, meine Lieben, bleibt mir in euren Herzen gewogen! Meines klopft so laut in der furchtbaren Stille ringsum. *Bess*

St. Louis, den 1.2.1919

Liebe Miss Powell,
dies ist ein dringender Hilferuf: Mein Mann ist schwer erkrankt, und hier ist niemand, auf den ich mich verlassen kann. Kommen Sie bitte zu uns!
Die Gesundheit meines Vaters ist fast wiederhergestellt, und das ist meiner Ansicht nach Ihnen zu verdanken. So möchte ich glauben, Sie könnten das gleiche Wunder auch bei meinem Mann vollbringen! Ich lege einen Scheck für Ihre Reisekosten und ein erstes Monatsgehalt bei. Schreiben Sie bitte, wann Sie hier ankommen, dann hole ich Sie vom Bahnhof ab. Ich bin ganz verzweifelt – nach Meinung des Arztes sei gar nichts zu machen, eine Influenza habe eben ihren Verlauf. Aber ich bringe es nicht fertig, meinen Mann so leiden zu sehen und tatenlos daneben zu stehen. Sie müssen bitte kommen! Seien Sie im Voraus und in alle Zukunft bedankt! *Bess Alcott Steed*

St. Louis, den 4.2.1919

Lieber Papa, liebe Mavis,
verzeiht mir bitte, dass ich euch Miss Powell entführe, und auch, dass ich nicht schon früher von Rob berichtet habe, ich wollte euch möglichst lange schonen. Es ist so schwer für einen Gesunden, mit anzusehen, wie ein geliebter Mensch leiden muss.
Ebenso wie jeder andere verwundete Soldat ist auch Rob ein Opfer dieses schrecklichen Krieges. Die jetzige Epidemie, so heißt es, kam aus Europa herüber, von den heimkehrenden Truppen eingeschleppt. Ist es nicht bittere Ironie, dass Rob, der sich bis zur Erschöpfung für den Krieg eingesetzt hat, damit einem neuen Feind ausgeliefert wurde, den die Armee selbst mit nach Hause brachte?
Er ist sehr schwach, kämpft aber darum, bei Bewusstsein zu bleiben. Jedes Wort ist ihm eine Qual, aber wenn er die Augen

aufschlägt und mich sieht, gelingt ihm immer ein liebevolles Lächeln – ich muss mich zusammennehmen, um nicht niederzuknien und ihn in meine Arme zu nehmen. Er soll doch nicht sehen, dass ich solche Angst um ihn habe …

Betet für uns beide. Eure Bess

Mr. Joseph Darnell, Rechtsanwalt
Wilson Building, Dallas, Texas

St. Louis, den 6.2.1919

Lieber Joe,
anliegend schicke ich Ihnen einen Zusatz zu Robs Testament, den er mir heute Morgen diktierte. Die Unterschrift ist wackelig, aber ich kann die Richtigkeit bezeugen, denn ich habe ihm die Hand geführt. Über eine Woche schon liegt er mit einer Influenza zu Bett, und sein Zustand verschlechtert sich stündlich. Nach Meinung des Arztes bleibt uns nichts anderes übrig, als abzuwarten: Jeder Körper muss auf seine Weise mit einer Krankheit fertig werden. Ich bin entsetzt darüber, wie der angebliche Fortschritt des modernen Lebens jeden hilflos sich selbst überlässt. Kann sein, dass die Wissenschaften neuerdings als Religion gelten, aber ich vermisse die Stimme des Geistlichen. Auch er wird sagen, dass nichts mehr zu machen ist – doch er wird wenigstens bis zum Ende Gebete mit uns sprechen.
Ich erinnere mich noch gut, wie ich Rob zu einem Testament zwingen musste; damals war gerade unser erstes Kind geboren, und wir hatten, so dachten wir, unser ganzes Leben noch vor uns. Ein Leben, von dem Rob nicht das kleinste Stückchen an den Tod abzugeben gewillt war; der Tod war nicht eingeplant. Ich dagegen hatte schon als Kind am Sterbebett meiner Mutter gestanden, und es schien mir wichtig, um unseres Sohnes willen, dass wir uns damit auseinander setzten. Als Rob mir gestern Nacht diktierte, zwang er mich dazu, dem Tod ins Auge

zu sehen wie ein Soldat einem feuernden Panzer: tapfer, ohne eine Miene zu verziehen. Ich bin jetzt überzeugt, dass unser Mut belohnt wird; wir wollen den Kampf Seite an Seite wieder aufnehmen!
Haben Sie Dank, lieber Joe, für alles, was Sie für uns getan haben, und für alles, was wir später noch von Ihnen brauchen werden. Gebe Gott, dass es noch in weiter Ferne liegt!

Ihre ergebene Bess

St. Louis, den 8.2.1919

Lieber Papa, liebe Mavis,
Miss Powell ist wirklich ein Engel. Sie kam vor zwei Tagen hier an und hat sofort die Regie über den Haushalt übernommen. Sie kommandiert niemanden herum, vermittelt aber so viel Autorität, dass jeder sich anstrengt, es ihr recht und einen guten Eindruck zu machen.
Ein Segen, dass sie Mama Steed in früheren Jahren kannte. Diese ist durch Robs Krankheit vollständig aus dem Häuschen, sie kann mit den Kindern nicht darüber sprechen, ohne sogleich Tränenströme zu vergießen. Aber durch die Gegenwart von Miss Powell fühlt sie sich anscheinend an die Kräfte erinnert, die ihr bei der Krankheit ihres Mannes zugewachsen sind, und sie ist schon viel ruhiger.
Rob geht es heute Morgen ein bisschen besser – oder bilde ich es mir nur ein? Kann die Powell Wunder vollbringen? Ich glaube es fast. Der Arzt natürlich nicht. Aber Gott ist so ferne, und ich muss einfach glauben, dass jemand hilft. Und neben allem anderen, was Miss Powell schon getan hat, hat sie mir wieder Zuversicht gegeben!
Deine Krankheit, Papa (so schrecklich sie auch für dich war, für uns alle!), hat uns sie ins Haus gebracht; sie ist ein Segen und hat uns alle aufgerüttelt. Jetzt müssen wir mit beklomme-

nem Herzen beten, dass uns die hohen Wellen an den Strand schwemmen, erschöpft, aber lebendig! Euer liebevolles Dasein gibt mir Halt, auch in der Ferne. *Liebste Grüße, Bess*

TELEGRAMM AN
MR. UND MRS. MANNING SHEPHERD
2793 SWISS AVENUE
DALLAS TEXAS
KEINE HOFFNUNG MEHR STOPP BITTE SOFORT
KOMMEN STOPP ROB VERLANGT NACH EUCH/
BESS/DALLAS 10.2.1919

St. Louis, den 14.2.1919

Liebster Papa, liebste Mavis,
verzeiht, dass ich unser Gespräch heute Mittag so abrupt abgebrochen habe! Meine Kehle ist bei dem Wort *Tod* wie zugeschnürt, als ob mein ganzer Körper sich zur Wehr setzte, das Furchtbare abwürgte, noch ehe es ausgesprochen wird.
Rob stellte sich dem Tod offener als ich. Er war bereit. Er hat sich bis zum Ende nichts vorgemacht, hat in aller Ruhe Änderungen im Testament vorgenommen und Pläne für meine weiteren Aufgaben und Tätigkeiten entworfen. Seine Liebe zu mir hat er nie stärker zum Ausdruck gebracht als mit dieser Umsicht. In seinen letzten Stunden hat er alles, was auf mich zukommt, sorgfältig überlegt, und so ist er mir jetzt, da ich die Entscheidungen treffen muss, ganz nahe. Er ist ein Teil meiner selbst. Der Abschied von mir, meine Verlassenheit haben ihn mehr bewegt als sein eigener Tod.
Eine Witwe! Meine Hand verkrampft sich im Schmerz, die Finger wehren sich, wie die Kehle es vorher getan hat. Ich muss zu den Kindern.

20.00 Uhr.
Sie sind eingeschlafen. Bald werde ich es ihnen gleichtun. Heute Nacht möchte ich alles vergessen. Macht euch keine Sorgen um mich. Hier sind lauter Menschen um mich, die mit mir trauern. Und Papas Gesundheit wegen bleibt ihr besser an Ort und Stelle.
Lydia und Manning sind gestern früh angekommen; sie saßen den ganzen Tag an Robs Bett. Ich war so dankbar, dass sie da waren. Manning hat Rob versprochen, noch auf unbestimmte Zeit in der Firma zu bleiben, obwohl seine Interessen jetzt anderswo liegen. Es ist ein Opfer, und ich will es dankbar annehmen. Lydia sagte, dass Rob der beste Mann sei, den sie je gekannt hat. Wie traurig ist es nur, dass sie diesen Superlativ auf ihren Bruder anwendet und nicht auf ihren Mann.
Mama Steed spricht nicht mehr mit mir. Gestern Abend, nachdem sie bei Rob gewesen war, ist sie zu den Kindern gegangen und sagte allen Lebewohl. Ihr Leben sei nun vorbei, sagte sie, sie wolle beten, dass sie die Nacht nicht überlebt. Dann verkündete sie, dass sie sich schlafen legen wolle, obwohl es erst sechs Uhr war! Eleanor brach natürlich sofort in Schluchzen aus, während Drew sich tapfer verhielt und ihr liebevoll versprach, sie im Gemüsegarten neben seinem Lieblingstruthahn zu begraben. Und Robin kam zu mir gerannt und fragte ganz ernst, ob Papi denn wolle, dass wir alle sterben, damit wir mit ihm in den Himmel kommen.
Als das Abendessen aufgetragen wurde und Mama Steed sich weigerte, ihr Schlafzimmer zu verlassen, brachte ich ihr ein Tablett hinauf, klopfte und ging, obwohl sie nicht antwortete, zu ihr hinein. Ich stellte das Tablett neben ihrem Bett ab und versprach, ihr das Essen weiterhin aufs Zimmer zu bringen, sagte aber, dass sie die Kinder nicht eher wieder sehen dürfe, als bis sie ihnen versprochen hätte, dass sie am Leben bleiben wolle. Wenn sie aber vorhabe, unbedingt zu sterben, dann soll-

ten sich die Enkel jetzt schon an ihre Abwesenheit gewöhnen. Sie stellte sich schlafend, während ich mit ihr sprach, aber dann, als ich die Tür zugeknallt hatte, hörte ich sie mit dem Silber hantieren und herumklappern.
Später, als die Kinder im Bett waren, ging ich wieder zu Rob hinein und löste die Powell ab, die seit der Dämmerung Wache gehalten hatte. Ich versprach ihr, sie zu wecken, wenn eine Veränderung eintreten sollte. Dann waren Rob und ich endlich allein, und die reine Freude des Zusammenseins schenkte uns ein paar Momente, in denen alles andere vergessen war. Er griff nach meiner Hand und behielt sie die ganze Nacht über in der seinen. Er nickte eine Weile ein, aber ich brachte es nicht fertig, meine Augen zu schließen, musste immerzu denken, dass er vielleicht gerade dann für immer von mir ging.
Am Morgen bestand Rob darauf, dass ich die Kinder für die Schule fertig machte, aber ich wollte nicht, ich wollte sie bei mir haben an diesem Tag. Da erinnerte er mich, dass Valentinstag war! Und wirklich, die Kinder waren so aufgeregt und gespannt auf die Schulfeierlichkeiten, dass sie sich, nachdem Rob sie zum Abschied geküsst hatte, nicht einmal mehr umdrehten. Mir zerschnitt es das Herz! Aber Rob lächelte mich an und entschuldigte sich, dass er zum ersten Mal seit unserer Schulzeit kein Geschenk für mich hatte. Wir haben unsere Geburtstage nie sehr wichtig genommen, aber der Valentinstag, das ist unser Tag, und Rob war immer so stolz gewesen auf seine extravaganten Einfälle zu dieser Gelegenheit!
Er bat mich, mich zu ihm zu legen, und sagte: »Du bist mein Leben. Solange du atmest, kann ich, kann das Beste in mir nicht sterben!« Ich schmiegte mich an ihn, bettete meinen Kopf auf seine Brust und hörte sein Herz schlagen, nur ganz schwach. Ich fürchtete, ihm das Atmen zu erschweren, und hob den Kopf. Aber er zog mich zurück und meinte, so könne er vielleicht einschlafen. Ich schlief selbst ein, die Arme um ihn

gelegt. Ein paar Stunden später wurde ich wach – und fiel in einen Abgrund des Schweigens. Mein Kopf lag noch auf seiner Brust, aber sein Herz war still, hatte aufgehört zu schlagen. Da wünschte ich mir sehr, dass ich nie aus diesem Schlaf erwacht wäre, dass man mir den ewigen Schlaf gemeinsam mit ihm gewährt hätte. Und da verstand ich Mama Steed.

Vor der Tür warteten Lydia und Manning, denen ich nichts zu sagen brauchte; dann ging ich zu ihr, zu seiner Mutter. Sie las sofort alles von meinem Gesicht ab und warf mir vor, ich hätte ihr willentlich die Möglichkeit eines letzten Wortes mit ihrem Sohn genommen. Sie habe ihn zur Welt gebracht und hätte nun wohl auch das Recht gehabt, bei ihm zu sein, als er sie wieder verließ.

Ich verkroch mich in mein Zimmer, schrie meine Trauer und Verstörung gegen die weißen Wände, zur Decke hinauf, die mich ebenso grausam in mein Zimmer bannte, wie der Himmel meine Seele hinderte, dieser Erde zu entfliehen. Sie ist mir jetzt so fremd …

Stunden, so schien es mir, lag ich so auf meinem Bett, bis Lydia kam, und wie zwei Schwestern gaben wir uns unserer Trauer hin. Schließlich zog ich mich an und ging hinunter, um mit dem Arzt und dem Geistlichen zu sprechen.

Der Trauergottesdienst wird morgen in der Kathedrale gehalten. Ich habe Fahnen und eine Kapelle bestellt, die das Lied *Gott unserer Väter* begleiten soll. Es ist mein fester Entschluss, dass die Beerdigung hier stattfindet. Mama Steed hat natürlich für ihre beiden Kinder einen Platz auf dem Friedhof von Honey Grove reserviert, doch ich will nicht in die Vergangenheit zurück; St. Louis ist der Ort, an dem unser gemeinsames Leben ein Ende fand, und hier will ich bleiben, bis ein künftiges Schicksal mich zwingt, den Platz zu wechseln.

Ich muss jetzt schlafen. Morgen gibt es so viel zu tun – gottlob! Wenn ich mir ganz fest vorstelle, dass ihr beide mich im Arm haltet, dann bin ich vielleicht stark genug, das Licht zu löschen. *Behaltet mich lieb, eure Bess*

2.00 Uhr morgens.

Ich habe wirklich geschlafen, bis vor ein paar Minuten. Da erschien Eleanor, in Tränen aufgelöst. Ich habe sie zu mir ins Bett gepackt, und eingewiegt in meinen Armen, ist sie sofort wieder in tiefen Schlaf gefallen. Welch ein Segen, wenigstens für ein paar Minuten den eigenen Kummer zu vergessen! Die Kinder halten mich ja für ein starkes und tapferes Wesen, und vielleicht werde ich dadurch tatsächlich zu dem Geschöpf ihrer Vorstellung.

Rob hatte diese Art der Macht über mich von dem Tag an, an dem wir uns begegnet sind. Aber ohne ihn – wer bin ich denn? Ohne dass er mir sagt, wie schön und strahlend ich bin? Sind denn andere Frauen auch so verzagt wie ich, wenn sie merken, dass ein Großteil ihrer Existenz nur ein Spiegelbild dessen ist, was der andere in ihnen sieht? Was bin ich denn, wenn ich ganz allein bin? Bin ich stark und tapfer ohne die Kinder, die mir, weil sie es so haben wollen, versichern, dass ich es sei? Werde ich je glauben, dass ich strahlend und schön bin – ohne einen Mann, der mich liebt? Mir ist wie einem Neugeborenen zu Mute, das seine schützende Umhüllung verlassen musste – ein hilfloses Wesen, in fremde Hände gelegt.

Ich war im letzten Jahr so viele Nächte allein. Aber in keiner Nacht habe ich gelernt, mit der heutigen umzugehen. Es graut mir vor dem Morgen.

Meiner eigenen Gedanken bin ich so überdrüssig, es brächte mir ein wenig Erleichterung, mit euch zu plaudern.

Alles Liebe, eure Bess

Mr. Harold D. Perkins, Verleger St. Louis, den 15.2.1919
The Dallas Morning News
Dallas, Texas

Sehr geehrter Mr. Perkins,
obwohl wir uns persönlich nie kennen gelernt haben, haben wir viele gemeinsame Freunde, und ich bin sicher, dass Sie sich meines Mannes erinnern: Robert Randolph Steed. Er machte sich in den acht Jahren, die wir in Dallas lebten, eine guten Namen auf dem Immobilienmarkt und im Versicherungswesen.
Sicher sind Sie von der Nachricht seines frühzeitigen Todes betroffen; er starb gestern in St. Louis an einer Influenza. Da wir viele Freunde in Dallas haben, lege ich Ihnen einen Nachruf bei, den ich heute Nacht geschrieben habe. Ich weiß nicht, wer bei Ihnen die Nachrufe prominenter Persönlichkeiten bearbeitet, so sende ich den Text direkt an Sie. Ich möchte nicht, dass ihn einer der kleineren Angestellten in die Hände bekommt, der die Geschichte einfach übersieht, weil er nicht weiß, wer mein Mann war.
Es liegt mir viel daran, dass Sie der Sache Ihre volle Aufmerksamkeit schenken. Obwohl wir in St. Louis leben, habe ich laufend die *Dallas Morning News* bezogen. Vor ein paar Wochen fand ich anlässlich des Todes von Mr. Clark von der Lone Star Bank als Ergänzung zu seinem Nachruf eine Aufnahme, die ihn bei der Grundsteinlegung für das neue Bankhaus zeigt. Daher erlaube ich mir, ein Foto meines Mannes beizulegen; es ist bei der Eröffnung des Büros der Midwestern-Lebensversicherungsgesellschaft in St. Louis aufgenommen, welche den Anstoß zu unserem Umzug hierher gegeben hat (ich bin die Dame links, mit den Rosen in der Hand). Außerdem füge ich die letzte Portraitaufnahme meines Mannes bei. Beides sind Abzüge; Sie können sie behalten, um sie in den nächsten Jahren greifbar zu haben, wenn man sich auf

meinen Mann und seine vielfachen großartigen Leistungen berufen wird. *Hochachtungsvoll Elizabeth Alcott Steed*

St. Louis, den 16.2.1919

Liebster Papa, liebste Mavis,
es ist immer eine Erholung für mich, mich spät abends noch hinzusetzen und meine Gedanken an euch in einem Brief niederzulegen – obwohl ich euch ja auch so gerne hier hätte!
Der Trauergottesdienst für Rob war überwältigend, ein grandioser Abschluss seines Lebens. Die Kathedrale war gesteckt voll mit Menschen aller Schichten, viele mir unbekannte. Es ist für manche Frauen vermutlich ein Schock, wenn sie begreifen, dass sie an großen Teilen des Lebens ihres Mannes keinen Anteil hatten. Rob hätte bei meinem Begräbnis jeden Menschen gekannt! Es war ergreifend zu sehen, wie viel Respekt und Zuneigung man ihm hier entgegengebracht hat; ich bin mir jedoch sicher, ich hätte ihn auch dann geliebt, wenn alle Welt gegen ihn gewesen wäre!
Nach dem Gottesdienst kamen die Freunde zu uns nach Hause, um ihre Aufwartung zu machen. Lydia und Mama Steed blieben mit den Kindern oben, sie wollten ihren Schmerz nicht mit fremden Menschen teilen. Doch Manning bot an, mir beizustehen, und ich nahm es dankbar an. Gleichzeitig war es ja auch eine gute Gelegenheit, fand ich, ein paar Herren zu sprechen, die so hilfreich waren, als Rob sein Büro hier eröffnete. Mir ist es immer schwer gefallen, jemandem mein Mitgefühl auszudrücken, und ich fürchtete mich davor, selbst solche Bezeugungen entgegenzunehmen. Aber die Alchimie der Trauer verwandelt die plattesten Phrasen in Empfindungen von reinstem Gold, und so habe ich jedes Wort der Tröster wie einen Schatz gehortet.
Viele Freunde brachten etwas zu essen mit, und die Tafel sah

aus, als gäben wir ein fulminantes Bankett! Alles wirkte so festlich, dass ich spontan den Champagner, den wir zu Weihnachten vom Sekretär des Schatzamts geschenkt bekommen hatten, für unsere Gäste bringen und auf Eis legen ließ. Dies sollte nun Robs letzte Party sein, und ich wollte sie zu einer machen, an der er seinen Spaß gehabt hätte!

Manning bekam einen Schreck, aber ich bestand darauf, dass er den ersten Toast ausbrachte. So erhob er sich – und siehe da, seine Rede war geistreich und stilvoll, er sprach über Rob und die Kühnheit seiner Ideen. Nach ihm sprachen noch andere, und zum Schluss erhoben wir alle unsere Gläser.

Die anderen anwesenden Herren, unter ihnen ein paar der einflussreichsten und prominentesten in diesem Teil des Landes, akzeptierten Manning als einen Kollegen – ihre offensichtliche Hochachtung, zweifellos vom Champagner beflügelt, schien meinen scheuen Schwager in eine bedeutende Persönlichkeit der Finanzwelt zu verwandeln. Ich bin fest davon überzeugt, dass er hier eine glänzende Laufbahn vor sich hätte, wäre nur jemand an seiner Seite, der an ihn glaubt. Doch Lydias Erwartungen gehen in diesem Falle in eine ganz andere Richtung als meine – der Mann, den ich heute Abend sah, ist nicht der Mann, den Lydia liebt.

Als die Gäste alle gegangen waren, kam Lydia herunter; sie war empört, als sie sah, dass wir Champagner angeboten hatten, und das Gelächter, das bis nach oben gedrungen war, fand sie einfach schockierend. Auch verkündete sie, dass Mama Steed mit ihr nach Dallas zurückkehren werde, sie hatte ihr schon den ganzen Nachmittag beim Packen geholfen. Ich sagte gar nichts. Aber hätte ich laut gedacht, so wäre Folgendes herausgekommen: Wer von den Frauen, die Rob lieb hatten, seine Frau, seine Mutter und seine Schwester, wer von ihnen hatte heute mehr getan, um sein Andenken zu ehren?

Manning, wieder ganz der ergebene Ehemann, begleitete Ly-

dia nach oben. Ich rief die Kinder, und sie kamen gleich angerannt und stürzten sich auf die Speisen. Ich schenkte ihnen Gingerale in Champagnergläser und bat jedes von ihnen, einen Toast auf den Vater auszubringen. Ich wollte, ihr hättet sie gehört! Sie drückten das, was sie fühlten, so wunderbar aus, dass mir die Tränen kamen. Plötzlich war es mit meiner Fassung vorbei, die ich seit dem Morgen aufrechterhalten hatte, und endlich konnte ich weinen. Alle drei umarmten mich erschrocken – Kinder können um die Welt nicht ertragen, wenn Erwachsene heulen – und versuchten mich zu trösten, indem sie all die abgedroschenen Sprüche wiederholten, die sie von mir gehört hatten. Ich riss mich zusammen und nickte zustimmend: »Ja, ja, ich weiß: *Alles wird wieder gut werden*!« Ach, könnte ich's nur glauben ...
Wir, die drei Kinder und ich, sind dann wie Schiffbrüchige, die knapp überlebt haben, ins große Bett gekrabbelt wie in ein Rettungsboot. Sie sind schnell eingeschlafen; ich aber lag noch lange wach. Ihre Atemzüge beruhigten und trösteten mich, doch dann bin ich aufgestanden und habe das Licht am Schreibtisch angeknipst. Da sitze ich nun und schreibe. Beim Gedanken an morgen schaudert mich – an alle Morgen, denen ich allein gegenübertreten muss.

Ich liebe euch von ganzem Herzen, eure Bess

St. Louis, den 25.2.1919

Lieber Herr Fineman,
Ihr Brief hat mich tief bewegt. So durchlebten wir beide, wie Sie sagen, wieder gemeinsam eine Tragödie, jeder auf seine Art. Ich wusste nicht, dass Sie im letzten Jahr Ihre Frau verloren haben, das tut mir sehr Leid. Obwohl ich die *Dallas News* immer noch beziehe, komme ich an manchen Tagen einfach nicht dazu, sie so gründlich zu lesen, wie ich sollte.

Haben Sie Dank für den beigelegten Zeitungsausschnitt. Der Artikel hatte große Resonanz; alles, was die Persönlichkeit, die Existenz meines Mannes greifbar bestätigt, ist mir ein Trost. Ich habe mich gefreut, dass beide Fotos gebracht worden sind. Seit dem Tod meines Mannes ist ein Unmut in mir aufgetaucht, ein Zorn, und ich bin ganz gelähmt davon. Immer habe ich mich für eine liebevolle Frau gehalten, die allen wohlgesinnt ist, aber jetzt begreife ich, dass ich so jemand nur sein konnte, weil es keinen Grund gab, es nicht zu sein! Die Ungerechtigkeit macht Schufte aus uns allen – doch wenn ich nicht Nächstenliebe genug aufbringe, um denen zu verzeihen, deren einzige Sünde es ist, noch am Leben zu sein, werde ich noch mehr verlieren als meinen Ehemann.
Verzeihen Sie, wenn ich so einen Schwall von Gedanken über Sie ergieße, aber ich spüre Ihr Verständnis. Zu Hause, ja auch in den Briefen an die Familie und an meine Freunde muss ich mich immer hinter einer Fassade der Ruhe und Ausgeglichenheit verstecken, und das wird mir mit jeder Stunde unerträglicher. Ich hoffe, ich kann mir in einem weiteren Brief den Luxus erlauben, noch etliche Teufelchen auszutreiben. Sie waren so liebenswürdig, mir zu schreiben, und nun hören Sie mir auch noch geduldig zu …
Die Kinder sind alle wohlauf. Eleanor ist unternehmungslustig und gesund; es sieht fast so aus, als hätte sie den tragischen Zwischenfall vergessen, der uns beide miteinander bekannt gemacht hat. *Mit den besten Grüßen, Bess Steed*

St. Louis, den 5.3.1919

Lieber Manning,
Ich war heute Morgen mit Marvin Hamilton zusammen. Wir haben über das alarmierende Defizit gesprochen, das im Finanzhaushalt der Firma entstanden ist. Bargeld aus den Ver-

käufen neuer Policen musste aufgeteilt werden, um die Forderungen zu begleichen, die sich seit Weihnachten angesammelt haben. Es ist gar nicht daran zu denken, dass wir den Aktionären in diesem Quartal eine Dividende auszahlen können. Ich bestehe darauf, obwohl das beträchtliche Opfer für jedes Mitglied der Gesellschaft bedeuten wird.
Ich glaube, es wäre gut, wenn du in der nächsten Woche zur Versammlung kämst. Es müssen ein paar langfristige Entscheidungen getroffen werden, und dabei wäre deine Anwesenheit wichtig. Du bist herzlich eingeladen, und die Kinder würden sich sehr freuen, Dich hier bei uns zu haben, wenn auch nur kurz! *Alles Liebe für Lydia und Mama Steed, deine Bess*

St. Louis, den 14.5.1919

Liebste Totsie,
mit deinem Brief kam der erste Sonnenstrahl nach Robs Tod in meine Tage. Der Gedanke, dass wir den Sommer mit dir in Vermont verbringen können, ist einfach himmlisch.
Nachdem wir uns entschlossen hatten, die Filiale in St. Louis aufzugeben, wurde mir klar, dass mir nichts anderes übrig bleiben würde, als auch das Haus zu verkaufen und nach Dallas zurückzugehen. Aber ohne meinen Mann und ohne die Mittel, die uns früher zur Verfügung standen – das ist ja, als gäben wir unseren Abstieg zu! Es ist mir unerträglich, und ich werde es so lange wie möglich hinauszögern.
In diesen Tagen, in denen mir alle Sympathiebekundungen nur öde in den Ohren klingen, kommt deine Einladung für den Sommer als ein köstliches Angebot. Die ewigen Fragen hier, ob man etwas für mich tun könne, hängen mir zum Hals raus. Natürlich antworte ich immer mit einem höflichen »Nein, danke«, und dann lassen sie mich auch in Frieden, in der Meinung, sie hätten ihre Pflicht getan. Nicht dass ich an ihrer Hilfsbereit-

schaft zweifeln würde, nein – aber in diesen schweren Zeiten habe ich meine Freunde nur deshalb behalten, weil ich nie einen Freundschaftsdienst von ihnen verlangt habe. Mehr als einmal kann man nicht um Hilfe bitten, meine ich; Freundschaft ist für mich wie eine Kapital-Reserve, und ich bin fest entschlossen, das Kapital jetzt noch nicht anzugreifen und die Schwierigkeiten allein durchzustehen.
Die Kinder sind in großer Aufregung wegen der Reise nach Vermont, und ich freue mich auf diese Enklave, die nicht mit Erinnerungen gespickt ist. Vor allem aber freue ich mich, das Baby in den Arm zu nehmen – und dich! Bitte sage Dwight meinen Dank für eure liebe Einladung.

Ich liebe dich inniglich, deine Bess

St. Louis, den 25.5.1919

Liebe Cousine Josie,
verzeihen Sie mir bitte die Verspätung, mit der ich Ihren Kondolenzbrief beantworte, aber die Ansichten, die Sie darin vertreten, musste ich erst einmal verarbeiten.
Selbstverständlich bin ich von dem allzu frühen Tod meines Mannes erschüttert, aber mehr fast noch von Ihrem Wunsch, an seiner Stelle gewesen zu sein. Die Freude, mit der Sie dem Lebensende entgegensehen, ist eigentlich ein Affront gegen alles Vorausgegangene. Sie haben sich tatsächlich gedacht, dass ich mir gewünscht hätte, *Sie* wären diejenige gewesen, die starb? Wenn Sie mir einen solchen Gedanken anhängen, tun Sie mir sehr, sehr Unrecht und sich selbst noch viel mehr! Ich würde mich nicht derart über Ihre Geringschätzung des eigenen Lebens empören, wenn Sie mir nicht so lieb und wert wären. Aber rechnen Sie nicht damit, dass andere Sie vom Wert Ihres Lebens überzeugen. Jeder von uns steht ganz allein da, mit seiner allereigensten Lebensphilosophie.

Ich hoffe, dass Sie mir wieder schreiben werden. Doch alles Selbstmitleid, das sich als Sympathie ausgibt, kränkt mich. Sehen Sie es mir bitte nach, wenn ich es so energisch ausspreche: Ich freue mich am Leben und stehe mit dem Tod auf Kriegsfuß! Und ebenso mit denen, die ihm zum Sieg verhelfen, indem sie ihn stillschweigend hinnehmen. Ich bin entschlossen, Sie auf meine Seite zu ziehen; das mindeste, was wir tun können, ist, dass wir den Kampf hinauszögern, indem wir den Feind zu einer Attacke zwingen.

Unser Haus habe ich verkauft, Ihr Mobiliar ist untergestellt, während ich die Sommermonate mit den Kinder in Vermont verbringe. Vielleicht kommen Sie uns dort einmal besuchen, wenn wir uns eingelebt haben. Ich werde Ihnen schreiben, sobald wir angekommen sind und eine bessere Vorstellung davon haben, wie unser Leben so laufen wird.

Ich bin immer Ihre ergebene Bess

Mrs. Leonard Maxwell, Präsidentin
St. Louis Gartenverein
St. Louis, Missouri

St. Louis, den 1.6.1919

Liebe Lucy,

dies ist ein ganz offizieller Brief mit einer »amtlichen« Bitte. Doch lassen Sie mich Ihnen zuerst noch einmal für den prachtvollen Kranz danken, den der Verein zu Robs Beerdigung geschickt hat, zusätzlich zu Ihrer Blumenspende. Mein Garten war mir in diesem Frühjahr eine große Kraftquelle, jede aufblühende Blume tröstete mich. Die Trennung von unserem schönen Heim, den Freunden hier, mit denen wir in den letzten zwei Jahren zusammengewachsen sind, fällt mir sehr schwer.

Was nach diesem Sommer sein wird, weiß ich nicht, ich habe noch keine Pläne. Eines ist nur leider sicher: Wir können unmöglich in St. Louis bleiben, und so muss ich Sorge tragen für die Pflege von Robs Grab in meiner Abwesenheit. Der Friedhofsverwaltung habe ich natürlich die laufenden Kosten bezahlt, aber ich schicke nun auch Ihnen einen Scheck für den Gartenverein St. Louis. Dies, hoffe ich, trägt dazu bei, dass die Mitglieder gemeinsam die Wartung der Grabstätte übernehmen. Ich war immer sehr stolz, zum Verein zu gehören, und hätte gerne das Grab wie einen kleinen Garten gehegt, ein Kleinod geschaffen, das den hohen Standard und den auserlesenen Geschmack zeigt, die der Verein immer für sich in Anspruch genommen hat. Ich werde St. Louis Ende der Woche verlassen, und so wäre ich Ihnen verbunden, wenn ich vorher noch Ihre Antwort erhielte. Seien Sie für die Aufmerksamkeit bedankt, die Sie dieser Angelegenheit, wie ich hoffe, schenken werden. *In Dankbarkeit, Ihre Bess Steed*

Woodstock, Vermont, den 15.6.1919

Lieber Papa, liebe Mavis,
ich bin wieder in meine Kinderzeit versetzt! Lebe hier im alten Bauernhaus, inmitten von Gänseblumenwiesen zwischen Steinmäuerchen, und nur meine eigenen Kinder erinnern mich daran, dass ich das Leben einer erwachsenen Frau in St. Louis zurückgelassen habe.
Die Bahnfahrt nach New York war für die Kinder ein großes Abenteuer, aber ich konnte an ihren Begeisterungsausbrüchen nicht teilnehmen, denn säckeweise lasten die Erinnerungen an diese Landschaft auf mir.
Stundenlang schaute ich aus dem Fenster, aber was ich vorüberziehen sah, war nur meine eigene, innere Welt. Von New York nach Vermont nahmen wir den Bummelzug, der an jeder Kreuzung stehen blieb. Aber dieser Teil der Strecke war mir absolut neu, und ich nahm jede Gelegenheit wahr, mir die Gegend genauer zu betrachten. Meine Freundin Totsie wartete am

Bahnhof auf uns, zusammen mit einem benachbarten Farmer und einem gemieteten Wagen, der uns dann zu unserem Sommerhaus brachte.
Im letzten Herbst haben Totsie und ihr Mann diesen Hof auf einer Reise durch Neuengland entdeckt. Der Bauer, dem er gehört, wollte ihn zuerst nicht als Ferienhaus vermieten, nur so zum Vergnügen, ohne Anbau und Nutzung, aber schließlich war er zu einem kurzfristigen Mietvertrag bereit.
Dwight und Totsie haben das ganze Frühjahr am Haus herumgewerkelt und den offenen Kamin aufgemauert, den Mittelpunkt für die andern Räume, die Seele des Hauses! Jetzt sind erst die zwei unteren Schlafräume fertig; oben gibt es einen offenen Dachboden, von dem aus man in den Wohnraum hinunterschaut. Totsie wollte ursprünglich das Baby bei sich im großen Schlafzimmer haben, da sie Dwight erst in ein paar Wochen zurückerwartet, und mir das andere Schlafzimmer geben. Aber jetzt bin ich bei den Kinder oben im Juchhe gelandet, und wie Gleichaltrige schlafen wir mitten im schönsten Geschichtenerzählen und Schwätzen ein – ich wollte, sie hätten ihren Vater als Kind gekannt. Was haben wir alle für einen Riesenspaß gehabt, damals in dem Sommer, in dem du dein Grundstück an die Karussellleute vermietet hast. Erinnerst du dich noch, Papa? Die Zeit ist schon ein grausamer Dieb, sie beraubt uns unserer früheren Gestalt, und eigentlich verlieren wir genauso viel an das Leben wie an den Tod.
An diesem Ort hier haben Totsie und ich es endlich geschafft, die Risse zu flicken, die die Zeit unserer Freundschaft zugefügt hat. Wie Schulmädchen in Ferien verplempern wir unsere Tage und unterbrechen unser *dolce far niente* nur, um die Kinder zu versorgen und zu füttern. Aber es ist erstaunlich, wie selbstständig sie sind, wenn wir ein Tyrannenpaar außer Acht lassen: den Anstand und die Pünktlichkeit! Jeder kommt und geht, steht auf und verschwindet, wann es ihm passt, jeder zieht an,

was ihm gerade gefällt, und jeder isst, wenn er hungrig ist. Wir kaufen alles frisch vom Hof unseres Hausherrn in der Nähe. Totsie hat genau wie ich keinen großen Spaß an kulinarischen Künsten, und so setzen wir uns nie zu einem regulären Essen zu Tisch. Wen abends der Hunger packt, der holt sich Brot und Käse; außerdem steht auf dem Herd immer ein Topf mit Suppe bereit, die jeden Tag ein bisschen anders aussieht und schmeckt, je nachdem, welche Ingredienzien ihr zugefügt werden, aber die Grundsubstanz ist immer kräftig und nahrhaft. Wir sind tatsächlich Vegetarier geworden, einfach weil es viel bequemer ist; außerdem sind die Kinder mit allen Vierbeinern in der Umgebung so gut Freund, dass vermutlich jedes Stück Rind, Schwein oder Geflügel auf ihren Tellern sofort Verdacht erwecken würde.

Ich lebe ganz eingewoben in die Gegenwart. Und um nicht an Vergangenes zu denken, vermeide ich es, für die Zukunft zu planen.

Alles Liebe, eure Bess

Woodstock, Vermont, den 30.6.1919

Liebe Lydia, lieber Manning,

ich danke euch für euren lieben Brief und die Ratschläge, meine finanzielle Situation betreffend. Seid versichert, dass der Gewinn, den der Hausverkauf erbracht hat, auf einem Sparkonto angelegt ist. Es ist mir klar, dass dies die letzte große Summe für eine ganze Weile war. Ich will versprechen, euch zu Rate zu ziehen, bevor ich bei einer eventuellen Gelegenheit für eine Investition zugreife.

Vielleicht scheint diese Reise hierher eine Extravaganz, aber die Fahrkarten waren wirklich unsere einzige große Ausgabe. Ich habe darauf bestanden, die täglichen Kosten mit Totsie zu teilen; mit allem anderen sind wir versorgt und führen ein herrliches, freies Leben, bei dem die Kinder gedeihen! Und ich bin

glücklich, dass ich jetzt erfahre, wie wenig man zum Überleben braucht!
Was sein wird, wenn der Sommer zu Ende geht, weiß ich nicht. Ich habe auch schon daran gedacht, hier zu bleiben – die Kinder könnten dann in die Dorfschule gehen, und ich würde gern die Abgeschiedenheit eines Winters in Neuengland erleben. Aber es liegen ja gottlob noch zwei Monate zwischen mir und irgendeinem Beschluss.
Sage bitte Mama Steed, dass ich mich nach ihrer Gesundheit erkundigt habe; sie legt ja keinen Wert auf eine Korrespondenz mit mir. Den Kindern ist es schleierhaft, warum sie nichts von sich hören lässt.
Schreibe bitte bald wieder. Die Post ist hier ein großes Ereignis. Eleanor war begeistert von Marians Brief und arbeitet schon fieberhaft an einer Antwort. *Alles Liebe, eure Bess*

Woodstock, den 30.6.1919

Lieber Herr Fineman,
Ihr Brief ist mir von St. Louis nachgeschickt worden. Wie merkwürdig, dass Sie gerade aus Boston zurückgekommen sind – so sind wir beide in diesem Sommer in dieselbe Richtung gefahren, ohne es zu wissen.
Ich habe ja gar nicht geahnt, dass Sie auch mit Aktienkapital und Pfandbriefen zu tun haben. Nachdem ich eben unser Haus in St. Louis verkauft habe, bin ich sehr an neuen Investitionsmöglichkeiten interessiert und hätte dafür gerne Ihren Rat. Mein Leben ist zur Zeit so in Bewegung, dass ich nicht mehr in Immobilien anlegen möchte; ich will lediglich eine Behausung für den Winter mieten. Vorrangig bin ich an Anlagen mit günstigen Zinsen interessiert.
Verzeihen Sie mir, dass ich mir jetzt Ihre kurze Briefnotiz zu Nutze mache, um von finanziellen Dingen zu sprechen, aber es

ist eine große Erleichterung für mich, mich einem objektiven Außenstehenden anzuvertrauen. Alle meine andern Berater sind in der einen oder anderen Weise an meinen Finanzen beteiligt, und so verbindet sich ihre Verantwortung für mein Wohlergehen mit eigenen Interessen.
Es hat mir Spaß gemacht, Ihre Schilderungen zu lesen – von Menschen, denen Sie auf Ihrer Reise begegnet sind, von den Orten, an denen Sie sich aufgehalten haben. Mein Leben hier ist so fernab der Welt, die Sie beschreiben, ich könnte genauso gut im Ausland sein! Wir sind ganz an unsern Hof fixiert, haben ein paar Nachbarfreunde im Umkreis, die wir zu Fuß erreichen können, und so ist unser gesellschaftliches Leben auf ein Minimum beschränkt. Gestern waren wir bei der Bauersfrau eingeladen, bei der wir Milch und Eier kaufen; es war unser erster Besuch – bei einem Wolkenbruch! Sie ist eine wortkarge Frau und selbst beim schönsten Wetter noch mürrisch, aber gestern kam sie mir besonders verdüstert vor. Und sobald ich ins Haus kam, wusste ich auch, warum. Ich saß im Wohnzimmer und streckte mich, um nach draußen zu sehen, da brach die ganze Bitterkeit aus ihr heraus.
»Ich weiß, ich weiß! Es ist viel zu hoch, Sie *können* gar nicht rausschauen!«
»Wie schade«, murmelte ich, »Kann denn Ihr Mann die Fenster nicht ein bisschen tiefer setzen?«
Sie schüttelte traurig den Kopf. »Nein. Er sagt, du kannst doch leicht rausgehen und dir die Aussicht dort anschauen, wenn du sie unbedingt sehen willst.«
Beim Abschied drückte sie mir die Hand mit erstaunlicher Herzlichkeit. »Ich hoffe«, sagte sie, »Sie haben Ihren Mann geschätzt, solange er bei Ihnen war. Ich habe gar nicht gewusst, was ich an dem meinen hatte, in der ersten Zeit. Stone ist mein zweiter Mann.«
Sie stand in der Tür, bis wir außer Sichtweite waren, und ich

dachte zuerst, sie sei traurig über den Abschied von uns. Aber dann begriff ich, dass sie einfach die Aussicht genießen wollte! Dabei habe ich zum ersten Mal darüber nachgedacht, ob ich mich selber wieder verheiraten wollte, und war überrascht. Ich will nicht! Das Leben geht so schnell vorbei, und ich kann mich nicht mit dem Gedanken befreunden, schon gemachte Erfahrungen zu wiederholen – selbst die eine nicht, die mich beim ersten Mal so glücklich gemacht hat.

Ich freue mich darauf, wieder von Ihnen zu hören, mit den mir wichtigen Vorschlägen für Langzeitanlagen.

Mit vielen Grüßen, Bess Steed

Woodstock, den 10.7.1919

Liebe Cousine,

weit schneller als unsere Pilger-Großväter haben die Kinder und ich uns an Neuengland gewöhnt, unter viel erfreulicheren Umständen allerdings.

Am letzten Wochenende kreuzte hier eine Dame aus Chicago auf; sie war auf Spurensuche ihrer Vorfahren in dieser Gegend und hoffte, wir könnten ihr vielleicht dabei behilflich sein, hätten eventuell alte Familienbibeln oder Aufzeichnungen. Leider konnten wir ihr nichts bieten, interessierten uns aber für ihre Sache und begleiteten sie zu den beiden Friedhöfen in der Gegend. Beim ersten Friedhof ging ich nicht mit hinein, da mich die Erinnerung an das Grab in St. Louis überkam; ich blieb draußen stehen, mit dem Baby meiner Freundin Totsie im Arm, die mit den Kindern unserm Gast dabei half, ein paar Hinweise zu finden. Für die Kinder war es so eine Art Ratespiel durch die Zeitgeschichte, sie rannten aufgeregt von einem Grabstein zum anderen, verglichen Namen und Daten, schlossen von der Größe des Steins und der Art der eingemeißelten Worte auf Verwandtschaftsgrad und Gefühlsanteil.

Als wir zum zweiten Friedhof kamen, war ich so weit mit mir im Reinen, dass ich mit hinein konnte. Hingerissen von ihrem Spiel, waren die Kinder außer Rand und Band, so dass unsere Besucherin zu bedenken gab, ob denn ein Friedhof der geeignete Platz für Kinder sei? Ich war selbst verblüfft über die Heftigkeit, mit der ich ihr entgegnete. Ich könne zwar nicht für die Toten hier sprechen, fuhr ich sie an, aber mein Mann, den ich erst vor fünf Monaten verloren hätte, hätte sicher seine Freude am lebhaften Spiel der Kinder gehabt. Nach diesem Vorfall trennten wir uns. Die Besucherin stieg in ihren Wagen, in dem der Chauffeur schon wartete, um sie zum nächsten Ziel zu bringen. Und wir machten uns auf den Heimweg zum Hof. Zu Fuß.
Diese Episode zündete einen Funken: die Idee nämlich, diesen Sommer im Land meiner Vorfahren zu nutzen und unserer Abstammung auf die Spur zu kommen. Ich erinnere mich jetzt auch, dass mein Vater einen Stammbaum erwähnt hat, den seine Mutter im Wohnzimmer aufbewahrte, und ich stellte mir jahrelang vor, dass mitten im Zimmer ein mächtiger Baum wüchse, der in seinen Zweigen komfortable Unterkünfte bot. Als ich dann als erwachsene Frau Ihr Haus zum ersten Mal betrat, war ich, das muss ich jetzt zugeben, bitter enttäuscht. Ich kam in keinen baumbeschirmten Raum, so wie ich ihn mir als Kind vorgestellt hatte, sondern in einen ganz normalen bürgerlichen Salon … Ich kann mich nicht erinnern, bei Ihnen einen Familienstammbaum gesehen zu haben. Gibt es denn einen? Und wenn ja, wo ist er dann? Wissen Sie es? Ich wäre froh und dankbar, wenn ich die Möglichkeit hätte, ihn in diesem Sommer zu studieren, auch würden mich alle schriftlichen Aufzeichnungen oder eine Familiengeschichte interessieren, vielleicht ist etwas davon in Ihrem Besitz.
Wollen Sie uns hier nicht einmal besuchen? Wir wären alle glücklich, und für Sie wäre es doch eine schöne Abwechslung.

Außerdem bräuchten Sie, wenn Sie selbst kämen, die Familienaufzeichnungen nicht der Post anzuvertrauen!
Überlegen Sie sich die Einladung bitte ernsthaft. Die Kinder fänden es großartig, eine Cousine kennen zu lernen, die älter als ihr Großvater ist.
Ich hoffe auf ein baldiges Wiedersehen und verbleibe

Ihre ergebene Bess

Woodstock, den 17.7.1919

Lieber Arthur,
es kommt mir sehr seltsam vor, Sie mit dem Vornamen anzureden, aber ich bin so froh, Sie als Freund betrachten zu dürfen!
Die Broschüren, die Sie mir geschickt haben, interessieren mich sehr. Ist es eine Belastung unserer Freundschaft, wenn ich Sie bitte, ein Konto für mich zu eröffnen und fünfhundert Anteile von jeder der sechs Aktien zu kaufen, die Sie empfehlen?
Ich glaube, das beiliegende Foto wird Ihnen Freude machen. Da haben die Kinder eine Wippe aus einem Brett und einem Fass zusammengebastelt; bei dem spärlichen Material, das ihnen hier zur Verfügung steht, kommt ihre Fantasie mehr in Schwung als im schönsten Spielzimmer. Von nun an wollen wir in bescheidenerem Rahmen leben, und meine Schätzchen werden ganz sicher nicht darunter leiden, das ist jetzt bewiesen.
Ich danke Ihnen für Ihr Interesse und Ihre Anteilnahme und freue mich, bald wieder von Ihnen zu hören.

In Dankbarkeit, Bess

Woodstock, den 1.8.1919

Liebe Lydia, lieber Manning,
ich bin außer mir über eure Mitteilung, wie kümmerlich das Geschäft mit der Lebensversicherung in meiner Abwesenheit

läuft. Ich hatte gehofft, dass die Firma durch Schließung der Zweigstelle in St. Louis und die Konsolidierung der Geldmittel die Krise überstehen würde, bin aber so dankbar, lieber Manning, dass du da bist und das Problem angehst, obwohl du dich sicher lieber mit anderen Dingen beschäftigen würdest. Wenn wir nur die Stellung halten, dann werden die Geschäfte bestimmt bald besser gehen, und unser Einsatz wird sich lohnen.

Ich habe ein Konto bei der Maklerfirma Meyers, Miller & Fineman eröffnet und mich entschlossen, den Erlös des Hausverkaufs in Aktien anzulegen. Das findet vielleicht nicht deine Zustimmung, Manning, ich kann mir aber, das spüre ich, in meiner jetzigen Lebenssituation nicht leisten, hasenfüßig zu sein! Solltest du mich dennoch für leichtsinnig halten, so bedenke, dass ich dem überlegten Rat von Arthur Fineman folge, der ein naher persönlicher Freund der Familie und der Seniorpartner der Firma ist.

Morgen kommt Totsies Mann Dwight hier an; wir haben die ganze Woche gearbeitet und alles auf Hochglanz gebracht. Und Totsie hat sich heute entschlossen, zum Friseur zu gehen!

Es gibt zwar keinen einzigen richtigen Friseur hier im Dorf, aber die Frau des Posthalters wäscht einem bei sich zu Hause die Haare in weichem Regenwasser, das sie in der Regentonne sammelt und in Kesseln auf dem Herd heiß macht. Ich wollte selbst nicht hingehen, aber Totsie hat gebettelt, ich möge ihr Gesellschaft leisten. Die Frau ist oft so schweigsam, wie die meisten Menschen hier – nur in Neuengland läuft man Gefahr, im Schönheitssalon von einer stummen Dame bedient zu werden!

So ließen wir also die Kinder bei der Nachbarin, Frau Stone, die sie gleich zum Kirschenpflücken im Obstgarten anstellte, sie macht wunderbare Kirschtörtchen draus. Sie nahm das Baby und legte es in der Küche in eine Wiege, setzte sich dazu, rollte den Kuchenteig aus und schubste die Wiege mit dem Fuß an – Frau Stone hat selbst acht Kinder großgezogen! Ich konnte mir nicht vorstellen, wie sie das geschafft hat, bis ich sah, wie leicht sie unsere vier in ihrem Nachmittagsprogramm unterbringen konnte.

Zum ersten Mal in diesem Sommer waren wir allein, ohne Kinder, und Totsie und ich fühlten uns frei wie junge Hühnchen; auf dem Weg durchs Dorf versuchten wir uns zwar würdig zu benehmen, aber beschwingt, wie wir waren, kamen wir fast tanzend beim »Friseur« an. Totsie überredete mich zu einer Haarwäsche, und so saßen wir denn bald unter einer Haube aus schneeigem Schaum nebeneinander da.

Die Posthaltersfrau überwand ihre Scheu uns gegenüber, den Damen mit solch erwartungsvollem Gehabe, und fragte, wer denn zu Besuch zu uns komme? Totsie fing an, von Dwight zu erzählen, während die Frau ihre Haare mit Zitronensaft spülte. Dann wurde Totsie nach draußen in die Sonne geschickt, und ich kam an die Reihe. Sie fragte mich, ob denn auch ich an diesem Wochenende jemand Besonderen erwarte. Dabei spülte sie mir die Haare, und die lange Pause vor meiner Antwort führte sie wohl auf die Wasserschwälle über meinen Ohren zurück. Ach, es war nicht nur Regenwasser, das über meine Backen lief, und der bittere Geschmack in meinem Mund kam nicht nur von den Zitronen. Ich konnte nicht sprechen. Schließlich schüttelte ich verneinend den Kopf.

»No ja«, sagte sie und schlug versonnen einen leichten Ton an. »Brauchen wir denn immer einen Grund, wenn wir uns schön machen?«

Beide wussten wir die Antwort …

Ich war hier einen Sommer lang so glücklich und dachte wahrhaftig, ich hätte erfolgreich meinen Kummer verdrängt. Aber nun macht mir die bevorstehende Ankunft von Dwight meine Einsamkeit quälend bewusst. Ich weiß wirklich nicht, wie ich

durch die nächsten Wochen kommen soll, ich fühle mich so allein wie noch nie, in meinem ganzen Leben nicht.
Ich liebe euch beide, auch weil ihr ein Stück Erinnerung an Rob für mich seid.

Bess

Woodstock, den 5.8.1919

Liebe Cousine,
wie schade, dass Ihnen die Bahnfahrt zu beschwerlich erschien. Ich selbst habe immer das tägliche Einerlei mühsamer gefunden als eine Reise. Tatsächlich pulvert mich schon der Gedanke an etwas Neues, an eine andere Umgebung auf! Jedenfalls war es sehr lieb von Ihnen, das Stammbuch und den Stammbaum aus Ihrem Hause zu schicken; ich war ganz begeistert davon, dass ein Zweig von meines Vaters Familie bis zur Amerikanischen Revolution zurückverfolgt werden kann, und ich bin begierig auf weitere Nachforschungen: Wie groß wohl der Beitrag unserer Vorväter zur Geschichte gewesen sein mag?
Es war wirklich sehr großzügig von Ihnen, mir das Buch zu überlassen; eigentlich wollte ich es ja nur studieren und Sie nicht Ihres Erbes berauben, doch wenn Sie es hier bei mir in sicherer Obhut wissen, wird es mir eine Ehre sein, es für die nächste Generation zu bewahren. Indessen bin ich verwundert über gewisse Lücken am Baum. Das Stammbuch erwähnt da eine Familie aus Salem, Massachusetts, die im 17. Jahrhundert gelebt hat. Als Ihre Mutter den Baum zeichnen ließ, hat sie sie ausgelassen – ich finde aber, wir sollten darin korrekt sein.
Ich bin versessen darauf, Neuengland zu erforschen, und so habe ich mich entschlossen, mit den Kindern in der nächsten Woche einen Ausflug zu machen. Dwight, der Mann meiner Freundin, hat mir liebenswürdigerweise seinen Wagen dafür zur Verfügung gestellt.

Zunächst möchte ich nach Salem fahren und dort die Register am Ort einsehen, um unseren Zusammenhang mit der vorher erwähnten Familie zu beweisen. Es ist so faszinierend, wenn man sich persönlich mit den Menschen verknüpft fühlt, die unseren Staat gegründet haben. Sobald ich etwas Brauchbares herausgefunden habe, lasse ich es Sie wissen. Sie sind doch bestimmt an den fehlenden Kapiteln in unserer Familiengeschichte ebenso interessiert wie ich. *Alles Liebe, Bess*

Boston, Mass., den 15.8.1919

Lieber Papa, liebe Mavis,
bei meinen jüngsten Nachforschungen über die Familiengeschichte habe ich einen regelrechten Schock erlitten!
In Salem habe ich einwandfrei feststellen können, dass ein Zweig unserer Familie auf einen Ausrufer der Stadt im 17. Jhdt. zurückgeht – und musste gleichzeitig schlucken, dass seine älteste Tochter als Angeklagte in den ersten Hexenprozess verwickelt war. Jetzt ist mir klar, dass ihr Name absichtlich aus dem Stammbaum getilgt worden ist. Ich habe Cousine Josie in Verdacht, dass sie genau gewusst hat, was mir am Ende meiner Jagd auf berühmte Vorfahren blühen wird. In Boston hoffte ich, Vorväter zu finden, die bei der Revolution heldenhaft und ehrbar gekämpft hatten und die Schande jener Verwandten aus Salem wieder wettmachen könnten – ein neuer Schlag! Der Familienname erscheint auf der Liste der Konservativen.
Ich habe aber eingesehen, dass die Vergangenheit nicht dazu beitragen darf, den Stolz auf die eigene Persönlichkeit zu nähren, sein Verdienst muss sich jeder selbst erwerben. Eigentlich sollte ich froh über diese Einsicht sein, da doch noch eine ganz schöne Strecke Wegs vor mir liegt.
Was ist das nur für ein Jahr! Im Frühling habe ich meinen

Mann verloren, und jetzt im Sommer bin ich um meinen Familienstolz betrogen worden, so bin ich wahrhaftig ganz allein auf mich gestellt. *Alles Liebe, Bess*

Woodstock, den 20.8.1919

Liebe Cousine,
hiermit gebe ich das Familienbuch und den Stammbaum wieder zurück, die Sie mir liebenswürdigerweise überlassen haben. Ich brauche sie beide nicht mehr und möchte auch nichts besitzen, was rechtens Ihnen gehört. Schließlich war es Ihre Mutter, die den Stammbaum in Auftrag gab. Der hing dann in Ihrem Wohnzimmer, bis eines Tages jemand (vielleicht Sie) kam und ihn abgenommen hat. Ich verstehe jetzt, warum. Er war nicht vorzeigbar. Ich wünschte nur, Sie hätten mich vorbereitet, dann hätte ich mir die Reise sparen können.
Eine positive Folge hat jedoch meine Ahnensuche sicher gehabt: Der Mann meiner Freundin, Dwight Davis, kommt aus einer sehr angesehenen Familie. Daher hat er sich bisher geweigert, den Stammbaum, der in seinem Arbeitszimmer hängt, zu entfernen, obwohl Totsie ihn angefleht hat, es zu tun, bevor das adoptierte Kind alt genug ist, um zu verstehen, dass es darin nicht vorkommt. Ich habe nun aus eigener Erfahrung Dwight gewarnt, dass unter Umständen bei gründlicheren Nachforschungen ein paar Skelette ans Licht kämen, die im Geäst dieses Stammbaums baumeln. Ich denke, dass sich Dwight das zu Herzen genommen hat. Das Ende des Sommers rückt näher. Ich muss Pläne machen, organisieren und weiß gar nicht, wo damit anfangen. An gewissen Tagen bräuchte man dringend beruhigende Gewissheit, wo und wie man den Rest seines Lebens verbringen wird, bräuchte man jemanden, der einem von Herzen zugetan ist und alle Entscheidungen abnimmt. Ich wollte, ich hätte eine Art Zwillingsexistenz, die mir sagt, wie es wei-

tergeht. Zur Zeit würde ich mich wirklich gerne einer höheren Instanz unterordnen. *Ihre ergebene Cousine Bess*

Frau Annie Hoffmeyer
210 Gaston Avenue
Dallas, Texas

Woodstock, den 21.8.1919

Liebste Annie,
ich wusste wirklich nicht, ob ich je wieder etwas von Ihnen hören würde – und jetzt kam Ihr Brief! Unter Tränen habe ich ihn gelesen. Welch unvorhergesehene Verluste führen uns beide nun wieder zusammen! Ich habe meinen Mann an den Tod verloren, und der ihre hat im Leben einen anderen Weg eingeschlagen – ich wüsste wirklich nicht zu sagen, was schwerer zu ertragen ist.
Schon kommt der Herbst und findet mich in der gleichen Situation wie Sie: kleine Kinder, die an einem allein hängen, und kein fürsorglicher Familienvater, der hilft und stützt. Aber vielleicht lässt sich aus der gemeinsamen Notlage etwas Besseres für uns beide machen!
Obwohl ich es hasse, in frühere Spuren zurückzukehren, muss ich im nächsten Monat wieder nach Dallas zurück und sehen, ob die Firma meines Mannes noch zu retten ist. Wie fänden Sie es, da Sie ja möglichst schnell die Stätte der ehelichen Querelen hinter sich lassen möchten, wenn ich ein Haus mietete, das groß genug für uns beide und unsere Kinder ist? Würden Sie sich zutrauen, die Verantwortung für den Haushalt zu übernehmen? Unter den jetzigen Umständen kann ich Ihnen kein Gehalt zahlen, will aber gerne für Unterkunft und Verköstigung Ihrer Familie aufkommen.
Ich entsinne mich, dass Sie, nachdem Sie von uns fortgegangen sind, entschlossen waren, nie mehr als Haushälterin zu arbeiten. Ich respektiere das, und unsere Zukunft sehe ich so, dass

nicht Sie für mich arbeiten, sondern dass wir uns zusammentun und uns gegenseitig helfen, unsere missliche Lage zu meistern. Ich hoffe sehr, Annie, dass Sie einwilligen – wir könnten alle beide von diesem Plan profitieren!
Mit derselben Post schicke ich kleine Geschenke für die Kinder, handgemacht von der Bürgermeistersfrau hier am Ort. Die Schnecke aus dem fröhlichen Baumwollstoff ist für den kleinen Franzi, und sein Schwesterchen kriegt das Strickkleidchen. Es ist grausam, was Hans Ihnen angetan hat! Genau zur Geburt des Kindes auf und davon zu gehen!
Meine Kinder schicken Ihnen Küsse, und wir umarmen Sie alle. Und warten gespannt auf Ihre Antwort!

Ihre getreue Freundin, Bess Alcott Steed

Woodstock, den 29.8.1919

Liebste Annie,
Ihre postwendende Antwort war ein Grund zum Feiern! Wir sind hell begeistert, dass wir Sie so bald schon wieder sehen sollen und mit Ihnen zusammen leben werden. Das Haus, von dem Sie schreiben, scheint genau das Richtige für uns alle zu sein! Ich lege einen Scheck für die erste Monatsmiete bei, gültig vom frühestmöglichen Termin Ihres Einzugs an.
Wir wollen noch zehn Tage hier bleiben und übernächstes Wochenende mit allen Freunden, die wir hier im Sommer gefunden haben, ein großes Picknick veranstalten. Die Kinder studieren ein Theaterstück zur Unterhaltung der Gäste ein – wenn überhaupt welche kommen! Hier zu Lande pflegen die Menschen wenig Umgang miteinander, und so ahnen wir nicht, wie viele der Einladung folgen werden.
Mitte September werden wir in Dallas ankommen. Auf einmal fürchte ich mich nicht mehr vor Entschlüssen, und das habe ich Ihnen zu verdanken; ich habe den Sommer über gedanken-

los in den Tag hineingelebt und der Zukunft nicht ins Auge schauen wollen, weil ich sie so allein nicht ertragen kann. Jetzt freue ich mich auf die langen Winterabende gemeinsam mit Ihnen. *Küsse von uns allen, Ihre Bess*

Miss Mabel Swift
Town and Country School
2316 Maple Lawn
Dallas, Texas

Woodstock, den 29.8.1919

Liebe Miss Swift,
in diesem Herbst werde ich mit meinen Kindern nach Dallas zurückkommen. Unser zweijähriger Aufenthalt in St. Louis hat im vergangenen Frühjahr durch den Tod meines Mannes auf tragische Weise sein Ende gefunden.
Bis jetzt hatten meine Pläne für den Herbst noch keine Gestalt angenommen, da wir den Sommer bei einer Freundin in Neuengland verbracht haben, so komme ich sehr spät mit meiner Bitte zu Ihnen, für das Herbsttrimester drei Plätze für meine Kinder zu reservieren. Ich rechne damit, dass Sie beim Überprüfen meines Anliegens die außergewöhnlichen Leistungen der beiden Buben in den früheren Schuljahren in Betracht ziehen; zudem kann ich Ihnen versichern, dass mein Töchterchen den Brüdern in keiner Weise nachsteht.
In der Hoffnung, dass Sie die Verspätung meiner Anfrage verstehen, lege ich einen Scheck für das Schulgeld bei – ich denke, dass die Summe auf jeden Fall ausreichend ist. Ich werde die nächste Woche noch hier sein und sehe gern einer bestätigenden Antwort vor unserer Abreise entgegen.
Im Einzelnen möchte ich für meine Tochter Eleanor einen Platz in der ersten Klasse beantragen, für meinen Sohn Andrew in der zweiten und in der vierten Klasse für den Ältesten, Robert. Ich habe mich in diesem Sommer so sehr daran gewöhnt, ihn

als Familienoberhaupt zu betrachten, dass mich der Gedanke, dass er ja erst in der vierten Klasse ist, richtig erschüttert. Er hat sich in seine neue Verantwortlichkeit mit großem Ernst und Stolz gefügt, aber es wird ihm gut tun, wenn er wieder mit Kindern seiner Altersstufe zusammen ist.
Ich freue mich, von Ihnen zu hören und damit unsere Bekanntschaft zu erneuern, an die ich mich sehr gerne erinnere.

Mit besten Grüßen, Ihre Bess Alcott Steed

TELEGRAMM AN
MANNING SHEPHERD
2793 SWISS AVENUE
DALLAS TEXAS
KINDER UND ICH UNTERWEGS NACH DALLAS STOPP BITTE KONKURSAUFSCHUB BIS ANKUNFT STOPP ÜBERNEHME PERSÖNLICHE HAFTUNG FUER FIRMENDEFIZIT STOPP ANRUFE BEI ANKUNFT FREITAG/BESS - WOODSTOCK 1.9.1919

TELEGRAMM AN
ARTHUR FINEMAN
MEYERS MILLER & FINEMAN
PRAETORIAN BUILDING
DALLAS TEXAS
BITTE ALLE AKTIEN AUF MEINEN NAMEN LAUTEND VERKAUFEN STOPP ERLÖS AUF MEIN KONTO STOPP BRAUCHE DRINGEND BARGELD FÜR RETTUNG VON MIDLIFE LEBENSVERSICHERUNGSFIRMA VOR ERKLÄRUNG KONKURS STOPP ANKOMME DALLAS FREITAG BESS - WOODSTOCK 1.9.1919

Dallas, Texas, den 10.9.1919

Liebste Totsie,
dein langer Brief war wunderbar und hat mir unsere turbulente Abreise wieder ins Gedächtnis gerufen. Dass zu dem Abschiedsfest so viele kamen, war sicher ein Tribut an dich, ein Beweis für die Zuneigung, die dir die Freunde und Nachbarn schenken. Ich glaube fast, dass manch einer von ihnen zum ersten Mal mit jemand vom »Sommervolk« Freundschaft geschlossen hat.

Die Kinder reden vom Hof, als wäre er grad über der Straße, aber die jüngsten Ereignisse haben ihn für mich leider in große Entfernung gerückt. Nicht Zeit und Raum trennen mich vom Sommerglück, sondern finanzielle Not. Sie baut sich wie eine Schildwache auf und verwehrt mir den Zutritt zu den ruhigen Gefilden von Frieden und Wohlstand, in denen ich früher lebte. Jeder Cent in meiner Tasche muss dafür herhalten, die Firma zu retten, aber es kann sein, dass alle meine Anstrengungen umsonst sind. Doch aus einer unerwarteten Ecke ist Rettung in Aussicht!

Annie hat ein reizendes Häuschen für uns entdeckt, dort werden wir alle ganz behaglich zusammen wohnen. Die Räumlichkeiten sind eng, aber ohne Mann im Haus ist Eigenleben ein Luxus, den wir uns nicht recht leisten können. Zum Glück grenzt ein weiter, verwilderter Grund mit Bäumen ans Haus, und ich kann, wenn mich je der Wunsch nach Einsamkeit packt, meine gute Erziehung vergessen und dorthin mit einem Buch verschwinden.

Niemals werde ich dir meine Dankbarkeit für das, was du für uns getan hast, in Worten ausdrücken können – du hast uns vier verängstigte Flüchtlinge aus St. Louis aufgenommen und liebevoll deine Sommerferien mit uns geteilt – für mich ist dieser Sommer schon zu einer paradiesischen Insel geworden, zu einem Fels in einer gnadenlos stürmischen See. Aber wie die

Entdecker der Frühzeit habe ich meinen Kurs gesetzt und kann nicht mehr zurück; ich segle mit großen Hoffnungen auf die Gestade eines noch unentdeckten Erdteils zu!

Je t'embrasse – comme toujours, Bess

Dallas, den 20.9.1919

Lieber Papa, liebe Mavis,
jetzt sind wir wenigstens wieder im gleichen Land, obwohl wir uns noch nicht gesehen haben; ich habe aber fest vor, euch mit den Kindern vor dem Ende des Monats zu besuchen – dann werde ich euer »Willkommen zu Hause« mit eigenen Ohren hören.
Leider kann man unsere Rückkehr nach Dallas nicht als Heimkehr bezeichnen; wir haben uns eben wieder in eine Lebenslandschaft gefügt, aber in eine gänzlich andere. Sie hat nichts mit dem Dasein zu tun, das wir vor dem Umzug nach St. Louis geführt haben. Viele von unseren alten Freunden wissen gar nicht, dass wir wieder da sind, und das ist mir recht so. Wenigstens vorläufig!
Vielen Dank, dass ihr uns finanzielle Hilfe angeboten habt, aber ich will versuchen, diese Krise durchzustehen, ohne den Beistand von Freunden und der Familie in Anspruch zu nehmen.
Manning ist immer noch bei der Firma. Aber freilich steuert er einen anderen Kurs als ich; im Gegensatz zu mir betrachtet er die Zahlen objektiver. Ich sehe in ihnen nicht nur den Wert in Dollar, sondern auch den der abertausend Stunden, die Rob damit verbracht hat, die Firma zu organisieren und aufzubauen. Für Manning bedeutet eine Konkurserklärung einen möglichen Weg, um Schulden zu begleichen, für mich wäre sie ein Verrat an Robs Lebenswerk. Mama Steed und Lydia halten verständlicherweise zu ihm. Die beiden haben uns abgeholt, als

wir mit der Bahn von Vermont ankamen, aber schon nach einem kurzen Gespräch kristallisierte sich der Konflikt im Hinblick auf das Schicksal der Firma heraus. Seither sind wir uns nicht mehr begegnet.

Die Entfremdung von den Verwandten und die neue Umgebung, das ungewohnte Stadtviertel, in dem wir jetzt leben, das alles hat dazu beigetragen, dass ich gar nicht richtig begreife, wieder in Dallas zurück zu sein, und mich ein wenig heimatlos fühle. Zwar ist vieles vertraut, aber gleichzeitig ist es doch fremd, so unerreichbar fern wie eine Stadt im Traum. Meine Tage gehen dahin, als lebte ich in einer Art Unterwelt, aus der es kein Erwachen gibt, und die Nächte sind eigentlich noch schlimmer. Ohne die üblichen Pflichten, die die Bedrängnisse in Schach halten, liege ich hilflos im Dunkeln und habe nur einen einzigen Wunsch: zu vergessen.

Trotzdem gelingt es mir, vor den Kindern die fröhliche Mutter zu spielen, wenigstens morgens, wenn sie sich zur Schule fertig machen. Bin ich froh, dass ich das Schulgeld für das erste Trimester schon im Voraus bezahlt habe! Jetzt könnte ich es mir kaum mehr leisten. Ach, wenn ich nur ein Plätzchen hätte, einen Ort, an den ich jeden Tag gehen und an dem ich liebe Menschen finden könnte, die sich um mich kümmern und mir sagen, wie alles weitergeht. Eine Witwe ist so was wie eine Parasitenpflanze, die sich ums Geäst eines gefällten Baumes schlingt und gar nicht merkt, dass der Baum abgestorben am Boden liegt.

Verzeiht mir, dass ich euch mit meiner Verzweiflung behellige, aber versteht mich bitte – es geht mir schon besser, wenn ich das alles in Worte fassen kann. *Alles Liebe, Bess*

Dallas, den 25.9.1919

Totsie, mein Schatz,

ich kann dir gar nicht sagen, welche Freude mir deine meisterhaft schöne Federführung auf dem Briefkuvert immer macht! Der Impuls, den ich von deinen Briefen empfange, ist weit stärker als der, den ich von den Menschen in meiner Umgebung erhalte.

Dass dir die Aufgaben des Alltags auch so schwer fallen wie mir, hat mich verwundert. Aber du hast natürlich Recht: Unser Sommer war eine Oase in der Wüstenei von Verpflichtungen und Entscheidungen. Ich habe mir sogar eingebildet, ich könnte mit dem Kummer leben! Aber er hat sich nur, als ich mir so stark vorkam, wie ein listiger Feind versteckt, um dann, als ich allein war, mit voller Wucht zuzuschlagen.

Du fehlst mir schrecklich. Nicht einmal mit meinem Mann habe ich mein Leben so ganz geteilt; bei unseren Begegnungen zur Nachtzeit waren wir oft wie zwei Fremde, die aus verschiedenen Richtungen angereist waren.

Annie und ich kommen gut miteinander aus; freilich ist es für sie schwer, unser altes Verhältnis zueinander ganz außer Acht zu lassen. Untertags ist sie recht fröhlich, geht ihrer Arbeit im Hause nach und fühlt sich wohl, aber abends sitzt sie nach dem Essen im Wohnzimmer herum und weiß nicht, was tun.

Jetzt bin ich auf eine Idee gekommen, wie wir diesen Leerlauf nützen könnten: Annie wird uns einfach Deutsch beibringen! Sie war ganz begeistert von dem Plan und hat dabei gestanden, dass sie ihre Muttersprache sehr vermisst; es war und ist ihr immer ein großer Trost, sie zu hören und zu sprechen, aber Hans hat es ihr im häuslichen Bereich nie erlaubt. Ihre Kinder sollten sich als amerikanische Bürger fühlen und als solche aufwachsen. Und Annie folgte ihm hierin wie in allen anderen Dingen. Nur abends, wenn er ausgegangen war (immer öfter in den letzten Monaten), da hat sie die Kleinen mit deutschen Wiegenliedern in den Schlaf gesungen.

Unsere erste Deutschstunde gestern war ein voller Erfolg! Annie lachte sich schief über unsere Kämpfe mit den Kehllauten, die ihr so leicht fallen. Außerdem hat es ihr gut getan, dass zur Abwechslung sie mal diejenige war, die den Ton angab. Und sie wurde nicht müde und ließ nicht locker, bis ich die Worte zu ihrer Zufriedenheit aussprach. Wenn ich doch mit der Sprache zugleich auch ein bisschen Selbstdisziplin von ihr lernen könnte! Zweifellos wäre ich darin früher kompetent als im Gebrauch der Sprache …

Danach brachte Annie ihr hölzernes Grammophon an, das sie als Braut mit herübergebracht hat, und spielte uns ein paar Volkslieder vor. Dabei brachte sie uns auch die Wörter bei, und zu meinem Erstaunen konnten die Kinder die Verse im Nu auswendig.

An diesem Abend hatten wir zum ersten Mal wieder ein Gefühl der Zusammengehörigkeit, fühlten uns als eine große Familie.

Alles Liebe, auch für Dwight. Ich beneide ihn um die vielen Stunden, die er mit dir verbringt. *Je t'embrasse, Bess*

Dallas, den 15.10.1919

Lieber Hans,

Annie hat Ihren Brief erhalten, aber sie weigert sich, ihn zu beantworten. Mit ihrer Zustimmung möchte ich mir daher erlauben, Ihnen zu schreiben. Es überrascht Sie gewiss, nach so vielen Jahren wieder von mir zu hören, aber durch die Ereignisse der letzten Monate sind Annie und ich in eine ähnliche Situation geraten und haben uns daraufhin entschlossen, zweispännig zu fahren; da lässt es sich doch besser kutschieren als allein!

Damals, als Sie von zu Hause fortgingen und glaubten, Sie könnten Ihr Glück in Kalifornien machen, hat Annie mir geschrieben. Sie hoffte, wieder bei uns arbeiten zu können, aber da mein Mann im Frühjahr gestorben ist, bin ich in einem finanziellen Engpass und absolut nicht in der Lage, jemanden anzustellen. Jetzt haben wir beide uns ein Haus geteilt, und Annie arbeitet bei mir für Wohnung und Unterhalt. Trotzdem kommt sie auf Dauer ohne finanzielle Unterstützung nicht zurecht.

Sie war einfach entsetzt, in Ihrem Brief nichts, aber auch nicht die leiseste Spur einer Sorge um das Wohl der Kinder zu finden. Zum allermindesten sind Sie verpflichtet, die Hälfte des Unterhalts zu übernehmen, und zwar vom Tage Ihrer Abreise an. Ihre Zahlung ist demnach schon zwei Monate überfällig. Fordert Ihr eigenes Gewissen keine Rechenschaft von Ihnen, so kann ich Ihnen versichern, dass das Gericht sie von Ihnen verlangen wird.

Wir erwarten Ihre unverzügliche Antwort.

Mit den besten Grüßen, Bess Alcott Steed

Dallas, den 2.11.1919

Liebe Totsie,

ich hoffe, dass dich dieser Brief noch in Westport erreicht, ehe ihr wieder auf Reisen geht. Brennend gerne wäre ich dabei, wenn ihr durch Neuengland kurvt und unterwegs in alten Gasthäusern einkehrt.

Der Herbst macht sich hier in Texas schon bemerkbar, die Färbung der Ahornbäume ist besonders prächtig in diesem Jahr! Wir können uns nur nicht so recht daran freuen wie du; manchmal überkommt mich eine große Sehnsucht nach dem Stück Land, das meine Vorfahren verlassen haben. Ich weiß nicht, ob ich hier je wieder Wurzeln schlagen kann – es ist mir so fremd geworden, dieses Dallas! Ich fühle mich so unbehaust, als wären wir nur hier, weil wir anderswo nicht sein können.

Annies Mann ist vorletzte Nacht plötzlich bei uns aufgetaucht – zufällig und ausgerechnet an Halloween, der Geisternacht –, und als Annie die Tür aufmachte, schrie sie los, als hätte sie draußen einen echten Geist gesehen! Vermutlich aus Rücksicht auf mich hat sie ihm nicht die Tür vor der Nase zugeschlagen, und ich bestand dann auch darauf, dass sie ihn zu einer Tasse Tee hereinbat. Ja, und nun bleibt er wieder hier in Texas, nachdem er vergeblich versucht hat, in Kalifornien sein Glück zu machen – er hat dort nicht mal seinen Lebensunterhalt verdienen können.

Trotz meines Briefes mit der Darstellung meines finanziellen Missgeschicks hat er sich wahrscheinlich darauf verlassen, dass ich ihn anstellen oder ihm zumindest helfen könne, eine Anstellung zu finden. Ich weiß nur beim besten Willen nicht, was man für ihn tun kann. Eines ist jedoch sicher: Es muss sich ein Grund finden lassen, womit er hier am Ort festgenagelt wird. Annie braucht doch seine Hilfe für die Kinder, und schließlich ist die – wenn auch nur gelegentliche und unzulängliche – Gegenwart eines Mannes schon etwas wert.

Als Hans hier erschien, waren die Kinder draußen, und als sie ihn dann vor dem Feuer sitzen sahen, schrien sie laut, ähnlich wie Annie – aber nicht vor Schreck, sondern aus purer Freude! Kinder fürchten sich nicht vor Geistern, wenigstens nicht in der Halloween-Nacht. Ich beneide sie darum, wie sie so frei und leicht die beiden Welten auswechseln können, die reale und die fantastische; für sie ist es nur eine einzige Landschaft, die zu bereisen ist. Ich dagegen werde täglich am Schlagbaum vor dem Reich der Fantasie angehalten. Die strengen »Zollbeamten«, Logik und Realität, erinnern mich unerbittlich daran, dass mein Mann tot ist und ich allein dastehe.

Gott sei Dank bleibt den Kindern dieses Gefühl der Vereinsamung erspart, das mich so oft befällt. Für sie ist ihr Vater eben außer Sichtweite, unterwegs auf einer langen Reise, die eines Tages vielleicht wieder zu Ende ist. Wenn sie irgendwann bei ihrer Heimkehr Rob hier im Wohnzimmmer sitzen sähen, dann wäre ihre Überraschung sicher nicht größer als die beim Anblick von Hans! Ich bin an Allerseelen im Frühgottesdienst zur Kommunion gegangen und habe für die Seele meines verstorbenen Mannes gebetet, aber meinem Empfinden nach sind ihm die Kinder in ihrer Fantasie näher, als ich es in meinem Glauben bin. *Je t'embrasse, Bess*

Dallas, den 20.11.1919

Lieber Papa, liebe Mavis,
seit Halloween haben die Kinder von nichts anderem als von Thanksgiving geredet. Weiß Gott, wie sie die Zeit ohne Ferien einteilen würden! Wir kommen am Mittwochnachmittag an, mit dem Auto. Annies Mann, der Hans, ist wieder in die Stadt gezogen; er hat jetzt eine Arbeit als Mechaniker in einer Garage. Und als Gegenleistung für meine ständige Unterhaltshilfe für seine Frau und die beiden Kinder richtet er mir einen Gebrauchtwagen her; er hat ihn sehr günstig von einem Klienten erworben, der sich über die hohen Kosten der Wartung aufgeregt hat. Ich kaufe unter der Bedingung, dass Hans die Verantwortung für den Wagen übernimmt – so ist die Vereinbarung, und auf diese Weise bleibe ich hoffentlich von den Problemen verschont, die den Vorbesitzer auf die Palme gebracht haben.
Obwohl Hans und Annie einander nicht viel näher gekommen sind, sind wir alle mittlerweile in vielen Dingen von ihm abhängig geworden. Bei Annie ist er immer noch in der Strafecke, seines unbedachten Ausbruchs im Sommer wegen, aber sein Sohn hat ihn gleich fröhlich daheim empfangen. Das Baby ist ohnehin noch zu klein, um zu begreifen, dass es, wenn auch nur kurz, verlassen worden ist.
Meine Kinder haben Hans immer bewundert; seine Beziehung

zu ihnen ist sehr freundschaftlich und gelöst. Manchmal denke ich, dass Männer bessere Väter wären, wenn sie nicht gleichzeitig auch mit den Müttern ihrer Kinder verheiratet wären.
Annie lässt Hans nicht ins Haus hinein; seine Zeit mit den Kindern verbringt er draußen, und unser Gärtchen gedeiht unter seiner Obhut. Hinter dem Haus zimmert er jetzt ein Baumhaus zusammen, und zwar oben im Gezweig des einzigen Baumes, der dafür geeignet und kräftig genug ist. Und schon stellen die Kinder in Aussicht, dass sie dort ganz einziehen und wohnen werden!
Wir können das nächste Wochenende kaum erwarten, und sobald wir die Hauptstraße überquert haben, fangen wir an zu hupen!

Alles Liebe, Bess

Dallas, den 6.12.1919

Liebste Totsie,
mit einem eigenen Wagen fühle ich mich wie neugeboren! Ich habe die Kinder zum Erntedankfest nach Honey Grove gefahren, habe es da aber nicht recht ausgehalten, beim üblichen Truthahnessen stillzusitzen – und nachdem der letzte Bissen vom Nachtisch aufgegessen war, bat ich Vater und Mavis um Dispens und fuhr mit den Kindern los. Aufs Land.
Die Kinder wurden bald zapplig, aber ich war auf der endlosen Straße vor uns wie berauscht, ich hätte fahren und fahren können, immer weiter in die Nacht hinein! Aus Rücksicht auf meine Beifahrer bin ich aber dann umgekehrt, als es dunkel wurde, und nach Honey Grove zurückgefahren.
Als allein stehende Frau bin ich jetzt wieder unter Kuratel meines Vaters geraten, der seine Rolle sofort aufgegriffen und aufgefrischt hat, und ich bin doch sehr erstaunt, wie schnell ich mich seinen Ratschlägen und seiner Zuwendung gefügt habe. In den letzten Jahren habe *ich* mich ja *für ihn* verantwortlich ge-

fühlt, aber nun hat meine Not ihn wieder erstarken lassen, und jetzt bin ich froh um seine aufpolierte Autorität.
Ganz überraschend rief mich gestern der Herr an, der seit Robs Tod meine Finanzen regelt; er entschuldigte sich, dass er alles liegen gelassen hatte. Er ist den ganzen Herbst über unterwegs gewesen. Da ich aber jetzt alle Aktien verkaufen muss, die ich im Sommer auf seinen Rat hin erstanden habe, und nicht in der Lage bin, neu zu investieren, kam ich mir gar nicht vernachlässigt vor, ja, ich dachte eigentlich, meine finanzielle Lage sei seiner Beachtung gar nicht wert. Jedenfalls hat er mich für nächste Woche zum Essen eingeladen. Wir wollen dann in seinem Club »die Zukunft besprechen«. Da meine Finanzen zur Zeit aber keine rechte Zukunft haben – mangels Masse –, kann ich mir nicht denken, was er meint. Wenn pure Höflichkeit nicht ganz ausreicht, so werde ich doch bestimmt aus Neugier seiner Einladung folgen! *Je t'embrasse, Bess*

Dallas, den 14.12.1919

Liebste Totsie,
gestern habe ich also mit Herrn Fineman zu Abend gegessen – und er hat mir eine Zukunft geschenkt! Er hatte das Telegramm, das ich ihm im Sommer aus Vermont geschickt habe, überhaupt nicht beachtet – ich hatte ihn darin gebeten, alle Aktien auf meinen Namen zu verkaufen –, sondern, wie er mir gestern Abend gestand, den vermeintlichen Erlös aus eigenen Mitteln ausgezahlt, als private Leihgabe. Die Aktien sind also immer noch in meinem Besitz. Und in der vergangenen Woche hat er die paar Aktien verkauft, die ich bei einer ortsansässigen Ölgesellschaft besaß, zum vierfachen Preis! Die Summe war groß genug, um meine Schuld bei ihm zu decken.
Ich war sprachlos! Und bin es heute noch – aber zum Glück funktioniert mein Federhalter. Bis gestern Nacht noch sah ich

keine Hoffnung, dass ich zur allgemeinen Weihnachtsfröhlichkeit mehr beitragen könnte als die Aufstellung eines bunten Unterhaltungsprogramms: Popcorn und Preiselbeeren auffädeln, Plätzchen backen, Karamellen und Götterspeise fabrizieren – und das alles nur als Ersatz für die Geschenke unter dem Baum am ersten Feiertag. Doch da tauchte Arthur Fineman auf, gleich einem der Weisen aus dem Morgenland, und seine Gaben waren wertvoller als Gold, Weihrauch und Myrre! Es ist wirklich eine Ironie des Schicksals, dass ein Mensch, der nicht an Christus glaubt, es uns ermöglicht hat, wirklich Weihnachten zu feiern!
Als ich ihm danken wollte, meinte er, er sei ja so lange schon in meiner Schuld und alles, was er in finanziellen Angelegenheiten für mich tun könne, sei niemals ein Ausgleich für mein großherziges Entgegenkommen nach Eleanors Unfall. Seit jenem schicksalsschweren Tag hat er sie nicht mehr gesehen, und so habe ich ihn, damit er die Kinder mal erlebt, am Sonntag zum Tee eingeladen.
Zuerst hat er ein bisschen gezögert, wollte die Einladung nicht annehmen – er hat selbst keine Kinder, und da versteht man, warum er dem Nachmittag mit meinem Trio eher mit Schaudern entgegensieht. Wahrscheinlich sind für manche Männer, und wohl auch für unverheiratete Frauen, Kinder so etwas wie eine fremde Rasse.
Dieser Brief gilt auch gleichzeitig als Feriengruß für dich, Dwight und den Kleinen – der ja schon läuft! Wir wünschen euch viel Glück und Erfolg für das kommende Jahr, und heute wage ich es auch für uns wieder zu erhoffen!

Je t'embrasse, Bess

Dallas, den 18.12.1919

Lieber Papa, liebe Mavis,
je näher Weihnachten heranrückt, desto schwieriger wird es für mich, in der Gegenwart zu leben, desto stärker werde ich von den Erinnerungen an unser letztes Weihnachtsfest heimgesucht. Der Krieg war aus und Rob wieder daheim – Jubel und Freude ringsum! Nie mehr werde ich solches Glück verspüren, aber einmal habe ich es wenigstens erlebt; nur ein Leiden, das meinen Geist trübt, wird es in mir auslöschen können. Zum Glück gehen die Kinder auf die Ferien zu, als wären es ihre ersten, und sie erwarten gespannt die Weihnachtszeit und was da alles kommt und sich tut …
Annies Mann hat aus den Wäldern von Ost-Texas einen Tannenbaum organisiert – mit welchen Mitteln, danach wird (nach unserm Beschluss!) nicht weiter gefragt. Wir haben ihn mit glasiertem Gebäck und Zuckerzeug geschmückt (die essbare Zierde hat immer den Vorteil, dass man sie nicht aufheben und aufräumen muss).
Heute hat Hans den Kindern eine ganz reizende Holzkrippe geschenkt; seit er wieder zurück ist, hat er jede freie Minute daran geschnitzt. Offensichtlich bedauert er jetzt seinen plötzlichen Aufbruch im Sommer, wenn er auch zu stolz ist, es zuzugeben – doch ich bin durchaus bereit, ihm zu verzeihen, im Gegensatz zu Annie!
Wir beide wollen zum Heiligen Abend das traditionelle deutsche Weihnachtsessen auftischen: gebratene Gans und Rotkohl und ein riesiges Aufgebot an Plätzchen; Annie allein wird eine ganze Woche backen müssen. Den Kindern bringt sie ein paar deutsche Weihnachtslieder bei, und ich muss sagen, wenn man sie »Stille Nacht« singen hört, dann könnte man fast diesen schrecklichen Krieg vergessen.
Ich hoffe, ihr kommt in den Ferien zu uns! Lydia, Manning und die kleine Marian habe ich zum Weihnachtsessen am Vier-

undzwanzigsten eingeladen, und Mama Steed sollen sie auch mitbringen. Ich habe aber noch keinen endgültigen Bescheid.

Alles Liebe für euch beide, Bess

Miss Abigail Saunders, Direktorin
Riverview-Megeheim
Syracuse, N.Y.

Dallas, den 20.12.1919

Sehr geehrte Miss Saunders,
beiliegend sende ich Ihnen einen Scheck für die ausstehende Miete und Verpflegung für meine Cousine Josephine Farrow. Verzeihen Sie bitte die Verzögerung, aber durch den Tod meines Mannes im Februar bin ich in Schwierigkeiten geraten, die ich erst jetzt langsam wieder überwinden kann.
Es tut mir sehr Leid, von der Erkrankung meiner Cousine zu hören. Von ihr selbst habe ich seit dem Sommer keinen Brief mehr erhalten und habe mir schon Gedanken gemacht, ob ich ihr eine Veranlassung zu dem langen Schweigen gegeben habe. Sobald sie ihr Bewusstsein wiedererlangt, sagen Sie ihr bitte, dass ich geschrieben habe.
Sollte sie weiterhin ohne Bewusstsein bleiben, darf ich Sie darauf hinweisen, dass ich der rechtmäßige Besitzer des Himmelbetts bin, das jetzt in ihrem Gebrauch ist. Im Falle ihres Todes geht es als Schiffsfracht (per Nachnahme) zu mir hier nach Texas.

Mit herzlichen Grüßen, Bess Alcott Steed

Dallas, den 31.12.1919

Liebste Totsie,
heute am Neujahrsabend nehme ich ohne das leiseste Bedauern Abschied vom Jahr 1919! Am letzten Silvester war ich noch wie ein Kind, das nichts davon ahnte, welches Leid uns das Leben antun kann; während des Jahres sah ich mein Leben sei-

nem Ende zutreiben, aber jetzt fange ich wieder an, mit kleinen Schritten vorwärts zu gehen …
Ganz gegen sonstige Gepflogenheiten wollte ich dieses Weihnachten viele Menschen um mich haben. Mein Vater kam mit seiner Frau von Honey Grove angereist; sie wollten ursprünglich nur eine Nacht bleiben, aber die Kinder meuterten mit Johlen und Klamauk, und so haben sie den Besuch schließlich auf eine Woche ausgedehnt.
Robs Schwester Lydia kam mit Mann, Kind und Mutter zum Festessen am Heiligen Abend; seit wir wieder hier in Dallas sind, haben wir sie alle erst ein paar Mal gesehen – und schon gab es unter den Erwachsenen ein paar unangenehme Szenen. (Die Kinder dagegen haben sich sofort wieder miteinander verstanden.) Eine Entfremdung zwischen der Familie meines Mannes und mir hat zu diesen Spannungen geführt, und zu allem Überfluss war Annie sehr nervös – sie hatte zwar ein fabelhaftes Mahl zubereitet, aber statt sich zu uns an den Tisch zu setzen, tat sie nichts, als zwischen Küche und Esszimmer hin und her zu rennen und uns zu servieren. Es passte ihr einfach nicht, sich unter den Gästen, die sie früher als Angestellte gekannt hatten, als Gleichgestellte zu bewegen. Es war Robin, der die Situation schließlich rettete: Ich ernannte ihn kurzerhand zum Butler – und er war begeistert!
Nach dem Essen scharten wir uns ums Feuer und sangen Weihnachtslieder, und plötzlich zog meine Stiefmutter eine Mundharmonika aus der Tasche und fing an zu spielen. Ich glaube, selbst Engel hätten unserer Inbrunst applaudiert!
Heute Abend werde ich mit meinem Freund Arthur Fineman in seinem Club in der Stadt zum Essen gehen; er meinte, dass wir wahrscheinlich die einzigen Gäste dort sein werden, aber der Gedanke an einen stillen Neujahresabend hat uns beiden gefallen.
Deine Freundschaft, liebste Totsie, war für mich das größte Ge-

schenk, das das vergangene Jahr gebracht hat – ich wünsche mir, dass jeder Jahreswechsel sie fortan von neuem besiegelt.

Bonne année, Bess

An die Aktionäre
der Midwestern-Lebensversicherungsgesellschaft

10.1.1920

Alles Gute Zum Neuen Jahr!
Vom Aufsichtsratsvorsitzenden

Im vergangenen Jahr haben wir gemeinsam die schwere Zeit beim tragischen Tod meines Mannes durchlebt. Mein persönlicher Verlust war sehr groß, jedoch nicht größer als die Einbuße eines solch fähigen und kreativen Präsidenten für die Gesellschaft. Die heimtückische Grippeepidemie, die meinen Mann das Leben gekostet hat, hat auch die Existenz der Lebensversicherungsgesellschaften im ganzen Land bedroht. Gottlob war die Midwestern-Lebensversicherung nicht unter ihnen – auf Grund straffer Führung und großer persönlicher Opfer seitens der Angestellten war sie in der Lage, nicht nur die Krise zu überstehen, sondern sich auch eine konkurrenzfähige Stellung zu Beginn des neuen Jahres zu sichern.
Der Aufsichtsrat hofft, sein Vertrauen in die Zukunft damit zu beweisen, dass im nächsten Quartal wieder Dividenden ausgezahlt werden.
Gutes Neues Jahr! Hochachtungsvoll, *Elizabeth Alcott Steed*

Dallas, den 14.2.1920

Totsie, mein Schatz,
es ist fünf Uhr morgens, ich habe die ganze Nacht kein Auge zugetan.
Genau vor einem Jahr bin ich zum letzten Mal in den Armen

meines geliebten Mannes aufgewacht, und jetzt, in diesem Moment, scheint mir mein Leben kaum mehr tragbar. Ohne die Kinder, die jetzt noch in tiefem Schlaf liegen, wüsste ich nicht, wie ich über die Runden kommen sollte! Ich bin ihnen jeden Tag richtig dankbar für ihre endlosen Attacken, den Anspruch auf meine Zeit und meine Kräfte, und sollte doch ihre zunehmende Unabhängigkeit mehr fördern, das weiß ich wohl. Aber jeder neue eigene Schritt scheint sie immer weiter aus meiner Reichweite zu entfernen.

Ach, ich hätte so gern noch ein Kind gehabt, als Rob im letzten Winter krank wurde, noch ein Mädchen! Und in den stillen Stunden der Nacht, bevor ich einschlafe, kann ich das Kleine manchmal direkt vor mir sehen. Obwohl ich es nie empfangen und ausgetragen habe, hat es Gestalt in mir angenommen – ein entzückendes kleines Geschöpf! Sein Lächeln ist so strahlend, dass es eigentlich nur in diesem schillernden Traumbild existiert, aus dem ich dann entmutigt und doppelt enttäuscht wieder aufwache.

In Zeiten wie jetzt geben mir auch die beiden kleinen Kinder von Annie großen Trost. Manchmal gehe ich in den frühen Morgenstunden, wenn noch keiner im Haus wach ist, auf Zehenspitzen ins Kinderzimmer und nehme das Baby in meine Arme. Dann lindert sein warmes Dasein das Weh in meinem Herzen mehr als jedes tröstliche Wort.

Gestern hat mich mein Freund Arthur Fineman eingeladen, ihn in die Oper zu begleiten. Man gab *Aida*. Ganz spontan fragte ich ihn, ob ich nicht noch drei Karten dazukaufen und die Kinder mitnehmen könne. Da nur noch Karten für den Balkon zu haben waren, bestand Arthur als Kavalier darauf, Eleanor und mir seine Orchestersitze zu überlassen, und nahm Robin und Drew mit zu sich auf den Balkon. Eleanor saß beim Triumphmarsch ganz hingerissen da, aber noch ehe Aida zu Grabe getragen wurde, war sie eingeschlafen. Vielleicht war es

ein Glück, denn sie erschreckt sich so leicht vor finsteren, ausweglosen Orten.
Ich fürchte nur, Arthur war in seinem Kunstgenuss und der Freude an der Oper sehr beeinträchtigt, da an jedem seiner Ellbogen ein junger Mann klebte. Zum Abschied sagte er, er hätte bis jetzt nicht genau gewusst, was er und seine Frau ohne eigene Kinder versäumt hätten – aber er sagte es ohne sichtbare Zeichen des Bedauerns. Ich nahm an, dass er dachte, einen Nachmittag vergeudet zu haben, verschwendet an die Kinder; aber als ich Robin abends in Bett packte, legte er seine Arme um mich und sagte: »Gute Nacht, Celeste Mama!« Ich war ganz erstaunt und fragte ihn, ob er denn wüsste, was das Wort bedeutet? »Ja!«, gab er zur Antwort, »Herr Fineman hat mir erzählt, was der Mann singt. Er hat von einer schönen Frau gesungen, so schön wie meine Mutter!« So war der Nachmittag offenbar doch nicht ganz vergeudet!
Euer Plan, im Sommer eine Kreuzfahrt ins Baltikum zu machen, klingt ja großartig! Aber was macht ihr mit dem Haus in Vermont? Bestelle bitte Dwight, dass nach Arthurs Meinung ein Vermögen in südafrikanischen Silberminen liegt – für jeden, der das Risiko eingeht. Ich bin leider nicht in der Lage. Noch nicht!

Je t'embrasse, Bess

Mr. Eben Stone
Tophill Farm
Devon Road
Woodstock, Texas

Dallas, den 1.5.1920

Sehr geehrter Mr. Stone,
meine Freunde, Mr. und Mrs. Dwight Davis, haben mir mitgeteilt, dass sie den Mietvertrag für den Hof, wo wir im letzten Sommer so glücklich waren, nicht erneuern wollen. Ich hoffe, dass er immer noch zur Verfügung steht, und lege einen Scheck

für die erste Monatsmiete bei. Es wird sicher eine ausreichende Anzahlung sein, um meiner Familie einen fröhlichen Ferienaufenthalt für die Monate Juni, Juli und August zu sichern.

Mit besten Grüßen, Ihre Bess Alcott Steed

Dallas, den 1.6.1920

Lieber Papa, liebe Mavis,

Ende der Woche geht die Reise los nach Vermont! Und wenn wir im September nach Dallas zurückkommen, wartet ein neues Haus auf uns – ich bin jetzt die Besitzerin eines geräumigen zweistöckigen Backsteinhauses mit angebauter Garage. Seit dem Brand habe ich mich in einem Holzhaus nie mehr sicher gefühlt – auch was euer Haus betrifft, bin ich immer ein bisschen in Sorge, obwohl es zu seiner Zeit ein Prunkstück war!

Unser neues Domizil habe ich von einem älteren Ehepaar gekauft; sie wollten sich nach einem ruhigen Plätzchen für ihren Ruhestand umsehen, und Dallas ist mittlerweile zu groß für ihren Geschmack. Ich überredete sie dazu, meinen Anteil von Mamas Baumwollfarm außerhalb von Winnsboro als Anzahlung für ihr Haus zu übernehmen. Ich habe mich nie um diesen Besitz gekümmert und bin äußerst erleichtert, dass ich ihn gegen eine Investition eintauschen konnte, die mir mehr nützt.

Annie hat sich entschlossen, im Herbst mit einer Krankenschwesternausbildung anzufangen; ich will ihre Ersparnisse aufrunden, so dass sie die Unterrichtskosten bestreiten kann. Für uns war dieser Entschluss allerdings ein Schlag! Hans hatte gehofft, dass die finanzielle Not ihm helfen würde, Annies Verzeihung zu erlangen und wieder als Familienoberhaupt aufgenommen zu werden – nachdem die christliche Nächstenliebe versagt hat. Doch Annie will ihren eigenen Weg gehen, und ich kann ihr dazu nur gratulieren! Denn ehrlich: Jetzt, da er jeden

Monat einen bestimmten Anteil seines Verdienstes für den Unterhalt der Kinder abzweigt und sich ihnen eine bestimmte Zeit in der Woche widmet, ist Annie besser dran als früher, als sie als Mann und Frau zusammengelebt haben.
Manning und Lydia sind vor einem Monat nach Denton gezogen. Sie wollen im Herbst ihre akademische Laufbahn beginnen, er als graduierter Student und Dozent an der Hochschule, sie als Lehrerin an einer höheren Schule – aber es ist mir gelungen, sie dazu zu überreden, einen Teil des Sommers mit uns in Vermont zu verbringen. Mama Steed hat die Einladung abgelehnt, sie bleibt lieber allein zu Hause. Seit sie von hier fortgezogen sind, vermisse ich sie; es ist wirklich schade, dass wir die Zeit davor nicht besser genutzt haben. Unsere Wege entfernen sich im Leben oft genug voneinander – warum tragen wir denn auch noch mit falschem Stolz dazu bei?
Ich freue mich auf den Sommer, der jetzt vor uns liegt!

Alles Liebe, Bess

Dallas, den 3.6.1920

Liebe Cousine,
Miss Saunders berichtet mir regelmäßig von Ihrem Befinden. Die letzte Nachricht hat mich sehr gefreut, demnach haben Sie Ihr Bewusstsein zeitweilig wiedererlangt und sich nach mir erkundigt.
Den Kindern und mir geht es gut; wir sind auf dem Weg nach Vermont für die Sommerferien. Ich war wirklich enttäuscht, dass wir Sie im letzten Sommer nicht gesehen haben, daher würde ich diesmal gerne in Syracuse Halt machen und Ihnen einen kurzen Besuch abstatten. Ihr Zustand wird sich bestimmt in der Zwischenzeit noch weiterhin bessern, so dass wir ein bisschen plaudern können, wenn ich komme.

Ihre ergebene Cousine Bess

Woodstock, Vermont, den 15.6.1920

Lieber Papa, liebe Mavis,
entschuldigt bitte, dass ich nicht schon viel früher geschrieben habe, aber seit unserer Ankunft in der letzten Woche war so viel zu tun.

In New York trennte ich mich von Lydia und den Kindern – sie nahmen den ersten Zug nach Vermont, und ich machte einen kleinen Abstecher nach Syracuse. Eine Abschiedsvisite, so fürchte ich, bei Cousine Josie.

Als ich hörte, dass sie ihr Bewusstsein wiedererlangt hatte, fasste ich schon eine richtige Besuchsstunde ins Auge. Aber was man so alles unter Bewusstsein versteht ... ihr Zustand jedenfalls hatte mit dieser Bezeichnung herzlich wenig zu tun! Sie saß mir gegenüber und döste, und ich habe die ganze Zeit über allein geredet. Es schien, als hätte sie keine Ahnung, wer ich war, aber als ich mich zum Gehen anschickte und aufstand, machte sie plötzlich ihre Nachttischschublade auf, zog ein hübsches goldenes Medaillon heraus und gab es mir.

Ich pusselte am Schloss, brachte es auch schließlich auf – und was sah ich? Mein eigenes Gesicht! Cousine Josie hatte ein Foto, das ich ihr vor Jahren mal geschickt hatte, in das Medaillon eingepasst! Darunter steckte ein Bild ihrer verstorbenen Eltern, und das scheint mir eine gerechte Nachfolge zu sein: denn sie haben sich zu Anfang von Josies Leben um sie gekümmert, und jetzt, an seinem Ende, bin ich an der Reihe. Aber in all den Jahren dazwischen? Was war da? Wessen Bild hat sie wohl bei sich getragen – das eines Freundes? Eines Liebhabers?

Sie bedeutete mir, ich solle das Medaillon unbedingt mitnehmen, und ich war sehr gerührt und küsste sie zum Abschied, und es schien mir, als rollte eine Träne über ihre Backe. Die Pflegerin wies mich dann allerdings darauf hin, dass Cousine Josie eine Allergie an den Augen habe, gegen die bisher nichts geholfen habe.

Eigentlich hatte ich geplant, in Syracuse zu übernachten, aber dann wollte ich, nachdem ich Cousine Josie verlassen hatte, doch gleich weiter. In plötzlicher Panik dachte ich, man könnte hier aus dem Schlaf aufwachen wie weiland Rip Van Winkle: zwanzig Jahre gealtert und nicht vorzeigbar …
So nahm ich einen frühen Abendzug nach Vermont, der an jeder Milchkanne hielt und mich zu einer Zeit ans Ziel brachte, die ich vermutlich auch mit dem Frühexpress geschafft hätte. Aber die schlingernde Bewegung des Zuges und die Anwesenheit anderer Passagiere wiegten mich in eine friedvolle Geborgenheit. Ich reise so selten allein und hatte ganz vergessen, wie es ist, wenn man mitten unter Leuten und doch von ihnen getrennt ist; man fühlt sich nicht einsam. Die Möglichkeit vieler Kontakte – die aber dann gar nicht geknüpft zu werden brauchen – gibt mir ein Gefühl der Stärke. Es ist ein Spiel. Aber wie oft habe ich gespielt und dann in Wirklichkeit geglaubt, ich hätte die Wahl und ganz vergessen, dass es ja ein Spiel ist!
Bei meiner Ankunft auf dem Hof hatten Lydia und Manning schon das meiste vorbereitet: Alle vier Kinder campieren fröhlich im Obergeschoss, und die Erwachsenen sind in den beiden unteren Schlafzimmern untergebracht – ein glückliches Arrangement, das mir mehr Privatleben verschafft, als ich es seit unserem Wegzug von St. Louis gekannt habe. Ach, ich freue mich schon auf unser neues großes Haus in Dallas, das wir im Herbst beziehen!
Hoffentlich hält euer Sommer sein Versprechen und erfüllt alle eure Erwartungen! *Alles Liebe, Bess*

Woodstock, den 25.6.1920

Lieber Arthur,
mit Dank und Freude nehme ich Ihre Einladung zu einem Treffen am Wochenende vom 4.7. in Boston an. Es war wirklich

nett von Ihnen, die Kinder auch einzuladen, aber sie lassen sich nicht einmal für einen einzigen Tag von hier weglocken. Jedenfalls sind sie in guter Obhut bei meiner Schwägerin und ihrem Mann, und ich habe ein paar Tage Luft und werde vermutlich nicht mal vermisst!
Wenn ich nur daran denke, was uns erwartet, komme ich schon in Hochstimmung – Theater, Konzerte! Ich habe mir eine Bostoner Zeitung besorgt und Karten reservieren lassen; ich dachte, ich könnte Ihnen, da Sie auf dieser Reise mit der Abwicklung geschäftlicher Dinge in Anspruch genommen sein werden, die Organisation unserer Unternehmungen vielleicht abnehmen. Desgleichen erlauben Sie mir, mich um die Hotelbuchung zu kümmern – Boston liegt ja von hier aus viel näher.
Ich freue mich darauf, die Unabhängigkeit unseres Landes in der Stadt zu feiern, in der sie konzipiert wurde, und selbst ein paar Tage eigene Freiheit auszukosten! *Mit vielen Grüßen, Bess*

Woodstock, den 25.6.1920

Liebste Totsie,
willkommen zu Hause! Ich bin sehr gespannt auf einen ausführlichen Bericht von eurer Reise. Sag mal, was hältst du davon, wenn wir uns übernächstes Wochenende in Boston treffen würden? Und uns wieder mal in die Karten schauen?
Sicher ist Dwight heilfroh, wieder daheim zu sein – so lasse ich ihn mit der Einladung besser in Ruhe. Aber ich hoffe doch sehr, dass du dich am Samstag/Sonntag frei machen kannst. Für den Fall, dass es klappt, reserviere ich schon ein Zimmer auf deinen Namen im Ritz.
Wenn du nicht kommen kannst, schicke mir einfach eine Nachricht ins Hotel und versuche nicht, mich hier noch zu erreichen. Welche Freude, dich bald zu sehen! Mache es nur wahr und enttäusche mich nicht. *Je t'embrasse, Bess*

Hotel Ritz
Boston, Massachusetts

Woodstock, den 25.6.1920

Sehr geehrte Herren,
hiermit möchte ich Sie bitten, drei Einzelzimmer für die Zeit vom 3.–5. Juli zu reservieren, davon zwei Zimmer nebeneinander, das dritte in weiterem Abstand davon, wenn möglich in einer anderen Etage.
Die benachbarten Zimmer sind auf die Namen Mrs. Elizabeth Steed und Mrs. Dwight Davis zu buchen, das dritte Zimmer auf Mr. Arthur Fineman.
Ich lege eine Anzahlung bei, um sicherzugehen, dass die Zimmer bis zu unserer Ankunft freigehalten werden.
Besten Dank für die prompte Erledigung des Auftrages.

Hochachtungsvoll, Elizabeth Steed

Boston, den 4.7.1920

Liebe Lydia,
ich bin dir wirklich dankbar, dass du mir dieses freie Wochenende ermöglichst. Als ich hier ankam, war meine Freundin Totsie schon dabei, ihre Sachen auszupacken; wir haben zwei ineinander gehende Zimmer.
Wir nahmen unsern Tee unten in der Halle, und dort tauchte plötzlich Arthur Fineman auf, mein Freund und Finanzberater aus Dallas, der häufig hier in Boston geschäftlich zu tun hat. Er war nicht schlecht erstaunt, als er hörte, dass wir alle drei hier im selben Hotel logieren! Dann fasste er sich und lud uns gleich zum Essen und hinterher ins Theater ein.
Wir kamen wunderbar miteinander aus und straften das alte Sprichwort Lügen, das heißt: »Dreie sind ein Verein …« Zu dritt hat diese Reise für jeden von uns Vorteile: Durch Totsies Anwesenheit bleibt Arthur und mir die Peinlichkeit erspart, uns allein in einer fremden Stadt aufzuhalten, und Arthurs Be-

gleitung machte es wiederum Totsie und mir möglich, uns hier vollkommen frei bewegen zu können, ohne um unsere persönliche Sicherheit besorgt sein zu müssen.
Wir genießen unseren Aufenthalt so sehr, dass wir beschlossen haben, ihn um zwei weitere Tage zu verlängern. Das heißt also: Ich bin erst am 8. Juli wieder bei euch. Manning drängt zurück nach Texas, ich weiß, aber ich hoffe, er wird die zwei Tage noch aushalten und dich nicht mit den Kindern allein lassen.
Alles Gute zum Unabhängigkeitstag! *Herzliche Grüße, Bess*

Boston, den 6.7.1920

Liebste Totsie,
jetzt wirst du wohl wieder zu Hause angekommen sein. Ich wollte, du hättest noch länger hier bleiben können, kann aber auch Dwight verstehen, der dich an seiner Seite nicht missen will!
Arthur habe ich schließlich gebeichtet, dass ich dich zu diesem Wochenende eingeladen habe und du ahnungslos, ohne die Umstände zu kennen, darauf eingegangen bist. Er meinte, er habe schon so was geahnt, als er entdeckte, dass unsere Zimmer nebeneinander liegen, wollte aber dann nichts sagen – seine Zurückhaltung und seine tadellosen Manieren versetzen mich immer wieder in Erstaunen, und ich hoffe nur, dass ich auch in Zukunft damit rechnen kann.
Umarme das Baby für mich. Und Dwight danke ich herzlich dafür, dass er dich für drei Tage an mich ausgeliehen hat!

Je t'embrasse, Bess

Auf dem Weg von Boston nach Woodstock, den 8.7.1920

Mein lieber Arthur,
zu gerne hätte ich in der letzten Nacht Feder und Papier zur

Hand gehabt, um den Gedankenwirbel in meinem Kopf zu ordnen und ihm Gestalt zu verleihen – alles, was du gesagt hast, die Gefühle, denen du freien Lauf gelassen hast, das ist mir sehr zu Herzen gegangen. Ich hoffe inständig, dass nichts von dem, was ich hier aufschreibe, dich auch nur ein einziges Wort deiner Äußerungen bedauern lässt.
Wir waren Kinder, als wir uns begegneten, mein verstorbener Mann und ich; wir wuchsen zusammen auf und entwickelten uns weiter, als wir schon verheiratet waren. Wie zwei Pioniere wechselten wir uns in der Führung ab, als wir unbekanntes Land durchquerten. Und wir beide, du und ich, haben diese Fahrt hinter uns: Jeder glaubt, er kenne den Weg, und keiner überlässt dem andern gern die Zügel. Ist es nicht so?
Gerade jetzt fange ich an zu lernen, wie ein allein stehender erwachsener Mensch sein Leben lebt. Können wir denn das nicht weiterhin zusammen praktizieren? Ein Mann und eine Frau, die ganz getrennte Leben führen, außer dann, wenn sie zusammen sein wollen. Und immer werden da Zeiten sein, in denen ich lieber bei dir bin als bei irgendjemand anderem auf der Welt! Nimm mir doch bitte nicht die Freiheit solcher Wahl damit, dass du auf meiner ständigen Gegenwart bestehst, nur als Gewähr für meine Zuneigung.
Ich werde nicht recht froh, bis ich nicht wieder von dir höre. Bis du mir versicherst, dass das, was wir zusammen erlebt haben, nicht durch das verloren gegangen ist, was du erhofft hast zu gewinnen. *Alles Liebe, immer, deine Bess*

Woodstock, den 18.7.20

Liebste Totsie,
mit deiner Vermutung hast du ins Schwarze getroffen! Es ist wirklich seltsam, dass dir Arthurs Absichten von Anfang an klar waren, während ich selbst nie mit einem Heiratsantrag ge-

rechnet habe. Ich hätte die Gründe für ein Nein dann doch in Ruhe abwägen können; jetzt habe ich, als er sich erklärte, einfach sofort Nein gesagt und dann auf der Fahrt nach Vermont die ganze Zeit gegrübelt, warum eigentlich.

Mit Schrecken dachte ich, ich hätte ihn als Freund verloren, indem ich ihn als Ehemann ablehnte, aber sein Brief, der heute kam, war so warm und verständnisvoll, dass ich glaube, wir haben aus dieser Erfahrung nur gewonnen. Es ist doch so, dass früher oder später für einen Mann und eine Frau, die sich mögen, der Punkt kommt, an dem über Heirat gesprochen wird. Wenn dieses Thema aber dann abgeschlossen ist, bleiben in einer Beziehung ja immer noch eine Menge Möglichkeiten offen; daran habe ich zuerst gar nicht gedacht. Arthur hatte sicher das Gefühl, er schulde mir anstandshalber einen Antrag. Der Ton seines Briefes zeigt mir jetzt, dass er geradezu erleichtert über meine Ablehnung ist. Wie viele unglückliche Ehen sind aus einem unseligen Pflichtgefühl heraus geschlossen worden; der Mann fühlt sich zu einem Antrag getrieben, und die Frau muss ihn aus dem gleichen Beweggrund annehmen – und dabei wären beide im ungebundenen Zustand viel glücklicher gewesen!

Ich hoffe, Dwight fühlte sich nicht von dir hintergangen, als er erfuhr, dass auch Arthur sich in Boston aufhielt. Für mich war deine Gegenwart dort unendlich wichtig, aber ich fände es furchtbar, wenn euer Ehefrieden dadurch gestört wäre! Das Leben wird so kompliziert, wenn sich die Treue zueinander verhaspelt. Es kommt mir manchmal vor, als wären wir alle Marionetten und jeder Faden wäre in der Hand eines anderen Führers; ich möchte nur wissen, ob Männer sich auch so hin und her gerissen fühlen wie Frauen, die mit ihren Verpflichtungen in Konflikt geraten – ihren Pflichten dem Ehepartner, den Eltern, den Kindern, den Freunden und – da sich die Frauen oft genug opfern, um den andern eine Atempause zu verschaffen – auch sich selbst gegenüber.

Mein Schwager ist schon vor einer Woche nach Texas zurückgefahren; wir sind jetzt und für die restlichen Sommerwochen eine Crew von lauter Frauen und Kindern. Kannst du nicht mit dem Kleinen kommen? Es wäre himmlisch, dich dabeizuhaben!

Je t'embrasse, Bess

Woodstock, den 25.7.1920

Liebe Annie,

ich bin entsetzt! Sie haben Hans die Erlaubnis gegeben, wieder in unser Haus zu ziehen! Allerdings hatte ich, ehrlich gesagt, schon befürchtet, dass es in meiner Abwesenheit dazu kommt. Ich kann nur hoffen, dass Sie sich alle Konsequenzen überlegt und nichts zu bedauern haben. Hätten Sie mich nur vorher wissen lassen, was Sie vorhaben, dann hätte ich Ihnen zu einem Kontrakt mit Hans geraten, der ihm gewisse Bedingungen auferlegt. Aber es ist immer noch nicht zu spät für eine Übereinkunft, die Ihre beiderseitigen Rechte und Verpflichtungen festlegt.

Wenn nur Ihr Entschluss, im Herbst die Schwesternschule zu besuchen, durch die Ereignisse nicht beeinträchtigt worden ist! Sie können Hans nicht mehr Rücksicht zugestehen als sich selbst. Solange Sie Ihre eigenen Ambitionen haben, wird Ihr Mann keinesfalls mehr als Ihr Richter auftreten, sondern immer ein Partner bleiben, so wie Sie der seine.

Ich hoffe, das alles klingt nicht zu hart, liebe Annie, aber ich habe wirklich nur Ihr Glück im Sinn. Eine Ehe ist ein Privileg, das beide sich verdienen müssen, und keine komfortable Angelegenheit, bei der es sich einer auf Kosten des anderen wohl sein lässt.

Meine besten Wünsche für Hans! Wenn Sie glücklich sind, dass er da ist, Annie, dann bin ich es auch.

Herzliche Grüße, Bess

Miss Abigail Saunders
Riverview-Pflegeheim
Syracuse, N.Y.

Woodstock, den 15.8.1920

Sehr geehrte Miss Saunders,
der Tod meiner Cousine Miss Josephine Farrow hat mich in tiefe Trauer versetzt. Ich war bestürzt zu erfahren, dass sie erst vierundsechzig Jahre alt war! Sie wirkte viel älter; ohne sichtbaren Widerstand ist sie ins Greisenalter hinübergeglitten, als sei sie dankbar, dass das Leben keine Anforderungen mehr an sie stellt.

Meine Entscheidung bezüglich des Himmelbetts, in dem sie verstorben ist, ist folgende: Da es der einzige Anspruch war, den sie ihrem Körper zuliebe noch an das Leben stellte, möchte ich gerne darauf verzichten und es Ihnen als Andenken an Frau Farrow überlassen. Vielleicht könnten Sie so lieb sein und ein kleines Messingschildchen mit ihrem Namen am Kopfende anbringen lassen. Es wäre mir eine Freude, Ihnen noch ein paar andere Möbelstücke aus dem Familienbesitz zur Verfügung zu stellen und damit die Möglichkeit zu schaffen, ein »Josephine-Farrow-Zimmer« einzurichten. Damit wäre ein Präzedenzfall für andere Heiminsassen gegeben, so dass vielleicht eines Tages jedes Zimmer die persönliche Note und den familiären Hintergrund seines früheren Bewohners widerspiegeln wird; dadurch entstünde eine außerordentlich angenehme, individuelle Atmosphäre.

Es liegt mir fern, liebe Frau Saunders, Ihre Methoden zu kritisieren, aber die öde Gleichförmigkeit, der ich bei meinem letzten Besuch überall begegnet bin, hat mich erschüttert – ob es das Essen war, die Art des Mobiliars, und, traurig genug, ich fand sie auch in den Gesichtern. Vielleicht begrüßen viele Ihrer Pfleglinge diese Idee und freuen sich, dass ihre Zimmereinrichtung – und damit ein Stück von ihnen selbst – erhalten bleiben wird.

Da meine Cousine am Zehnten des Monats verstorben ist, wäre ich Ihnen dankbar, wenn Sie mir meine Vorauszahlung für August ausgleichen würden, selbstverständlich abzüglich der Beerdigungskosten, so weit diese nicht von der beim Eintritt hinterlegten Summe für den Sterbefall gedeckt sind.

Hochachtungsvoll, mit den besten Grüßen,
Bess Alcott Steed

Woodstock, den 25.8.1920

Lieber Arthur,
ich konnte nicht früher schreiben; ich war so unsicher, welchen Ton ich anschlagen sollte. Ich bin ja nicht mehr die Frau von früher, die Freundin, die Rat sucht und Anekdoten zum Besten gibt. Seit Boston ist bis ins Schweigen hinein eine Vertrautheit zwischen uns, ein tiefes Einverständnis, das ich wie einen Schatz hüte und das ich nicht preisgegeben habe, indem ich seine Übertragung auf eheliche Verhältnisse zuließ. Ich bitte dich, denke nicht, es sei ein Hirngespinst, wenn ich so fortleben will wie bisher, wie eine von den Jungfrauen auf der griechischen Urne, die Keats so bewundert hat: festgehalten in alle Ewigkeit im Augenblick der Verführung.
Meine Freundin Totsie ist hier bei mir. Das Wochenende, das wir in Boston zusammen verbracht haben, ist vielleicht zu einer Wendemarke in ihrem Leben geworden; nach den paar freien, schwerelosen Tagen hat sie auf einmal begriffen, was sie in den letzten zehn Jahren in der Provinz alles entbehrt hat und dass sie ihre Ehe als Fessel empfindet. Ihr Mann glaubt, sie verbringe jetzt einfach mit einer alten Schulfreundin ein paar Wochen auf dem Lande, aber in Wirklichkeit ist sie dabei, ihr Leben ganz neu zu gestalten.
Das heißt: Sie plant, in Boston ein Appartement zu mieten, sobald der Sommer zu Ende ist. Seit sie das College verlassen hat,

hat sie gottlob ihre eigenen Einkünfte, aber selbstverständlich hat sich ihr Mann dafür verantwortlich gefühlt und ihr Geld bei der Heirat angelegt. Ich habe sie beschworen, sich von ihm alle Informationen über ihre Wertpapiere einzuholen, ehe sie ihn vor die Tatsache stellt, dass sie nach Boston ziehen will. Hat sie die Wertpapiere dann einmal in der Hand, wird sie meiner Meinung nach viel von deinem Rat und deiner Unterstützung profitieren. Sicher wirst du nichts dagegen haben, wenn ich ihr zurede, dir zu schreiben.
Übrigens entnehme ich dem *Wall Street Journal,* dass in Texas eine neue Gesellschaft ins Leben gerufen worden ist, um den Markt für Erdgas zu erforschen. Ich sehe eine große Zukunft für alle Energiequellen voraus. Kann ich es mir leisten, bei so einem Abenteuer mitzumachen? Bitte prüfe meine Aktien im Hinblick darauf genauestens! *Alles Liebe immerzu, deine Bess*

Woodstock, den 1.9.1920

Liebe Annie,
beiliegend ein Scheck für die Unterrichtsgebühren für das Herbstsemester an der Schwesternschule. Ich hoffe, es ist für die Bearbeitung Ihres Antrages noch nicht zu spät.
Ich bedauere, dass Sie mich nicht früher von Ihrem Entschluss verständigt haben, Hans Ihre Ersparnisse borgen zu wollen, aber ich bewundere auch seine Bemühungen um ein eigenes Geschäft. Sie haben vollkommen Recht: Ich habe meinem Mann seinerzeit ja auch eine beträchtliche Summe geliehen, damit er seine Stellung in der Geschäftswelt festigen konnte – allerdings habe ich keine Vermögenswerte verteilt, die schon für meinen eigenen Gebrauch bestimmt waren.
Eine so selbstlose Handlungsweise wie die Ihre trägt in sich schon den Keim zu späterem Unglück. Für mich sind die einzigen tragfähigen Transaktionen die, bei denen beide Teile einen

Gewinn haben. Wenn sich Ihr Start in der Schwesternschule so lange verzögern würde, bis Hans sein Geschäft anfängt, können Sie Ihre eigenen Zukunftspläne vergessen!

In Neuengland ist die Heuernte in vollem Gang – das bedeutet harte Arbeit für die Erwachsenen, aber einen Ferienspaß für die Kinder! Die sind fast jeden Tag drüben auf dem Nachbarhof, thronen oben auf dem Heuwagen auf dem Weg vom Feld in die Scheune und springen auf dem Heu herum, sobald es in den Schober eingebracht ist. Die Bauern spornen sie dazu an, denn je mehr das Heu zusammengetrampelt ist, umso mehr bringen sie im Heuboden unter! Riesige Mengen sind nötig, um das Vieh im langen Winter durchzufüttern.

Nächste Woche kommen wir wieder nach Hause. Da Ihr Unterricht ja erst im nächsten Monat beginnt, wäre ich Ihnen sehr dankbar, wenn Sie die Zeit nützen und das neue Haus bis zu unserer Ankunft herrichten würden; die Schlüssel liegen bei der Maklerfirma bereit und können dort abgeholt werden.

Vielleicht nehmen Sie das gleich an diesem Wochenende in Angriff, solange Hans noch verfügbar ist und bei den schweren Arbeiten helfen kann. Das gesamte Mobiliar, das in St. Louis eingelagert war, geht per Schiffsfracht an unsere neue Adresse. Die Transportgesellschaft hat den Auftrag, Sie über den Zeitpunkt der Anlieferung zu informieren. Zusammen mit dem Scheck für das Schulgeld lege ich eine ungefähre Skizze bei, wo alles stehen soll. Geben Sie bitte den Umzugsleuten entsprechende Anweisungen.

Meine Schwägerin und ihr Töchterchen werden mit uns reisen und voraussichtlich in Dallas übernachten, bevor sie nach Denton weiterfahren. Bitte sorgen Sie dafür, dass im Gästezimmer alles in Ordnung ist.

Es ist ganz zweifellos das allerletzte Mal, liebe Annie, dass ich Sie um Ihre Hilfe in Haushaltsdingen bitte! Mag sein, dass ich Sie später mal als Krankenschwester brauche …

Das Ende des Sommers, so traurig es ist, bedeutet für mich immer auch den Anfang eines neuen Jahres, und dieses Mal haben wir beide Grund zum Feiern: ein neues Heim für mich, eine neue Laufbahn für Sie!
Ein glückliches neues Jahr, liebste Annie! *Herzlichst, Bess*

Dallas, den 25.9.1920

Liebste Totsie,
jetzt haben wir uns in unserm schönen neuen Haus schon ganz eingelebt, und wieder einmal gebe ich mich der Illusion hin, dass ich »Herr über mein Schicksal« bin.
Es hat mir sehr wohl getan, dass du dich meiner weisen Voraussicht gefügt hast und nach Boston in eine eigene Wohnung gezogen bist.
Ein Außenstehender kann die Situation oft besser und objektiver beurteilen als die unmittelbar vom Problem Betroffenen. Ich glaube, der Erfolg deiner Ehe hing eindeutig von deiner Fähigkeit ab, dich ohne einen Gedanken an dich selbst den Wünschen deines Mannes zu fügen; ich dachte, du seist glücklich dabei, und habe mich daher immer zurückgehalten, etwas zu sagen. Bis du mir auf dem Hof erzählt hast, wie sehr ihr euch in euren Gefühlen entfremdet habt, du und Dwight – und der nächste Schritt ist unweigerlich die äußere Trennung.
Dwight wird sich in den nächsten Wochen damit beschäftigen müssen, unter welchen Bedingungen er die Ehe weiterführen will: Du bist jetzt zum ersten Mal seit der Verlobung frei, ein solches Konzept anzunehmen oder abzulehnen (ich erinnere mich gut an das Frühjahr, in dem Dwight sich dir erklärt hat. Keiner von uns war damals in der Stimmung, vertragliche Bedingungen zu stellen!). Du darfst nur nicht das Gefühl haben, dass du deinen Mann verlassen hast, wenigstens jetzt noch

nicht. Jetzt habt ihr die Möglichkeit, eine Wahl zu treffen – so weit hast du die Wege geebnet.
Das Appartement scheint ja wunderbar zu sein, und zudem kannst du in ein paar Minuten alle für dich wichtigen Lokalitäten bequem zu Fuß erreichen. Es muss doch ein überwältigendes Gefühl von Freiheit für dich gewesen sein, als du dein Auto losgeworden bis, dein Zuhause und deinen Mann!
Noch etwas: Auch wenn es dich glücklich macht, deine ganze Zeit dem Kind zu widmen, was ich gut verstehe – lass es nicht zu, dass es dein Leben ganz in Beschlag nimmt. In allen diesen Engelsgeschöpfen ist ein gehöriges Potenzial an Tyrannei angelegt; sie sind immer bereit, uns jede Sekunde abzuluchsen – wenn du nicht ganz energisch genügend Zeit für dich selbst beanspruchst, fällst du dem Kind zum Opfer und musst dich fortan einzig und allein mit ihm beschäftigen.
Hör auf meinen Rat und sieh dich nach einem jungen Ding um, das dir für Unterkunft und Verpflegung im Haushalt und mit dem Kind hilft. In einer Stadt wie Boston gibt es sicher jede Menge junger Mädchen aus kinderreichen katholischen Familien, die über viel Erfahrung in der Aufzucht ihrer jüngeren Geschwister verfügen – und die von zu Hause fort und ein neues Leben anfangen wollen.
Bei unserer Heimkehr bereitete man uns geradezu einen Galaempfang; eigentlich hatten wir am Bahnhof niemanden erwartet, aber siehe da: Manning stand da und – was noch eine größere Überraschung war – an seiner Seite Arthur! Die beiden Männer sind sich nie begegnet, und erst, als wir aus unserm Abteilfenster herauswinkten, begriffen sie, dass sie die gleichen Leute abholen wollten! Arthur schien von solch einer Familienansammlung doch leicht überwältigt zu sein, war aber rührend und zuvorkommend wie immer. Lydia ist von seiner liebenswürdigen Art ganz beeindruckt.
Arthur und ich sehen uns jetzt regelmäßig, doch ich bestehe

darauf, dass ich gelegentlich die Organisation unserer Unternehmungen selbst in die Hand nehme. Bei einem Mann wie Arthur erfordert das allerdings oft komplizierte Vorausplanungen. Letzte Woche habe ich ihn zum Essen im Dallas Conntry Club eingeladen, was er nur zögernd angenommen hat. Ich hatte schon Angst, ich hätte ihn gekränkt; vielleicht war es ihm peinlich, mich in einen Club zu begleiten, in dem er nicht für sich selbst bezahlen sollte. Und so war es auch! Nicht der Ort war ihm unangenehm, nur der Gedanke, dass ich die Kosten für den Abend übernommen hatte. Aber dann genoss er doch seine »Sole bonne femme« und pries sie als Spitzenklasse, während ich mich königlich an meinem Porterhouse-Steak freute.

Übrigens erwähnte Arthur, er habe von dir noch nichts Näheres über deine finanziellen Pläne gehört, und so drängte ich ihn, die Initiative zu ergreifen und ein paar einträgliche Investitionen vorzuschlagen, die deine Zukunft sichern können. Mein eigenes Leben ist durch seine Ratschläge wirklich segensreich verändert worden – und ich weiß, wie gerne er auch dir helfen würde. Da ihn seine Geschäftsreisen häufig nach Boston führen, könnte er dich doch dort persönlich treffen – wann immer es dir in den Kram passt.

Hoffentlich seid ihr wohlauf? Die nächsten Monate werden die schwierigsten sein, denn so wie ich auch bist du damals nahtlos von deinen Eltern zu deinem Mann übergewechselt. Erst jetzt, als erwachsene Frau mit einem Kind, musst du deine Entscheidungen allein treffen, und dazu bist du genauso befähigt (wenn du es auch nicht glauben willst) wie all jene, denen du vorher zugestanden hast, Entschlüsse für dich zu fassen. Und ich sage es dir voraus, liebe Totsie, du wirst bald ebenso viel Freude an dieser Entwicklung haben wie ich.

Je t'embrasse, Bess

Dallas, den 2.11.1920

Liebster Papa und liebste Mavis,
den ganzen Herbst über habe ich mit großem Interesse die Zeitungen gelesen, um mich auf die Wahl des Präsidenten der Vereinigten Staaten vorzubereiten. Es ist meine erste! Für mich ist es keine Frage, wer der bessere Mann ist: Ich werde meine Stimme Governor Cox geben. Aber wie oft haben wir in der Vergangenheit erleben müssen, dass gerade der bessere Kandidat eine Niederlage einstecken muss! Hoffentlich wird es heuer nicht so sein – jetzt haben die Frauen ja endlich das Stimmrecht!

Zum Glück ist es mir gelungen, eine überdurchschnittlich tüchtige Haushälterin zu finden – eine Schwarze; sie kocht recht gut und hat, angespornt von mir, angefangen, ihr kulinarisches Repertoire zu erweitern. Gestern fabrizierte sie eine sehr passable ›Suprême de volaille‹ (Hühnchenbrust in Rahmsauce); ich war bei der Unternehmung aufgeregter als sie, da ich meinen Freund Arthur Fineman zum Abendessen eingeladen hatte. Doch der Abend wurde ein triumphaler Erfolg!

Die neue Perle ist auch eine geschickte Näherin. Und so sitzen wir an manchen Nachmittagen gemeinsam da und bringen meine Herbstgarderobe in Ordnung. Wenn wir so sticheln, tauschen wir in einem weiten Spektrum von Themen unsere Meinungen aus. Kürzlich haben wir uns ganz in die Politik vertieft, um uns auf unser lang ersehntes Stimmrecht vorzubereiten.

Anfangs bestand Marthareen auf Stimmenthaltung bei der nächsten Wahl; sie wollte sich nicht erdreisten, das Wahlrecht im gleichen Jahr wie ich in Anspruch zu nehmen: Ihre Vorfahren hätten doch auch jahrelang stumm dabeigestanden und zugesehen, wenn ihre weißen Herren ihre Stimmen abgaben, ehe sie dann selbst zur Urne gehen durften. Aber ich konnte sie dann doch überzeugen, dass wenigstens in puncto Wahlrecht die Barriere zwischen Schwarz und Weiß längst gefallen ist und

dass wir Frauen jetzt Seite an Seite stehen, wenn über die Diskriminierung unseres Geschlechts debattiert wird.
Beim Einsäumen meiner Unterröcke diskutiere ich mit ihr über die Vorzüge der beiden Kandidaten. Unbeirrbar werden wir den Demokraten den Rücken stützen, denn nicht nur Governor Cox scheint ein Mann mit hohen Idealen und eiserner Gesinnung zu sein, wir sind auch von seinem Genossen Franklin Roosevelt sehr beeindruckt. Ihrer Liste werde ich mit Stolz meine erste Stimme geben – und ich nehme mit Sicherheit an, dass ihr das Gleiche tut! *Eure euch liebende Bess*

Dallas, den 1.12. 1920

Liebste Totsie,
dein erster Artikel hat mich fasziniert! Für einen Menschen wie dich ist die Gesellschaftsrubrik einer Zeitung das ideale Betätigungsfeld; zusätzlich zu dem Verdienst wird die neue Aufgabe dir auch noch den offiziellen Zugang zum gesellschaftlichen Leben der Stadt einbringen. Für mich wiederum ist es beruhigend, dass jemand ohne Berufsausbildung und -praxis seinen Lebensunterhalt verdienen kann; immer dachte ich mir schon, dass eine gute Allgemeinbildung eine Fachausbildung aufwiegt.
Ich wusste wohl, dass Arthur im November eine Fahrt nach Boston geplant hatte, war aber doch überrascht, dass du ihn überreden konntest, Thanksgiving mit dir zu verbringen. Denn um Arthur nicht sich selbst zu überlassen, hatte ich hier (entgegen dem Plan, die Kinder zum Wochenende mit nach Honey Grove zu nehmen) schon Karten für das üppige kalte Büfett im Country Club gebucht.
Nun denn – ich freue mich, euch beide zusammen zu wissen, und ganz sicher werdet ihr eure Freizeit genießen. Die Kinder und ich hatten keinen Mangel an Unterhaltung im Country-

Club, es waren viele Gäste da. Ich bin mittlerweile überzeugt davon, dass man Ferien am besten und amüsantesten in einem Kreis aus Familienmitgliedern und Freunden verbringt, und werde deshalb am Heiligen Abend »offenes Haus« halten – als die erste formelle gesellschaftliche Aktivität seit unserem Einzug. Und dazu werde ich nicht nur die Leute bitten, denen ich eine Einladung schulde, sondern auch etliche andere – die dann in meiner Schuld stehen werden!

Nun warte ich auf Arthur, damit er dem Menü den letzten Schliff gibt – sein Geschmack in dieser Hinsicht ist absolut unfehlbar! Du hättest ihm das ausrichten können, aber ich werde ihn sehen, ehe du diesen Brief gelesen hast.

Je t'embrasse, Bess

Dallas, den 15.12.1920

Lieber Papa, liebe Mavis,

wieder einmal ist mir die herannahende Ferienzeit ein Albdruck. Der alte Scrooge bei Charles Dickens ist nicht der Einzige, der von den Geistern längst vergangener Weihnachtsabende heimgesucht wird – wenn ich auch sonst ganz in der Gegenwart aufgehe, werde ich in dieser Zeit von Erinnerungen überschwemmt. Vielleicht ist es deshalb so schwierig, in den Weihnachtsferien allein zu bleiben; alle die Menschen, Familienmitglieder und Freunde, die je dieses Fest mitgefeiert haben, drängen sich in die Gedanken und machen das Alleinsein zur Qual.

Ich bin sehr enttäuscht, dass ihr heuer nicht bei uns seid – hoffentlich nicht deshalb, weil ich diese Party am Weihnachtsabend veranstalten will! Sicher, früher haben wir uns immer einen gemütlichen und ruhigen Heiligen Abend gemacht, ich erinnere mich gut daran. Aber jetzt komme ich einfach nicht um die Tatsache herum, dass wir ohne Rob eben keine richtige Fa-

milie mehr sind. Damals, als Rob zuoberst am Tisch saß und den Truthahn tranchierte, da konnte ich beruhigt die Türen schließen und den Rest der Welt draußen lassen. Aber nichts, gar nichts kann mich seit seinem Tod davon abhalten, meine Familie mit Freunden zu ergänzen. Und spiegelt sich nicht in einem »offenen Haus« der wahre Geist von Weihnachten wider, erinnert es uns nicht an die Nacht, in der alle Türen, außer den Gattern des Stalls, verschlossen waren?
Den Kindern werdet ihr sehr fehlen und auch dem Sankt Nikolaus – er braucht wie jeder Unterhalter sein Publikum. Vielleicht könnt ihr gegen Ende der Woche doch noch herfahren, wenn der Ferienrummel abgeflaut ist und unsere Gedanken sich voller Hoffnungen und ohne den Ballast von Erinnerungen dem neuen Jahr zuwenden. *Alles Liebe, Bess*

Dallas, den 10.1.1921

Liebste Totsie,
Dwight hat dir ja wirklich das allerbeste Weihnachtsgeschenk damit gemacht, dass er dir dein Aktienpaket und alle Zinsen aus deinen Investitionen zurückgegeben hat; ich kann mir denken, was das für seinen Stolz bedeutet. Hoffentlich siehst du ein, wie gut es war, dass du an Weihnachten nicht mit dem Kind zu ihm gefahren bist – der einsame Weihnachtsabend war bestimmt ein geringer Preis für deine finanzielle Unabhängigkeit.
Unser »offenes Haus« war ein voller Erfolg, das kannst du aus dem beigelegten Zeitungsausschnitt ersehen. Zwar hat der Reporter der *Dallas News* leider keinen Blick fürs Detail, aber mit Hilfe des Fotos magst du eine ungefähre Vorstellung von unserm Haus bekommen. Es ist keine sehr vorteilhafte Aufnahme von mir, aber wenigstens kommt mein Kleid recht gut zur Geltung. Arthur sieht fabelhaft aus, findest du nicht?

Er hat, obwohl sein Name nicht auf der Einladung stand, sich rührend als Gastgeber betätigt und mir damit viel von meiner Verantwortung abgenommen. Natürlich kannte er die meisten meiner Freunde schon geschäftlich; da wir uns jetzt regelmäßig sehen, haben sie ihn allmählich auch gesellschaftlich akzeptiert und mögen ihn gern. Zu meiner Verwunderung betrachtet man uns hier jetzt ganz problemlos als ein Paar.
Die Party war viel größer, als ich sie ursprünglich geplant hatte. Entgegen meiner Bedenken, dass die Kinder in der Menge untergehen könnten, wurden sie zum Mittelpunkt; die ganze Woche schon gab es heftige Debatten über die Auswahl ihrer Garderobe. Schließlich brauchten sie dann länger als ich für ihre festlichen Toiletten! Am nächsten Morgen kamen sie mit strahlenden Gesichtern herunter, um die Geschenke zu begutachten, die der Weihnachtsmann inzwischen abgeliefert hatte.
Mein schönstes Geschenk am Weihnachtsmorgen war der unerwartete Besuch meines Vaters und seiner Frau aus Honey Grove – eigentlich nur bis zum Nachmittag geplant, aber dann blieben sie auf unser Drängen doch über Nacht. Eine Wohltat, wenn man sich in der Familie zu einer wirklich erfreulichen Freundschaft zusammenfindet.
Da du jetzt deine eigenen Finanzen verwaltest, kann ich dir nichts Besseres wünschen als ein gesundes und *erfolgreiches* neues Jahr!

Bonne année! Bess

Mrs. Martin Banks
Programmdirektorin
Dallas Shakespeare Club

Dallas, den 10.4.1921

Liebe Exa,
ich wende mich in schriftlicher Form an Sie, damit mein Vorschlag gleich an den Programm-Ausschuss weitergeleitet werden kann – Ihre Zustimmung natürlich vorausgesetzt.

Zu meinem Erstaunen und meiner Freude habe ich bei meiner Haushälterin, einer Schwarzen, eine überraschende Kenntnis der Werke Shakespeares und ein tiefes Verständnis dafür entdeckt. So möchte ich vorschlagen, auch interessierte Mitglieder unseres Hauspersonals an manchen unseren Aktivitäten teilhaben zu lassen.
Zum Beispiel könnten an den Tagen, an denen ein vom Club eingeladener Gast einen Vortrag hält, die Hausangestellten auf speziell für sie reservierten Plätzen sitzen, mehr im Hintergrund, so dass sie unauffällig verschwinden können, bevor der gesellschaftliche Teil beginnt. Ein solches Arrangement hätte nicht nur erzieherischen Nutzen, sondern wäre auch ein Gewinn für den Club; sicher werden die eingeladenen Mitglieder des Personals gern bereit sein, uns im Anschluss an unsere Zusammenkünfte einen leichten Imbiss zu reichen – Geselligkeit und ein paar Häppchen würden ohne Zweifel den Genuss der vorausgegangenen Belehrungen heben.
In der Hoffnung, dass Sie meinen Vorschlag annehmen, sehe ich Ihrer Antwort dankend entgegen.

Mit den besten Wünschen, Bess

Dallas, den 18.4.1921

Liebste Totsie,
jetzt wirst du glücklich sein: zurück in Boston als eine freie, ungebundene Frau! Es war ein langer, mühseliger Winter für dich, ich weiß, aber schließlich hat uns deine Verbannung nach Nevada die Möglichkeit gegeben, dir vorübergehend ein bisschen texanische Gastfreundschaft zu erweisen!
Arthurs Anwesenheit in Boston wird dir sicher in dieser Woche von Vorteil sein; sobald dir die Zinsen deines neu investierten Kapitals ausgezahlt werden, wirst du dein Leben so einrichten können, wie du es in deiner Ehe gewöhnt warst,

und dich dabei zugleich an den Vorteilen des Alleinlebens erfreuen.
Das Kind scheint deinem Bericht nach wonnig zu sein. Zwei Jahre – das ist ein aufregendes Alter, in dem sich das Reich der gesprochenen Worte auftut. Ein Zauberreich! Bei jedem, der sich die Sprache erwirbt, keimt ein Gefühl der Macht; kein Kind scheut sich, Worte zu gebrauchen, die es nur flüchtig kennt. Einzig wir Erwachsenen lassen das volle Potenzial unseres Vokabulars ungenützt.
Wie bezaubert muss Arthur gewesen sein, als ihn das Kind bei seinem Namen genannt hat! Meine Kinder hat er eigentlich immer ein bisschen wie Fremde behandelt, hat sich ihnen mit äußerster Höflichkeit zugewandt. Aber immer ohne Hoffnung, eine wirkliche Beziehung herzustellen. Trotzdem ist eines sicher: Mit Kindern kann man besser Freundschaft schließen!
Du wirst mir in diesem Sommer sehr fehlen, Totsie. Aber mein Leben ist inzwischen so fest in Dallas verankert, dass ich die Stadt nicht einmal für eine Woche verlassen möchte. Jetzt lerne ich gerade Tennis spielen! Ein anspruchsvoller Sport – sowohl was die Regeln angeht als auch den Kraftaufwand. Doch nichts ist mit dem Wohlbehagen zu vergleichen, das einem Nachmittag auf dem Tennisplatz folgt!
Meine Trainerstunden nehme ich bei Sam Garner, einem recht attraktiven Ingenieur, der kürzlich von Philadelphia hierher gezogen ist. Wir sind uns im Hause von gemeinsamen Freunden begegnet, Grace und Frank Townsend. Er ist mit einer Ärztin verheiratet, einer Assistenzärztin von Grace, aber offensichtlich ist er dabei, sich scheiden zu lassen. Ungeachtet seiner eher strengen Ansichten über berufstätige Frauen, ist er ein liebenswürdiger, aufrichtiger Mann; ich wittere einen Lebenshunger in ihm, den ich von mir selbst so gut kenne. Sam hat seinen Weg in der Welt mit großem Erfolg gemacht – vermutlich wird

es nicht lange dauern, und er wird sich einen beachtlichen Platz in unserer Gesellschaft erobert haben.
Ist in Boston schon der Frühling eingezogen? Hier begegne ich ihm überall, wo ich gehe und stehe; die Azaleen haben ihr alljährliches Zauberwerk an den Uferböschungen des Turtle Creek vollbracht, und ihre Schönheit vervielfacht sich im Spiegel des grünen Wassers. Blühende Obstbäume überall; ihre Blüten versprechen allerdings eine Ernte, die nie stattfinden wird – noch nie habe ich ein einziges genießbares Exemplar gepflückt! Immerhin ist dieses Versprechen allein schon Grund genug zum Feiern.
Mein eigener Garten ist ein Blumenmeer; ich habe ihn nach sorgfältiger Planung im Herbst angelegt, und was glaubst du – in den herrlichsten Farben haben sich nun Irispflanzen zu meinen hübschen, geraden Tulpenreihen als ungebetene Gäste dazugesellt. Vielleicht hat sie ein früherer Besitzer nach einem ausgeklügelten Entwurf gepflanzt, aber jetzt erscheinen sie einfach da, wo sie wollen, und scheren sich nicht um mein Konzept, sondern entwickeln im Wildwuchs eine wunderbare, verschwenderische Fülle. Wie vermessen zu glauben, dass alles, was in unserer Hut gedeiht, von unserer physischen Gegenwart abhängt. In Wirklichkeit steht oft genug unser Schatten zwischen dem, was unserem Schaffensdrang entspricht, und den Leben spendenden Strahlen der Sonne.
Am nächsten Samstag will ich ein Gartenfest geben, und auf der Terrasse soll ein Streichquartett zum Tanz aufspielen! Durch die unselige Gesetzgebung der Alkoholgegner sind Einladungen zum Nachmittagstee bei uns zunehmend Mode geworden: die Herren nehmen immer dankbar an in der Hoffnung, dass die Gastgeber unangekündigt Getränke etwas stärkerer Natur im Hintergrund haben. Und diese wiederum sind an einer ausreichenden Anzahl von Tänzern für ihre weiblichen Gäste interessiert.

Ich wünschte, du könntest dabei sein! Du könntest so gut mitfeiern und dann in den Zeitungen darüber berichten. Ich lese deine Reportagen immer sehr gerne und beneide dich, dass du durch deinen Beruf schon so weit herumgekommen bist. Du bist auch die einzige Frau, die ich kenne, die jede Einladung annehmen kann, ohne sie erwidern zu müssen. Ein allein stehender Herr ist immer ein höchst willkommener Gast, aber eine Dame muss nicht nur mit einer Einladung »zurückzahlen«, nein, sie muss auch, will sie in der gesellschaftlichen Runde bleiben, ihre früheren Angebote übertreffen. Und das ist weiß Gott anstrengend! Sogar für jemanden, der es so genießt wie ich.

Alles Gute für Arthur! Wie lange gedenkt er denn noch fortzubleiben??

Küsse das Kleine von mir und bringe ihm bei, »Bess« zu sagen. Es ist bestimmt leichter als »Arthur«. *Je t'embrasse, Bess*

Dallas, den 5.5.1921

Liebe Lydia,

ich war wirklich platt, als ich deinen Brief las – nie hätte ich gedacht, dass ihr beide so großes Interesse an der Farm in Vermont habt. Jetzt bitte ich euch nur, die Schwierigkeiten zu bedenken, die sich aus der beträchtlichen Entfernung von eurem Wohnort ergeben! Nicht dass ich selbst am Hof interessiert wäre: Ich habe, wenigstens für jetzt, meinen Platz hier in Dallas. Euer Entschluss kommt mir reichlich spontan vor, und ich kann, außer dem Spaß an der Sache, keine lohnende Anlage darin sehen, den Hof zu kaufen. Ihn für den Sommer zu mieten ist eine Sache – aber kaufen …!

Wann reist ihr ab? Bitte haltet mich mit euren Plänen auf dem Laufenden, so dass ich wenigstens indirekt an eurem vergnüglichen ländlichen Sommer teilhaben kann. *Alles Liebe, Bess*

Dallas, den 7.6.1921

Lieber Dwight,

ich war überrascht, von dir zu hören, aber die Krönung des Schocks: die Aussicht auf eine Hochzeit! Arthur und Totsie! Jetzt am Monatsende! Auch von den beiden bekam ich heute einen Brief – ich weiß nicht, was ich dazu sagen soll. Ich lebte immer in der felsenfesten Überzeugung, dass Totsie jetzt dabei ist, sich ein unabhängiges Dasein aufzubauen. Niemals ist mir in den Sinn gekommen, dass ihre Freundschaft zu Arthur im Hafen der Ehe landen könne. Zum Zeitpunkt ihrer ersten Begegnung in Boston stand ich selbst in einer sehr erfreulichen, tatsächlich ganz besonderen Beziehung zu Arthur; ich habe allerdings in den letzten Monaten versäumt, ihn wissen zu lassen, was seine Freundschaft mir bedeutet.

Seltsam, wie viele Varianten von Vertrautheit möglich sind zwischen zwei Menschen! Arthur und ich sind uns durch die Ereignisse des letzten Jahres sehr nahe gekommen, näher, als wir es je geahnt hätten. Nun haben diese beiden Menschen, die wir, du und ich, geliebt und auf die wir uns verlassen haben (ich zumindest liebe alle beide), eine Entscheidung getroffen, die auch uns sehr nahe geht – und es ist jetzt an uns, Dwight, zu entscheiden, wie sich unsere Beziehungen zu ihnen von nun an gestalten.

Als Totsie aufbrach, ihr eigenes Leben zu leben, dachte ich, du würdest sie nicht eigentlich verlieren, eure Beziehung könnte vielleicht eine Art Gleichschritt erreichen, nachdem ihr euch beide an ein Einzeldasein gewöhnt hättet. Aber es scheint, als wären manche Menschen für die Ehe geschaffen, und Totsie, so stellt es sich jetzt heraus, gehört dazu. Hätte ich es nur damals gewusst! Dann hätte ich ihr doch niemals zugeredet, von zu Hause fortzugehen, und nie und nimmer hätte ich sie mit Arthur zusammengebracht – eben weil sie zu dieser Gruppe gehört.

Jetzt aber ist es geschehen, und ich glaube, lieber Dwight, wir haben gar keine andere Wahl, als diese beiden Menschen mit einem weiten, liebenden Herzen in die Arme zu nehmen, als ein Paar. Mir wird das sicherlich leichter fallen als dir, einfach weil ich beiden schon immer große Zuneigung entgegengebracht habe. Du wirst Totsie zwar als Ehehälfte verlieren, kannst sie aber als gute Freundin behalten. Pass nur auf, dass dich dein Stolz sie nicht ganz und für immer verlieren lässt!
Sei nicht traurig, lieber Dwight. Verzweiflung fruchtet nicht. Und lass dir noch einmal danken, dass du geschrieben hast, wenn auch anfänglich im Zorn! Aber ich habe das Gefühl, dass dieser Brief auch mit der Bereitschaft zu einer Freundschaft geschrieben war – und ich bin eine Frau, die einen Mann beim Wort nimmt. Ja, und während ich dir schreibe, formen sich in mir auch die Worte an Arthur und Totsie. Hab Dank, dass du mir dazu verholfen hast! *Alles Liebe, Bess*

Dallas, den 8.6.1921

Liebste Totsie, liebster Arthur,
es will mir nicht in den Sinn, dass ich an euch beide einen gemeinsamen Brief schreibe und von nun an nie mehr an den einen ohne den anderen denken kann. Ich hoffe, mein Gleichgewicht bald wieder zu finden – und eine neue Basis für unsere Freundschaft.
Bedeutet das jetzt, dass ihr eure Zelte in Dallas aufschlagen werdet? Ich wünsche es mir; schon seit unserer Zeit im College habe ich gebetet, Totsie, dass wir eines Tages wieder zusammenrücken würden, so nahe und vertraut wie in den Schultagen. Aber nie hätte ich gedacht, dass Arthur uns die Möglichkeit dazu bescheren würde!
Nur zu gut verstehe ich, dass ihr euch eine stille Hochzeit wünscht, und ich bin ganz gerührt, dass ihr mich zum Trau-

zeugen auserkoren habt. Selbstverständlich werde ich kommen, wie könnte ich diese Gelegenheit versäumen!
Manning und Lydia kamen letzte Woche in Vermont an; sie werden den Hof für diesen Sommer mieten, mit einen Vorkaufsrecht, falls sie gute Erfahrungen machen. Eure Hochzeit wird den Kindern und mir ein schöner Anlass für die Reise nach Vermont sein. Sie bleiben dann natürlich auf dem Hof, wenn ich nach Boston komme. Sagt, ist denn wirklich erst ein Jahr vergangen, seitdem wir drei dieses glückliche Wochenende dort miteinander verlebt haben?

Alles Liebe euch beiden, et je vous embrasse, Bess

Dallas, den 8.6.1921

Liebster Manning, liebste Lydia,
eben habe ich eine ungewöhnliche Einladung angenommen, die dazu führt, dass die Kinder und ich nach Neuengland reisen und euch auf dem Hof besuchen werden! Der Grund ist die impulsive Entscheidung meiner liebsten Freunde, Arthur Fineman und Totsie Davis, den Bund der Ehe zu schließen. Und dabei ist noch nicht einmal ein Jahr vergangen, seit ich sie ohne die geringste Ahnung, welche Form diese Verbindung annehmen könnte, miteinander bekannt gemacht habe.
Ich habe es euch damals nicht erzählt: es war kein Zufall, dass ich Arthur im vergangenen Jahr in Boston getroffen habe; er hatte mir geschrieben und dieses Treffen vorgeschlagen, bei dem er mir, wie sich später herausstellte, einen Heiratsantrag machen wollte. Mir schien es unwahrscheinlich, dass unsere Beziehung in der dünnen Luft einer Abhängigkeit, einer Unterwerfung womöglich, gedeihen könnte, und lehnte deshalb ab. Wir sind jedoch gute Freunde geblieben, und ich fand meine Entscheidung durch diese Erfahrung bestätigt. Keinesfalls aber hatte ich damit gerechnet, dass eine andere Frau, die

sich von Arthur beraten ließ, eine derartige Attraktion für ihn sein könnte. Jedoch gibt es vermutlich keinen Mann, der dem Charme eines zarten weiblichen Wesens widerstehen kann, das in Schwierigkeiten geraten ist!

Habt keine Angst, ich will euch jetzt nicht mit allen Einzelheiten dieser Geschichte behelligen, in die ich so gänzlich unvorbereitet hineingeraten bin, aber damit versteht ihr sicherlich den Grund für unsere Reise. Arthur und Totsie sind meine nächsten Freunde, ich liebe sie alle beide, und ich kann ihnen ihren Wunsch, ihre Trauzeugin zu sein, einfach nicht abschlagen – wie hoch auch immer der Preis dafür sei. Wenn es mir je gelingt, eine Lösung zu finden, eine Form, in der unsere Freundschaft nicht nur fortbestehen, sondern auch gedeihen kann, dann ist es jetzt absolut unumgänglich, dass ich, um meinen guten Willen zu zeigen, bei der Hochzeit zugegen bin.

Marian war so glücklich, als sie im Frühjahr ganz allein bei uns war, und jetzt reißen sich meine drei darum, dass sie das auch erleben dürfen. Glaubt ihr, sie könnten bei euch auf dem Hof bleiben, wenn ich zur Hochzeit nach Boston fahre? Verzeiht, dass ich bei meinen Planungen euer Einverständnis einfach voraussetze, aber die Zeit ist knapp …

Alles Liebe – und à bientôt, Bess

Dallas, den 20.6.1921

Liebster Papa, liebste Mavis,

die Kinder und ich sind gerüstet zur Reise, alles ist fix und fertig gepackt, und morgen in aller Frühe geht es ab nach Neuengland!

Robin hat zwar schon den ganzen Tag über Schmerzen und Unwohlsein geklagt, bat mich aber, doch ja die Reise seinetwegen nicht aufzuschieben. Der Doktor meinte dann, wir könnten wie geplant abfahren; Robin sollte nur versprechen,

dass er sich im Zug hinlegt und ausruht, dann käme er sicher wohlbehalten an. Außerdem denke ich, es wird im Abteil amüsanter für ihn sein als im Bett. Wo sonst kann man einfach so still daliegen und draußen die Welt vorbeiziehen sehen?
In seinen Gedanken ist Robin allerdings schon am Ziel unserer Reise angekommen; er hat heute im Bett jeden Winkel auf dem Hof gezeichnet, die ganze Szenerie, so als wollte er mit dem Stift alles lebendig machen. Wenn er zeichnet, dann spricht er unablässig vor sich hin, beschreibt alles bis ins Kleinste, wenn auch niemand zuhört. Heute Abend lehnte er seine Zeichnung vom »Fichtenhäuschen« neben sein Bett und malte sich aus, wie er dort, in dieser Art Höhle, einschläft. Die Kinder hatten sie letztes Jahr im untersten Gezweig einer riesigen Fichte entdeckt und »Fichtenhäuschen« genannt; der Boden ist dort ganz weich von den vielen Fichtennadeln. An warmen Abenden schleppten die Kinder ihr Bettzeug dorthin und blieben in ihrem Unterschlupf bis zum Morgen.
Ich habe in Vermont nur glückliche Tage erlebt und freue mich wie die Kinder auf alles.

Lebt wohl, für eine ganze Weile, Bess

New York City, den 24.6.1921

Lieber Arthur, liebe Totsie,
vergeblich habe ich versucht, euch telefonisch zu erreichen. Vielleicht war es aber ganz gut; ich weiß nicht, ob ich eure Stimmen ertragen hätte.
Kaum waren wir in New York angekommen, fiel Robin in ein Delirium mit hohem Fieber; er war aus Dallas mit einer noch nicht bestimmbaren Krankheit abgereist. Zum Glück holte uns mein Schwager, der aus Vermont gekommen war, am Zug ab – und sofort ging es weiter zur Klinik! Dort teilte man uns mit, dass Robin an spinaler Meningitis erkrankt ist.

Auf meine Bitte hin hat nun Manning die beiden anderen Kinder auf den Hof mitgenommen. Mein Leid wird nur noch größer, wenn ich es in den Augen der Kinder widergespiegelt sehe. Obwohl ich nun eure Trauung nicht persönlich bezeugen kann, bin ich doch mit allen meinen guten Wünschen in Gedanken bei euch. Und ich weiß, welche Freude und welchen Halt ihr aneinander haben werdet, auch in schmerzlichen und dunklen Stunden. Jetzt erst kann ich gestehen, wie sehr ich euch beneide. Verzeiht mir. *Bess*

TELEGRAMM AN
MRS. LEONHARD MAXWELL
5620 WATERMAN AVENUE
ST. LOUIS MISSOURI
ROBIN HEUTE FRÜH GESTORBEN STOPP BRINGE
IHN SELBST ZUR BEERDIGUNG NACH TEXAS
STOPP BITTE ROBS SARG MORGEN AM BAHNHOF
BEREITHALTEN ZUR EINSCHIFFUNG STOPP KANN
IHN NICHT ALLEIN LASSEN STOPP BESS -
25.6.1921 N.Y.

Dallas, den 27.6.1921

Liebste Lydia, liebster Manning,
zwei Nächte sind gekommen und wieder vergangen, aber geblieben ist das große Entsetzen. Ich habe alles eigentlich nur durchgestanden, indem ich abgeschaltet und mich ganz weit von dem Geschehen distanziert habe; von einem Punkt außerhalb, mit dem nüchternen Blick eines Beobachters, habe ich den Ablauf der Handlung registriert. Alles in uns, jede Faser wehrt sich doch, dem Tod zu nahe zu kommen: er ist der alte Feind, und instinktiv halten wir uns in Abstand.

Euer Vorschlag, mich nach Texas zu begleiten, ist rührend, aber es ist mir wirklich lieber und eine Beruhigung, die Kinder bei euch zu wissen. Ich fände jetzt nicht die richtigen Trostworte für sie. Es geht über meine Kräfte. Sogar in mein Schweigen dringt das Echo eines ohnmächtigen Zorns.

Ohne den völlig unerwarteten Beistand von Arthur und Totsie wäre ich nie in der Lage gewesen, diese Bahnfahrt anzutreten; sie haben, wie geplant, in Boston geheiratet und sind heute Nachmittag in New York angekommen. Ursprünglich wollten sie zu Schiff weiter auf die Bermudas, die Hochzeitsreise. Stattdessen kamen sie sofort in die Klinik und saßen an meiner Seite, das war ihre Brautnacht. Als mich die Schwester morgens zu Robin hineinholte, damit ich ihm Lebwohl sagen könne, saßen sie immer noch da. Es war der Morgen meines eigenen Hochzeitstags! Noch nie habe ich erlebt, dass hohes Fieber so wunderbare Träume vorgaukeln kann: Robin sah sich tief unten im Geäst des Fichtenhäuschens liegen, und ich musste ihm versprechen, dass er den ganzen Sommer über dort draußen unter dem Sternenhimmel schlafen dürfe. Es sei ihm egal, sagte er, wenn keins von den Geschwistern bei ihm sein wolle – er könne auch ganz gut allein dort schlafen. –

Arthur und Totsie blieben auch am Tag nach Robins Tod bei mir. Mit keinem Wort haben sie erwähnt, dass der Dampfer ohne sie abgefahren war. Und ohne überhaupt zu fragen, arrangierten sie die gemeinsame Reise mit mir nach Dallas. Ihre Hochzeitsreise wollen sie jetzt damit verbringen, sich dort nach einer passenden Behausung umzusehen.

Ich hatte vollkommen vergessen, wie viele Freunde wir mittlerweile in St. Louis haben – eine ganze Menge Leute erwartete uns am Bahnhof. Der Schaffner war rührend, er erfasste die Lage und ließ mich während des langen Aufenthalts die Beileidsbesucher empfangen, die in kleinen Gruppen in den Zug kamen.

Dann gab es noch große Aufregung, weil niemand wusste, welcher Gepäckwagen der nach Dallas sei, und als der Schaffner rief: »Alles einsteigen!«, entdeckte ich plötzlich, dass Robs Sarg immer noch auf dem Bahnsteig stand und gar nicht verladen war! Ich schrie auf, mehr aus Wut als aus Schmerz, und dachte noch, wie unvollkommen doch alles im Leben ohne ständige Kontrolle ist. Mir war noch nicht mal der Luxus vergönnt, mich ganz meinem Kummer hinzugeben.
Ein paar von meinen Freunden dachten, ich sei hysterisch, ganz übergeschnappt, und versuchten, mich zurückzuhalten, als ich den Gang im Zug hinunterrannte. Aber ich riss mich los, sprang auf den Bahnsteig und umschlang den Sarg mit den Armen. Da endlich begriff der Schaffner die Situation, und der Sarg wurde im Nu in den Gepäckwagen verladen, neben den kleineren Sarg.
Und dort blieb ich dann, bei meinem Mann und unserem Sohn. Ich fühlte, dass hier mein Platz war auf dieser letzten gemeinsamen Reise. Ich saß zwischen den beiden Särgen in der Dunkelheit, eingemummelt in eine Decke, die mir Arthur gebracht hatte (er bestand darauf!), und nie werde ich die große Ruhe und das Gefühl von Frieden an diesem Ort beschreiben können. Ich wusste auf einmal, dass unverlierbar bleibt, was ich jemals geliebt habe. Ich fand keinen Schlaf in dieser Nacht, war ganz ruhig und unvorbereitet auf die Verzweiflung, die mich am folgenden Morgen überfiel. Sie breitete sich wie eine Wolke über mir aus, und jede Hoffnung, jeder lichte Gedanke der letzten Nacht verschwand in ihren grauen, dunklen Falten.
Ein schlichter Trauergottesdienst in der Aussegnungshalle folgte, Gebete und ein Choral. Robin hätte das alles ganz gut verstanden, obwohl er nicht konfirmiert war und deshalb nicht mit Riten aufgewachsen, die die Kirche ersonnen hat, um die grausame Realität der Sterblichkeit zu verbrämen. Der Priester schloss mit dem Gebet, das Robin jeden Abend hergesagt

hatte: »Zur Ruh leg ich mich hin zur Nacht, der Herr über meine Seel' wohl wacht«, und dann fuhr er fort mit den Worten, die ich Robin nie beigebracht hatte: »Sollt' ich sterben noch im Schlaf, dann, lieber Gott, nimm meine Seele auf.«

Mit dieser Unterschlagung hoffte ich, den Gedanken an den eigenen Tod von ihm fern zu halten – und wenigstens darin war ich erfolgreich. Mehr als seine Geschwister nahm Robin den Tod seines Vaters als einen Teil von dessen Leben hin und dachte nicht an die Möglichkeit, dass er selbst sterben könnte, ja, noch im Schlaf blieb seine Seele wach und erfand Schauplätze, Landschaften, in denen sein rastloser Geist umherstreifen konnte, immer auf Abenteuer aus. Ich bin fest davon überzeugt, dass nicht einmal der Tod vermocht hat, seinen glücklichen Träumereien ein Ende zu setzen.

Es fällt mir schwer, meine Lieben, den Brief zu Ende zu bringen. Bei dem Versuch, meine Gedanken in Sätze zu fassen, habe ich die Illusion, ich sei Herr meiner Gefühle. Dabei weiß ich genau, dass in dem Moment, in dem ich die Feder aus der Hand lege, das gleiche Chaos wieder da ist.

Küsst Eleanor und Drew von mir und nehmt sie fest in die Arme. Werden sie das alles überhaupt verstehen? Wie töricht von mir, das zu erwarten, da mir doch selbst alles so sinnlos ist. Ich verstehe rein gar nichts und muss jetzt schlafen. Wenn nur die Nacht mich gnädig von den Schrecken des heutigen Tages befreit!

Eure Bess

Dallas, den 30.6.1921

Meine goldigen Schäfchen,

eben habe ich eure Briefe durchgelesen und musste zum ersten Mal seit unserer Trennung doch ein bisschen lachen. Tante Lydias Idee, ihr sollt einfach alles, was euch so in den Sinn kommt, aufschreiben, war großartig.

Drew, mein Liebling, wo hast du denn so ein langes, kompliziertes Wort wie »Kondolenzbezeugungen« her? Für mich klingt es traurig, zu lang und schwarz für ein so fröhliches Kind wie Robin. Ich bin froh, dass ihr zwei jetzt auf dem Hof seid, dort, wo er immer so gern war! Marian hat euch auch so gerne da, und Tante Lydia hofft überhaupt, dass ihr den ganzen Sommer bleibt.

Ich bin so müde heute, dass ich einfach im Bett geblieben bin und versucht habe, ein bisschen zu ruhen. Annie kommt jeden Tag und versorgt mich; sie hat erzählt, dass sie die Beste in ihrem Kurs in der Schwesternschule sei, und ich weiß auch, warum: Sie ist die Ruhe selbst und dabei so tatkräftig – die Patienten folgen ihr bestimmt alle! Ich selbst nehme gehorsam die Pillen, die sie mir gibt, obwohl ich gar nicht richtig krank bin, nur eben sehr müde. Großvater und Mavis sind auch hier. Wir fordern Annie manchmal nach dem Abendessen zu einer Partie Bridge auf, aber sie spielt so miserabel, dass wir es meistens sein lassen und lieber plaudern. Großvater hat Geschichten aus seiner Jugendzeit aufgetischt, von denen mir viele ganz neu waren; ich habe ihn beschworen, sie im Gedächtnis zu behalten, bis ihr nach Hause kommt und sie auch hören könnt.

Stell dir vor, Eleanor, deine Katze wird bald Junge haben, kleine Katzenkinder – aber ich habe keine Ahnung, wer der Vater ist! Jedenfalls scheint sie nicht weiter an ihm interessiert zu sein; sie ist ganz zufrieden, wenn sie den ganzen Tag am Fußende meines Bettes schlafen kann, und ich bin glücklich über ihre Gesellschaft. Ihr Schnurren ist so beruhigend und hilft mir beim Einschlafen; ich bin gerade dabei …

Gute Nacht, meine Engelchen. Sobald ich kann, komme ich zu euch.

Alles Liebe und Küsse, Mami

Dallas, den 10.7.1921

Liebe Lydia, lieber Manning,

ich bin wirklich für alle Zeiten in eurer Schuld dafür, dass ihr mir die Kinder den Sommer über gehütet habt. Jetzt kann ich es kaum erwarten, euch alle hier zu sehen!

Heute war ich zum ersten Mal außer Haus; seit zehn Tagen dachte ich wirklich, ich sei in Richtung auf meine eigene Grabstätte unterwegs. Und einzig meinem Freund Sam Garner habe ich es zu verdanken, dass ich aus dem finsteren Loch wieder zurück ins Helle geführt wurde; er hat sich so rührend um mich gekümmert, ist jeden Tag auf dem Heimweg vom Büro bei uns vorbeigekommen. Hat nie nach mir gefragt, sondern ließ einfach ein Billet mit einem Gruß da, dazu einen Korb mit frischem Obst oder Gemüse vom Markt, der ganz in der Nähe seiner Geschäftsstelle liegt.

Es war mir einfach nicht danach zu Mute, irgendjemand außer dem engsten Familienkreis zu sehen, mir fehlen die Kräfte, mich als tapfere Frau zu präsentieren. Meinen Kummer kann unmöglich jemand mit mir teilen. Doch gestern war ich unten, als Sam gerade mit einem Korb Tomaten erschien, und so musste ich einfach mit ihm reden. Der Korb sei ja wirklich zu groß, meinte er und entschuldigte sich, er habe keinen kleineren bekommen. Er holt sich ein paar Mal in der Woche sein Abendessen vom Markt, was es dort eben gerade so gibt.

Mir kam er einsam vor. Ich habe ihn eingeladen, das gebratene Hühnchen zum Abendessen mit mir zu teilen, er wollte dann aber unbedingt, als seinen Anteil, die Tomaten dazu schneiden. Sam ist ein ziemlich unbeholfener Mensch und tut sich schwer, seine Gefühle auszudrücken; er schien sichtlich erleichtert, als ich das Gespräch auf unpersönlichere Dinge lenkte.

Außer den Townsends, die uns miteinander bekannt gemacht haben, und ein paar Kollegen im Büro kennt er eigentlich noch niemanden hier in Dallas. Er selber ist jedenfalls mehr an Orten interessiert als an Menschen, und ich beneide ihn um die erstaunliche Ortskenntnis, die er sich hier schon angeeignet hat. Diese Gegend mit allen ihren Möglichkeiten hat es ihm sehr angetan – seine Begeisterung hat geradezu etwas vom Geist der Pioniere, und sein ungebrochener Optimismus wird sogar mit meiner Verzweiflung fertig.

Heute Morgen stand er mit einem Picknickkorb vor meiner Tür: Unser Ziel sei ein neuer Damm im Norden der Stadt, erklärte er und wurde zum ersten Mal, seit ich ihn kenne, fast gesprächig. Eine Absage hätte ihn in seinem Enthusiasmus beleidigt, so ging ich nach oben und zog mich richtig an – zum ersten Mal, seit mein kleiner Robin zur Ruhe gebettet wurde.

Als ich nachmittags wieder nach Hause kam, wer saß da? Arthur und Totsie! Sie haben auf mich gewartet, nachdem sie nun in Highland Park ein kleines Haus gefunden haben. Gerade richtig für ihre Bedürfnisse. Nächste Woche fahren sie nach Boston zurück; Totsie wird dann ihr Appartement aufgeben und das Kind abholen. Sie hat für die zwei Wochen, die für die Hochzeitsreise gedacht waren, ein Kindermädchen angestellt.

Zu meinem eigenen Erstaunen hörte ich mich den Vorschlag machen, mit ihnen nach Boston zu reisen und das Bübchen anschließend mit mir auf den Hof zu nehmen! Ich finde, ich schulde ihnen eine Hochzeitsreise, und davon abgesehen tut es mir gut und ist eine trostreiche Ablenkung, wenn ich mich wieder einmal mit einem kleinen Kind abgeben muss. Drew und Eleanor liebten das Baby, als wir es im letzten Sommer bei uns hatten, und ihr und Marian wart, so viel ich mich erinnere, genauso hingerissen. Arthur und Totsie haben dankbar angenommen, und euch habe ich hoffentlich mit meinem impulsiven Angebot nicht in Bedrängnis gebracht. Mir wird es wohl helfen, den Riss in meinem Herzen notdürftig zu flicken. Ich möchte das Bübchen gerne im Gastzimmer bei mir haben.

Alles, alles Liebe für euch. Bis zum Wiedersehen in der nächsten Woche! *Bess*

Woodstock, den 25.7.1921

Liebste Mavis, liebster Papa,
ich war ganz überwältigt, meine zwei geliebten Kinder wieder zu sehen! Wäre ich nur gleich zu ihnen geeilt, anstatt so lange noch in Texas zu bleiben, aber ich war der Meinung, dass eine vorübergehende Trennung besser für uns alle sei – so lange, bis sich meine Lebenskräfte wieder regeneriert hätten. War das nicht töricht? Ich hätte wissen müssen, dass die Kinder der Lebensquell sind, dass die Kräfte aus ihnen zu mir kommen! Wir sind uns in die Arme geflogen, und als sie mich in Tränen sahen, da haben auch sie den ganzen, so lange unterdrückten Kummer herausgelassen. Später an diesem Tag zeigten sie mir das Büchlein, das sie mit Lydias Hilfe zusammengestellt hatten: eine Schilderung der Sommermonate auf dem Hof. Aus Lydias Feder stammte eine reizende Erzählung über meine drei Kinder und ihre Cousine Marian, dazu hatten die Kleinen Bilder gemalt – als Letztes war die Skizze von Robin eingeklebt, die er im Zug gemacht hatte. Er wird in dieser Geschichte so lebendig und glücklich geschildert und kommt in jeder der Kinderzeichnungen vor – ich bin Lydia richtig dankbar, dass sie ihn uns auf diese Weise ein bisschen länger am Leben erhalten hat! Und oft kann ich nicht begreifen, dass er nicht doch draußen im Obstgarten beim Versteckspielen ist …
Totsie war froh, dass sie ihren kleinen Sohn bei mir abliefern konnte; sie und Arthur werden eine ruhige Woche am Cape Cod genießen und dann nach Dallas zurückfahren, um mit ihrem Familienleben zu beginnen. Der Junge ist goldig, sein drolliges Verhalten bringt uns alle zum Lachen! Mir ist die Abwechslung, die er mit sich bringt, gerade recht.

Lydia und Manning haben sich jetzt entschlossen, die Farm nicht zu kaufen. Nach diesem Sommer wird wohl kaum einer von uns hierher zurückkommen; die Kinder haben sich mit ihren Erinnerungen den Hof zu Eigen gemacht, egal, wer auch immer der Besitzer sein mag. Ein Stück davon wird immer das ihre sein.
Ich habe mich entschlossen, unsere Rückreise nach Dallas gemeinsam mit Arthur und Totsie zu unternehmen; mein Beistand bei der Aufsicht des Bübchens wird ihre Verantwortung für unsere Gesellschaft wieder wettmachen. Der Gedanke, mit den Kindern allein zu reisen, ist mir absolut unerträglich! Arthur hat seit der Hochzeit den Kindern und mir die gleiche Zeit gewidmet wie Totsie; vielleicht hat er manchmal das Gefühl, mit zwei Frauen verheiratet zu sein. Da mich Totsie und er schon lange vor ihrer Begegnung gekannt haben, nimmt mir zum Glück keiner von ihnen meine früheren Anrechte krumm. Und ist es nicht so, dass eine Freundschaft, vielleicht weil sie weniger genau definiert ist, eine wesentlich größere Verantwortung bedeuten kann?

Alles Liebe, Bess

Woodstock, den 26.7.1921

Mein lieber Dwight,
dein Beileidsbrief hat mich sehr bewegt. Ablesbar war vor allem auch die starke Bindung an deinen eigenen kleinen Jungen. Glaube mir, Totsie denkt nicht daran, dir seine Zuneigung zu entziehen – aber er ist ja noch so klein und wird dich vergessen, wenn du nicht darauf bestehst, ihn so oft wie möglich zu sehen. Da er in Texas lebt, wird sich das allerdings nicht so leicht verwirklichen lassen, aber in dieser Woche ergäbe sich eine Gelegenheit für dich: Da hüte ich ihn, während Totsie und Arthur an der Küste Ferien machen. Das könntest du für einen Abschiedsbesuch nutzen!

Dwight junior ist die ganze Woche hier bei uns. Komm also, wenn du magst und kannst. Du bist herzlich willkommen!

In tiefer Verbundenheit, Bess

Woodstock, den 29.7.1921

Lieber Sam,
wie aufmerksam von Ihnen, an die beiden Kinder zwei separate Briefe zu schicken! Drew hat vor, Sie beim Wort zu nehmen und mit Ihnen am ersten Wochenende zu Hause zum Angeln zu gehen, aber Eleanor wollte nicht damit herausrücken, was Sie ihr versprochen haben! Offensichtlich ist es eine Quelle der Vorfreude. Sie hat den Brief gelesen und gleich in ihrem Kästchen bei den Tannenzapfen und anderen Schätzen verwahrt und eingeschlossen.
Es freut mich, dass Sie jetzt Mitglied des Country-Clubs sind! Und ich muss gestehen, dass Sie mir als ein Fremder in der Stadt zuerst Leid getan haben, aber einflussreiche Freunde zählen hier zu Lande mehr als großer Reichtum und der familiäre Hintergrund.
Das Kapitel Neuengland geht jetzt für mich zu Ende. Es drängt mich, die Kinder nach Hause nach Texas zu bringen. Es ist schön zu wissen, dass Sie uns dort erwarten.

Mit herzlichen Grüßen, Bess

Woodstock, den 29.7.1921

Liebste Mavis, liebster Papa,
unsere ländliche Idylle belebte sich in dieser Woche aufs erfreulichste durch den Besuch von Dwight Davis. Er kam von Connecticut, um einen Nachmittag mit seinem Söhnchen auf dem Hof zu verbringen. Als sich aber der Nachmittag bis in die Abendstunden ausdehnte, war klar, dass er bleiben würde; wir

haben ihn zum Essen eingeladen. Es gab hiesigen Bauernschinken, gerösteten Mais aus dem Garten, selbst gebackenes Brot und Eingemachtes aus Frau Stones Speisekammer. Dwights kleiner Junge nahm seinen Vater an der Hand und zog mit ihm in den Garten; dort halfen sie den drei Kindern, allerlei Gemüse für den Salat zu holen.

Nach dem Essen gestand Dwight, dass er zum ersten Mal länger als ein paar Minuten mit dem Kind zusammen war. Sonst stand immer Totsie in der Nähe, sprungbereit beim ersten Zeichen von Ungeduld – beim Söhnchen oder beim Vater. Der nützte ihre ständige Gegenwart natürlich aus – so wie fast alle Väter das tun –, um sich vor der elterlichen Verantwortung zu drücken, die doch letztlich zu einer unvergleichlich kostbaren Gemeinsamkeit führt.

Auf meinen Vorschlag hin mietete er sich im Dorfgasthof ein, und als er sich am Abend verabschiedete, umarmte ihn der Kleine plötzlich und bettelte, ob er nicht mitkommen dürfte? Niemand war erstaunter als Dwight, aber er willigte sofort ein; ich packte Nachtzeug und das Lieblingsstofftier in eine Tasche, und die zwei zogen miteinander los.

Am nächsten Morgen rechnete ich bestimmt zum Frühstück mit ihnen, aber sie erschienen erst spät am Nachmittag, bepackt mit Geschenken für uns alle. Sie hatten den ganzen Vormittag mit Einkäufen im Dorf verbracht und im Gasthof zu Mittag gegessen.

Damit hat Dwight wirklich mein Herz erobert – meine allergrößte Bewunderung für jeden Mann, der es fertig bringt, mit einem knapp dreijährigen Kind auswärts essen zu gehen! Ich fand Dwight immer eher steif und reserviert, aber die Kinder haben ihn recht lieb gewonnen (und die Mitbringsel aus der Stadt haben ihre Begeisterung noch gesteigert).

Wir haben Dwight überredet, das Zimmer im Gasthof die ganze Woche zu behalten, bis Arthur und Totsie vom Cape

zurück sind. Es ist ja wirklich eigenartig, dass er seinen Sohn erst entdeckt hat, als er im Begriff war, ihn zu verlieren.
An jedem Tag lerne ich, dass es größere Tragödien gibt als die meine; die schwierigste Lektion ist die, dass man nicht weiß, was man hat, bis man es verloren hat. Natürlich gibt es, wenn ich an Robin denke, immer Augenblicke unerträglicher Trauer, aber manchmal wache ich morgens auf und bin erfüllt von tiefer Dankbarkeit für die Jahre, die uns geschenkt waren.

Alles Liebe, Bess

St. Louis, den 4.8.1921

Liebe Lydia, lieber Manning,
wir haben hier Aufenthalt zwischen zwei Zügen. Ich nehme Zuflucht zu einem Brief an euch, in einem Wirbel von Erinnerungen an den letzten Halt an dieser Station. Vielleicht werden die vielen lebendigen Eindrücke der letzten Tagen die Düsternis in meinem Gemüt verdrängen.
Arthur und Totsie sprechen immer noch von der Szene, die sich bei ihrer Rückkehr auf den Hof (einen Tag früher als vorgesehen) vor ihnen abgespielt hat. Ich könnte nicht sagen, wer mehr schockiert war: Dwight, der Totsie zum ersten Mal mit ihrem neuen Mann erlebte, oder Totsie, die ihren früheren Ehemann so glücklich mit ihrem kleinen Sohn sah!
Es war nett von Dwight, uns zur Bahn zu bringen. Totsie machte es allerdings schwer zu schaffen, dass sie ihm ins Gesicht hinein Lebwohl sagen musste – und erst dem Bübchen! Es heulte laut, als es den Menschen verlassen musste, den es eben erst lieb gewonnen hatte. Bei ihrer Hochzeit hatte Arthur Totsie gesagt, dass er gerne an Dwights Stelle als Adoptivvater treten und dem Kind seinen Namen geben wolle. Niemand erwartete ein Veto von Dwight, da er sich ja der Idee der Adoption anfangs so vehement widersetzt und nur zugestimmt hatte,

um Totsie einen Gefallen zu tun. Aber als Arthur die Sache am Tag unserer Abreise aufrollte, blieb Dwight eisern, er lehnte jede weitere Diskussion ab. Totsie hat dann auf der Fahrt über kaum etwas anderes gesprochen; es will ihr nicht in den Kopf, dass das Kind den einen Vater als Namensgeber und den andern »echt« habe.

Arthur versicherte ihr, dass auch er verärgert sei; ich habe aber Zeichen der Erleichterung bei ihm beobachtet, wohl über den Gedanken an eine geteilte väterliche Verantwortung. Und wisst ihr, was ich denke? Vaterschaft ist nur eine von vielen Verantwortlichkeiten, die die meisten Männer nur zu gern mit einem anderen teilen würden. Warum legen die Frauen bei ihrer Heirat nur die Verbindlichkeiten so unerschütterlich fest! In unfairer Weise überhäuft eine Ehe den Mann mit einem Berg von Bürden – und ich bin nicht die Einzige von vielen jungen Witwen, die den Preis dafür zahlen muss!

Ich danke euch, dass ihr mir in diesen problematischen Wochen meine Qualen erleichtert habt. Die Kinder leben noch immer in ihrem Kokon, den ihr aus dem bunten Garn der Fantasie, aus Fabeln und Märchen jeden Abend für sie gesponnen habt. Ich wünschte nur, dass die schützende Hülle ihrer imaginären Welt so lange heil bleibt, bis ihre Flügel stark genug sind, um sie zu tragen. Und ich wünschte, wir könnten uns alle über die Erde erheben, weg von ihr und den Gefahren und Übeln, die uns vernichten wollen.

Obwohl diese Reise so unselige Erinnerungen wachruft, ist sie, ist dieser Zug eine Art Flucht für mich. Ich fürchte mich vor der Ankunft zu Hause und der unerbittlichen Tretmühle des Alltags, die mich erwartet. *Alles Liebe, Bess*

Dallas, den 20.8.1921

Lieber Papa, liebe Mavis,
nun sind wir schon seit zwei Wochen wieder zu Hause, und ich komme erst heute dazu, euch zu schreiben. Aber die Kinder haben ja noch Ferien und halten mich in Atem.

Gleich nach unserer Ankunft hat uns mein Freund Sam Garner besucht, und seither widmet er sich oft den Kindern; obwohl ich ihm keinerlei Versprechungen im Hinblick auf die Zukunft machen kann, verwendet er so viel Zeit für uns. Ich habe ihn gescholten, aber er lächelt nur und sagt, er mache seine Geschäfte immer nur auf der Basis von Freiwilligkeit. Und je mehr ich über diese Bemerkung nachdenke, desto größeres Kopfzerbrechen macht sie mir.

Drew und Eleanor jedenfalls bewundern ihn rückhaltlos. Er wirbt um ihre Freundschaft und war darin auch innerhalb kürzester Zeit erfolgreich. Ein Kind verschenkt sein Herz so schnell. Ein kleines Lächeln, und beim nächsten Lächeln sind sie schon dein! Wenigstens so lange, wie du dich mit ihnen abgibst.

Sam hat ein neues Ruderboot; wir fahren jeden Sonntag mit dem Auto zu einem anderen See, und das Boot zockelt auf einem Anhänger hinter uns her. Die Kinder vergnügen sich mit Sam auf dem Wasser, und ich sitze derweil im Schatten der Bäume am Ufer und lese. Diese Vorliebe für Alleinsein und Schatten bezahle ich mit endlosen Hänseleien und fühle mich allmählich in der Gesellschaft der drei verlassener als daheim in meinem Zimmer. Dumm von mir, nicht wahr? Aber es gibt tatsächlich Zeiten, da komme ich mir vor wie eine Fremde in der Familie, die die drei bilden.

Habt Nachsicht, wenn ich meine Gefühle hier so ungeschminkt ausbreite. Ich bin so selten allein, und trotzdem gibt es eigentlich zur Zeit niemanden, mit dem ich meine innersten Gedanken teilen kann. Mit Arthur Fineman, meinem alten Freund, saß ich oft stundenlang zusammen, und wir unterhielten uns über Menschen, über neue Ideen … Zwar sehen wir uns auch jetzt, da er mit Totsie verheiratet ist, noch regelmäßig, aber die Gespräche kreisen um die Möblierung ihres Hauses und um Personal – Themen, denen wir in den Zeiten unserer tiefen und besonderen Verbundenheit nicht mal flüchtige Beachtung geschenkt haben. Und Totsie – die innige Beziehung, die wir in den letzten Jahren hatten, scheint jetzt nichts anderes gewesen zu sein als eine ganz gewöhnliche Bekanntschaft zweier bürgerlicher Damen.

Ich weiß nicht, in mir ist plötzlich ein solcher Wirbel von Unruhe, woher nur? Es ist schlimmer, viel schlimmer als der Kummer, der mich nach Robins Tod aufgezehrt hat. Ein Tod, so entsetzlich er ist, macht das Leben wirklich und bewusst, er erhellt die Welt für die Zeitspanne eines Blitzes, und sie ist schön! Aber nur zu schnell fahren wir wieder in unseren alten Gleisen dahin, und die alte öde Leier tönt dazu. Jetzt trauere ich um mein Kind in ganz anderer Weise. Unmittelbar nach seinem Tod sprach das Leben tausendfältig mit mir, und ich erkannte überall im Dasein einen Sinn. Jetzt umfasst meine Trauer um Robin die Trauer um den fast visionären Weitblick, der mir entglitten ist.

Es wäre mir arg, wenn ich einen von euch verletzen würde: Aber ich wollte, meine Mutter wäre noch da! *Bess*

Dallas, den 1.11.1921

Liebe Lydia, lieber Manning,

Allerseelen: ich fühle mich den Toten näher als den Lebenden. Erstaunlicherweise – und ich bin dankbar dafür – haben die Kinder den Tod ihres Bruders fraglos hingenommen; Eleanor hat seit ihrer Rückkehr ein einziges Mal geweint, am Abend bevor sie wieder in die Schule ging. Ich habe sie in den Arm genommen und getröstet. Darauf meinte sie: »Alle werden sie mich nach Robin fragen, alle! Und das ist mir so furchtbar peinlich.«

Die Kinder haben den Tod des Vaters und jetzt den Verlust des Bruders hingenommen, und ihr Gleichmut hat schließlich meine eigene Lebensgrundlage verändert. Bisher habe ich meine Aufgabe darin gesehen, mich um die Nöte der andern zu kümmern, aber langsam glaube ich, dass in Wirklichkeit keiner von uns den andern braucht. Niemand ist unersetzlich. Irgendwie macht mir diese neue Freiheit Vergnügen, die ich durch diese Entdeckung gewonnen habe; in gleicher Weise löse ich mich aber jeden Tag mehr von allem und jedem. In meiner wachsenden Isolierung und Einsamkeit scheine ich klarer zu sehen, was um mich herum geschieht. Mein Freund Sam Garner zum Beispiel: Die Anteilnahme an meinem Verlust hat uns in diesem Sommer stark verbunden – aber es ist seine eigene Einsamkeit, die ihn in diese Beziehung einwebt. Zu den Kindern steht er wie ein Vater; sie haben in seinem Leben den Platz der Kinder eingenommen, die ihm seine Frau verweigert hat – sie hat nur ihre Karriere im Sinn. Fast jeden Nachmittag schaut er auf dem Heimweg vom Büro bei uns herein; die Kinder freuen sich immer, wenn er auftaucht, und laden ihn zum Essen ein. Wenn ich dann auch darauf bestehe, bleibt er meistens. Drew hat am letzten Wochenende bei einem Freund übernachtet, ich hatte mich mit Kopfweh in meinem Zimmer eingeigelt, und als Sam aufkreuzte, setzte sich Eleanor gerade zu einem einfachen Abendessen hin, einem Teller Suppe und belegten Broten. Da lud Sam sie kurzerhand ein, mit ihm in einem Restaurant zu essen. Sie war begeistert, schlüpfte schnell in ihr bestes Kleid, und schon waren sie aus dem Haus! Ein unvergessliches Erlebnis für Eleanor.

Sam ist ein meisterlicher Fotograf, und jetzt hat er auch noch – als Einziger, den ich kenne – eine Filmkamera für ein Heimkino gekauft. Er folgt damit den Kindern auf Schritt und Tritt, und inzwischen fangen sie schon an zu kaspern, wenn sie ihn nur sehen. Ich sitze dabei und beobachte mit dem kühlen Linsenblick einer Kamera ihre Possen.

Zu Weihnachten fährt Sam nach Philadelphia, um seine Scheidung über die Bühne zu bringen. Ich habe den Verdacht, dass er mir einen Heiratsantrag machen wird, wenn er zurück ist. Die Kinder werden mir nicht erlauben, ihn zurückzuweisen! Ach, wann nur hört eine Frau auf, ihre eigenen Wünsche zurückzustellen zu Gunsten ihrer Familie? *Alles Liebe, Bess*

Honey Grove, den 20.12.1921

Lieber Sam,

der Gesundheitszustand meines Vaters hat sich so verschlechtert, dass wir Weihnachten hier mit ihm und seiner Frau feiern. Gestern haben wir einen großen Christbaum in der Halle aufgestellt und Ihre Pakete, die uns von Dallas nachgeschickt worden sind, darunter gelegt. Wie lieb, dass Sie an uns gedacht haben!

Fast hatte ich geglaubt, Sie würden Ihre neuen Freunde in Texas vergessen, wenn Sie die alten in Philadelphia wiedertreffen – so wie einem auch zuweilen, wenn man wieder in die alte Heimat kommt, die neuen Erlebnisse andernorts wie ein Traum erscheinen. Mir ist das heute Morgen passiert; als ich in dem Zimmer aufwachte, in dem ich meine Kindheit verbracht habe, dachte ich, ich hätte das ganze Leben noch vor mir. Aber was für ein Schock: Da kamen meine beiden Kinder zum Frühstück als sichtbares Zeichen dafür, wie viel ich von der Zukunft schon verbraucht habe!

Ich hoffe, Sie machen jetzt ohne Bedauern einen Schluss-Strich unter Ihre Ehe und genießen die Freiheit, die Ihnen Ihr neuer Stand gewährt. Jetzt können Sie doch Ihr Leben neu aufbauen, frei gestalten, ganz unabhängig von den Bedürfnissen eines anderen Menschen.

Mich haben die Ereignisse des Sommers erschöpft, weit mehr, als ich dachte, und so finde ich das Leben in einer Kleinstadt mit seinem moderaten Tempo recht erholsam; ich spiele einmal in der Woche mit Schulfreundinnen (die jetzt alle gesetzte Damen sind) Bridge. Und ist es nicht paradox – obwohl sie nicht viel erlebt haben, sehen sie viel verlebter aus. Ich bin auch erstaunt, dass Menschen, die nie aus Honey Grove herausgekommen sind, mit ihrem Leben zufriedener sind als ich.

Ein paar Stunden täglich sitze ich bei meinem Vater am Bett; sein Leben, von dem mir große Teile unbekanntes Territorium geblieben sind, neigt sich dem Ende zu. Und ich versuche jetzt, es besser kennen zu lernen. Er liebt es, auf meine Fragen Auskunft zu geben, zu erzählen, und so reden wir oft stundenlang miteinander, bis meine Stiefmutter auf Zehenspitzen dazukommt, um ihm eine kleine Stärkung einzuflößen. Wenn er dann schläft, stöbere ich in den Schubladen seines Sekretärs; sie sind voll gestopft mit mir oft geheimnisvollen Fotografien – neuer Stoff für eine Flut von Fragen, wenn er aufwacht.

Die Kinder sind hier glücklich. Mein Vater hat das Nachbargrundstück an einen Farmer verpachtet, und ich staune, wie vielfältig die paar Hektar genutzt werden. Der Farmer hält auch Kühe und Ziegen; Eleanor und Drew bilden das bewundernde Publikum beim täglichen Melken zur Dämmerstunde. Außerdem sind da eine Baumwollplantage und ein Obstgarten, und der Farmer hat den Kindern für den Sommer Arbeit als Pflücker angeboten – ich wüsste niemanden, der so begeistert angenommen hätte wie die beiden!

Trotzdem beneiden wir Sie um den Schnee in Philadelphia. Wie gern würden wir auf Schlittschuhen über den See kurven!

Ich hoffe, Ihre Ferien sind schön und fröhlich und von dem inneren Frieden erfüllt, den die Jahreszeit mit sich bringt! Die Kinder und ich schicken Ihnen die allerbesten Wünsche!

Ein gutes neues Jahr, lieber Sam! Bess

Honey Grove, den 20.12.1921

Lieber Dwight,

dein Brief wurde mir aus Dallas nachgeschickt. Leider verpassen wir uns diesmal, denn während du dich dort kurz aufhältst, bin ich gerade in Ferien hier.

Ich bin begeistert von der Idee, dass du Weihnachten mit deinem Sohn verbringen willst – und ich kann dir einen herzlichen Empfang von Arthur und Totsie garantieren, sei unbesorgt; Totsie hat mir des Öfteren in diesem Herbst gesagt, wie viel es dem kleinen Dwight bedeutet, wenn ein Brief von dir kommt. Hast du gewusst, dass er seit dem letzten Sommer darauf besteht, Dwight gerufen zu werden? Jeder, der es vergisst und ihn »Din-Din« nennt, riskiert einen furchtbaren Zornausbruch, wie ihn nur Dreijährige über die Welt ergießen können.

Mit kommt eben der Gedanke, dass du doch in meiner Abwesenheit unser Haus bewohnen könntest. Dort wohnt und wirkt meine Haushälterin, die sich gewiss freuen wird, wenn du kommst. Der kleine Dwight ist ein häufiger Gast; er läuft immer gleich stracks zur Keksdose, was ihm einen Dauerplatz im Herzen meiner guten Marthareen gesichert hat. Ich weiß, dass er gern mit dir in unserem Haus wäre; zur Weihnachtszeit ist doch ein Heim in jedem Fall einem Hotelzimmer vorzuziehen. Ich schreibe heute noch an meine Haushälterin, damit sie alles für euch vorbereiten kann. Enttäusche uns nicht, bitte!

Wunderbar, dass du nach Manhattan ziehst! Wenn ich allein wäre, würde ich mir ohne Zögern ein kleines Appartement im Herzen der Stadt suchen und alles mitmachen, was mich interessiert. Wann immer ich in eine New Yorker Zeitung schaue, sehe ich hundert Möglichkeiten für Unternehmungen, die mir Spaß machen würden. Ich beneide dich um deine Unabhängigkeit – physisch, gefühlsmäßig und finanziell – und hoffe, du bist so zufrieden, wie du es in deiner Situation sein solltest.

Alles Gute, Bess

Honey Grove, den 20.12.1921

Liebe Marthareen,
ich hoffe, Sie genießen Ihre wohlverdiente Ruhe in unserer Abwesenheit. Der Zustand meines Vaters lässt keine Besserung erkennen, so dass ich auch keine Pläne für unsere Rückkehr machen kann. Aber mein Freund Dwight Davis, der frühere Mann von Mrs. Fineman und Ziehvater ihres adoptierten Söhnchens, kommt zu Weihnachten nach Dallas. Ich habe ihn eingeladen, in unserem Haus zu wohnen. Er wird wohl meistens mit seinem Jungen zusammen sein wollen, und so hoffe ich, Sie werden Ihr Möglichstes tun, um dem Haus in der knappen Zeit noch ein festliches Aussehen zu verleihen!
Ich lege einen Scheck bei, um die Haushaltsausgaben zu decken, die sich durch die Ankunft des Gastes ergeben. Bitte verwenden Sie einen Teil davon für einen Baum im Wohnzimmer und einen Kranz an der Eingangstür. Sollten Sie es vergessen haben: Der Weihnachtsschmuck ist in dem kleinen Abstellraum gegenüber der Treppe aufbewahrt.
Heute Nachmittag fahre ich mit den Kindern in den Wald, sie wollen dort Tannenzapfen sammeln und Zweige schneiden. Das Haus hier soll geschmückt werden, und ich werde auch gleich eine Schachtel mit Tannengrün an Sie abschicken, damit Sie das Wohnzimmer so hübsch wie möglich dekorieren können. Sehen Sie zu, dass alles vorbereitet ist, und zünden Sie das Feuer im Kamin an, wenn Mr. Davis ankommt. Und denken

Sie an die Weihnachtsbäckerei! Männer jeden Alters lieben Süßigkeiten!
Außer dem Haushaltsscheck füge ich noch ein Weihnachtsgeschenk für Sie bei, da Sie ja nun die geplante Fahrt nach Sulphur Springs und den Besuch bei Ihrer Schwester verschieben müssen und damit Unannehmlichkeiten haben. Aber ich bin sicher, sie hat die gleiche Freude, wenn sie Sie nach den Feiertagen bei sich empfangen kann.
Die Kinder schicken Ihnen viele liebe Grüße.

Fröhliche Weihnachten! Bess Steed

Honey Grove, den 22.12.1921

Liebe Lydia, lieber Manning,
eure Einladung zum Weihnachtsessen freut mich sehr, aber Papa ist jetzt ganz ans Bett gebunden, und ich möchte ihn nicht verlassen. Die Angst, es könnte sein letztes Weihnachten sein, erfüllt mich, und ich glaube, er braucht nun wirklich meine ganze Fürsorge.
Als er das letzte Mal so schwer krank war, lebte ich in St. Louis und konnte die Familie nicht im Stich lassen. Jetzt aber hat mich das Leben vom Konflikt zwischen den Verantwortlichkeiten befreit, und ich kann die Rolle der pflichtgetreuen Tochter übernehmen. Und ich bin auch noch aus einem anderen Grund froh darum: Es nimmt mir die Entscheidung ab, was mit meinem Leben weiterhin geschehen soll. Die Kinder sind sehr glücklich hier, und ich sehe eigentlich keinen Grund, nach den Ferien nach Dallas zurückzukehren. Sie können ja hier in die Schule gehen, und ich kann Papa alle Zeit und Zuwendung schenken, die ich ihm in der Vergangenheit so oft vorenthalten habe.
Ich glaube, mein Freund Sam Garner wird von meiner Abwesenheit so viel profitieren wie Papa von meiner Gegenwart. Da

er jetzt frei ist und Beziehungen knüpfen kann, wünsche ich ihm, dass er alle Möglichkeiten für neue Freundschaften wahrnimmt, die einem Mann oder einer Frau mit unabhängigem Geist offen stehen – und dass er nicht gleich wieder eine konventionelle Verbindung eingeht!
Ich spiele mit dem Gedanken, meine unterbrochenen Studien an der Universität fortzusetzen und abzuschließen. Könnte Manning wohl so nett sein und mir ein Vorlesungsverzeichnis für das nächste Semester schicken, damit ich sehe, was ich belegen kann? Ein- oder zweimal in der Woche könnte ich leicht zu den Seminaren hinüberfahren; ein wenig geistige Tätigkeit würde in der Enge des hiesigen Lebens eine willkommene Abwechslung sein und in keiner Weise meine familiären Verpflichtungen stören.
Wir haben die Geschenke für euch letzte Woche abgeschickt – hoffentlich kommen sie rechtzeitig zu Weihnachten an! Die Kinder sind so begeistert von dem Puppentheater, das sie für Marian gebastelt haben, dass sie nur zu glücklich wären, mit ihr damit zu spielen! Jederzeit!

Frohe Weihnachten für euch alle! Bess

Honey Grove, den 3.1.1922

Lieber Dwight,
das war ein zweites Weihnachten für mich in diesem Jahr, als ich gestern deine so wunderbar verpackten Geschenke erhielt. Ich kam mir vor wie Aschenputtel, als ich in entzückte Rufe über das seidene Halstuch, die Glacéhandschuhe und den herrlichen Fuchsmuff ausbrach. Ich wollte, du hättest meine Begeisterung miterlebt! Keine Fee hätte mehr dazu tun können, damit ich mich wie eine Prinzessin fühlte! Ich wusste immer, dass es eine Kunst des Schenkens gibt – und du beherrschst sie meisterhaft.

Ich bin sehr glücklich, dass unser Haus der passende Rahmen war für dein erstes Weihnachtsfest mit deinem Sohn ganz allein! Und hättest du ein schöneres Geschenk bekommen können als die Entdeckung, dass er mit seinen drei Jahren schon eine so interessante kleine Persönlichkeit ist! Das Glück, euch beisammen zu wissen, trägt viel dazu bei, den Schmerz über meinen großen Verlust zu lindern. *Gutes neues Jahr! Bess*

TELEGRAMM AN
MR. UND MRS. SHEPHERD
1263 UNIVERSITY AVENUE
DENTON TEXAS
PAPA LETZTE NACHT FRIEDLICH IM SCHLAF GESTORBEN STOPP MUSS LEIDER EINSCHREIBUNG FÜR KOLLEG ZURÜCKNEHMEN STOPP BITTE FORMULAR ANFORDERN FÜR RÜCKERSTATTUNG VON ANZAHLUNG STOPP BESS – HONEY GROVE
1.2.1922

Honey Grove, den 10.2.1922

Liebe Lydia, lieber Manning,
ich kann euch gar nicht sagen, wie viel mir eure Gegenwart in dieser Woche bedeutet hat. Ich werde euch vermissen! Den Mann, den Sohn und den Vater innerhalb von drei Jahren zu verlieren ist mehr, als einer Frau aufgebürdet werden sollte. Ich fühle mich ganz und gar verlassen, und wenn ich an die Frau denke, die ich noch vor einer Woche war, endlich wieder voller Vertrauen in die Zukunft blickend, so scheint sie mir jetzt eine Fremde.
Unsere Eltern – und die ältere Generation, die sie verkörpern – bilden eine Barriere gegen den Tod, und wenn beide Eltern

nicht mehr leben, dann steht nichts mehr zwischen uns und unserer Sterblichkeit. Nun bin ich an der Reihe, als ein Schild zwischen meinen Kindern und dem alten Feind zu dienen. Noch dröhnt der Widerhall der Todesschrecken in meinen Ohren, und ich möchte wissen, wie lange ich noch aufrecht stehen kann, ohne jemanden zur Seite, der mich stützt.
Ich wehre mich augenblicklich dagegen, an die Zukunft zu denken; wir sind hier gern gesehen, und meine Gegenwart ist notwendig, um Papas verworrene Besitzverhältnisse zu klären. Mavis hat keine Erfahrung in geschäftlichen Dingen und verlässt sich auf meinen Rat, den ich natürlich gern gebe.
Ich bedaure wirklich, lieber Manning, dass ich deine Philosophie-Vorlesung versäume, aber die jüngsten Ereignisse erfordern meine volle Aufmerksamkeit für weltlichere Themen! Ich habe mich entschlossen, unser Haus in Dallas zu verkaufen und weiterhin hier bei Mavis zu leben, so lange wenigstens, bis die Kinder im Juni mit der Schule fertig sind. Dann müssen wir wieder ein Zuhause finden – ich weiß nur noch nicht, wo und mit wem.

Alles Liebe, Bess

Honey Grove, den 15.2.1922

Lieber Sam,
die Kinder waren ganz begeistert von Ihrem überraschenden Besuch am letzten Wochenende. Ich bedaure nur, dass ich selbst nicht fähig war, an allem teilzunehmen, was Sie geplant hatten, aber in letzter Zeit scheint das Leben an mir vorbeizugehen.
Sogar die Kinder finden es schwierig, mein Interesse zu wecken, aber sie genießen zum Glück die ungeteilte Zuneigung der Witwe meines Vaters. Da Mavis keine eigenen Kinder hat, ist für sie das ständige Lärmen eine willkommene Ablenkung in einem Haus, das sonst totenstill wäre. Sie sind glücklich mit-

einander, sie mit den Kindern, und die mit ihr, so dass ich nicht das Herz habe – und auch keinen Grund –, ihren Schmerz über den Verlust ihres Mannes durch die Rückkehr nach Dallas noch zu vergrößern.
So habe ich mich jetzt zum Verkauf unseres Hauses entschlossen; die Möbel werden eingelagert. Verzeihen Sie, dass ich Ihnen am letzten Wochenende, als wir uns gegenübersaßen, nichts von diesem Entschluss erzählt habe, aber ich fürchtete, die Nachricht könnte Sie dazu bringen, eine Bindung mit mir einzugehen, die Ihnen später Leid tun würde. Ich bin Ihnen sehr dankbar für die liebenswürdige Fürsorge, die Sie den Kindern und mir entgegengebracht haben, aber fühlen Sie sich bitte nicht zu weiteren Konsequenzen verpflichtet.
Ich bin sicher, Sie haben viele neue Freunde gefunden; Sie sind ganz ohne Zweifel ein begehrter Begleiter – ich kann bezeugen, dass Sie ein außerordentlich angenehmer sind …

Herzlich wie immer, Bess

Mrs. Martin Banks
Schatzmeister
Shakespeare-Club, Dallas

Honey Grove, den 1.3.1922

Liebe Exa,
ich habe mich nun entschlossen, das Haus, das ich im vergangenen Jahr in Dallas gekauft habe, wieder zu veräußern und in Honey Grove zu bleiben. Wenigstens fürs Erste. Wie es weitergehen soll, weiß ich noch nicht – das Einzige, was ich ganz sicher weiß, ist, dass ich an keinen Ort zurückkehren will, an dem ich früher einmal war.
In der Zwischenzeit mache ich mir Gedanken über die nächste Zukunft meiner treuen Haushälterin Marthareen Jenkins. Jetzt ist sie natürlich noch vollkommen damit ausgefüllt, unser Mobiliar für das Lager zu verpacken und das Haus für den neuen

Besitzer herzurichten. Aber Ende des Monats wird ihre Arbeit für mich zu Ende gehen, und dann muss sie sich um eine neue Stelle kümmern. Sie würde sich damit sicher nicht schwer tun – mehrere meiner Freunde haben sich schon an sie gewandt wegen einer eventuellen Anstellung –, aber mir kam jetzt der Gedanke, dass der Shakespeare-Club aus dieser Situation Nutzen ziehen könnte. Der kleine Imbiss nach den Vorträgen war im letzten Herbst ein großer Erfolg – vielleicht ließen sich die gesellschaftlichen Aktivitäten des Clubs noch weiter ausbauen? Marthareen ist eine perfekte Haushälterin und exzellente Köchin, und so würden alle Mitglieder nur profitieren, wenn sie fortan fest beim Personal bliebe.
Ich freue mich, von dir zu hören. *Alles Gute, Bess*

Honey Grove, den 5.3.1922

Lieber Dwight,
in den letzten drei Jahren habe ich vermutlich mehr Beileidsbriefe bekommen als irgendjemand anderer in meinem Alter – und alle klingen gleich. So wenige Menschen sind fähig, bei einem schweren Verlust wirklich zu trösten, aber dein Brief hat mich wirklich aufgerichtet!
Der Gedanke an eine Reise nach New York ist eine reine Wonne! In meiner Welt, die seit Weihnachten auf die Größe eines Vorgartens zusammengeschrumpft ist, wird ein neuer Horizont sichtbar. Mit großem Vergnügen nehme ich deine Einladung an, aber nur unter der Bedingung, dass ich meine Unternehmungen selbst arrangiere. Natürlich würde ich gern mit dir durch die Stadt streifen und alles erkunden, wenn du Zeit hast, aber es macht mir auch nichts aus, allein zu sein.
Ich komme am nächsten Samstag und bleibe so lange, wie die Umstände es zulassen. Es versteht sich, dass ich für die Unterbringung selbst sorge. Lieb von dir, dass du mich an der Bahn

abholen willst. Wenn du mich nicht gleich erkennst – schau dich nach der Dame mit dem Fuchsmuff um! *Bis bald, Bess*

Honey Grove, den 5.3.1922

Lieber Sam,
ich war sehr erfreut, mit der Morgenpost einen Brief von Ihnen zu bekommen, aber etwas verwirrt, nur einen einzigen Satz darin zu finden: die Einladung zu einem Essen am Samstag. Nun muss ich leider absagen, an diesem Abend bin ich unterwegs nach New York; ein alter Freund hat mich ohne »Vorwarnung« dorthin eingeladen, und ich habe ebenso impulsiv zugesagt.
Sie können es sicher nicht ganz verstehen, lieber Sam, dass ich so plötzlich aus Ihrem Leben verschwinde, aber – ich finde es einfach nicht fair, unsere Beziehung fortzusetzen. Ich bin an einem Punkt angelangt, an dem mein Leben so wenig Wert für mich selbst hat, dass ich mir nicht vorstellen kann, es hätte Wert für einen anderen. Glauben Sie mir bitte, dass ich voller Dankbarkeit für Ihre ständige Fürsorge bin, aber ich kann mich nicht auf Sie stützen, um mein ausgehöhltes Selbstgefühl wieder zu festigen. Selbstbewusstsein muss von innen kommen! Ich muss jetzt eine Weile heraus aus der Routine des Familienbetriebs, um zu sehen, ob ich noch ein Mensch bin, den zu kennen es sich lohnt.
Die Franzosen sagen »Au revoir« zu jemandem, den sie wieder sehen möchten. Nur »Adieu« bedeutet einen Abschied für immer. Ich sage »Au revoir, Sam«! *In herzlicher Zuneigung, Bess*

TELEGRAMM AN
DWIGHT DAVIS
989 PARK AVENUE
NEW YORK N.Y.

FUCHSMUFF BLEIBT IN TEXAS STOPP ICH AUCH STOPP HABE AN STELLE DEINER EINLADUNG HEIRATSANTRAG ANGENOMMEN STOPP HOFFE ICH HABE KEINEN FEHLER GEMACHT STOPP IN LIEBE
BESS – HONEY GROVE TEXAS 10.3.1922

Honey Grove, den 10.3.1922

Liebe Lydia,
wie lieb von dir, die Kinder über das Wochenende einzuladen! Aber nun komme ich gleich mit – und bringe auch den mit, der meine Reise nach New York vereitelt hat. Ich hoffe, es stört dich nicht! Sicherlich hast du es schon erraten: Es ist Sam Garner. Er erschien hier gestern Abend unangemeldet, und während ich oben für meine Reise packte, fragte er die Kinder, ob sie damit einverstanden wären, wenn er mich heiratete – und die Sache war beschlossen, bevor ich überhaupt wusste, dass er im Haus war! Als sie dann die Treppe heraufkamen, strahlte das Glück aus allen drei Gesichtern, und der Eisklotz, den ich in diesen langen Monaten an Stelle meines Herzens in mir getragen hatte, schmolz dahin. Ich stimmte allem zu, was sie ohne mich ausgeheckt hatten.

Auf meinen Vorschlag hin warten wir noch mit der Festsetzung des Termins für die Hochzeit; wir müssen erst ein Haus finden, das geeignet ist für unser neues Familienleben. Ich hoffe, dass ein paar Wochen vergeblicher Suche meinen zukünftigen Mann davon überzeugen werden, dass wir niemals das richtige Domizil finden werden – wir müssen es selber bauen! Da er von Beruf Ingenieur ist, kann er seine eigenen Ideen dabei verwirklichen, und ich selbst kann die Wartezeit mit Hochzeitsvorbereitungen nützen.

Damit zögere ich auch die Aufgabe meiner Selbstständigkeit

hinaus. Warum bin ich nur so widerspenstig – Sam ist doch ein so gutherziger und mir ergebener Mann, der nicht nur willens ist, die väterlichen Pflichten zu übernehmen, sondern sie geradezu ersehnt? Vielleicht weil ich glaube, niemand wird mich je so lieben wie Rob, und ich lieber allein leben will als mit weniger Zuneigung? Gleichzeitig – ich hoffe, du wirst es mir verzeihen, wenn ich jetzt ganz ehrlich bin – sieht es so aus, als liebe Sam die Kinder fast mehr, als Rob sie je geliebt hat, auf jeden Fall werden sie in seinem Leben einen größeren Raum einnehmen. Ich bin immer mehr davon überzeugt, dass die Rollen des Ehemanns und des Vaters oft unvereinbar sind, dass ein Mann oft großartig in der einen und unzulänglich in der andern ist. Für Frauen gilt das Gleiche, meine ich. Aber warum besteht die Gesellschaft darauf, dass wir jede Erfahrung mit ein und derselben Person teilen müssen? Wir sind doch alle viel komplizierter, als wir zu erscheinen wagen.

Ich freue mich, dich an diesem Wochenende zu sehen! Da du jetzt weißt, dass Sam nie die Stelle deines Bruders Rob in meinem Leben einnehmen kann, hoffe ich, du wirst dem Mann, den ich heiraten werde, einen herzlichen Empfang bereiten.

In liebevoller Verbundenheit, Bess

Honey Grove, den 1.5.1922

Liebe Totsie,

Sam und ich haben im letzten Monat die Suche nach einem geeigneten Haus für uns aufgegeben; seitdem haben wir uns nach Bauplätzen umgesehen für ein Heim, das nach eigenen Ideen gestaltet wird.

Gestern haben wir es entdeckt, das Stück Land unserer Träume! Ein abgeschlossenes Grundstück, umgeben von waldiger Parklandschaft, und mittendurch fließt ein Bach. Der Platz daneben gehört Harold D. Perkins, dem Herausgeber der

Dallas Morning News. Ich hätte wirklich keinen prominenteren Nachbarn finden können, selbst wenn ich die ganze Stadt danach durchgekämmt hätte. Doch er scheint sein Land als Geldanlage erworben zu haben, und wir werden wohl die ersten sein, die mit Bauen beginnen.
Sam war so begeistert von dem Besitz, dass er die Anzahlung aus seinen Ersparnissen leistete. Eigenes Land zu besitzen hat sicher eine besondere Bedeutung für jemanden, der in bescheidenen Verhältnissen aufgewachsen ist. Aber meiner Meinung nach ist ein Heim eine gemeinsame Verpflichtung für Mann und Frau, und so hat Sam zugestimmt, dass ich die Finanzierung des Hauses übernehme, das auf seinem Grund stehen wird.
Ich habe den Entschluss gefasst, dass Sam und ich die Bedingungen für unsere zukünftige Partnerschaft juristisch festlegen sollten. Er war gekränkt, als ich ihm die Idee unterbreitete, so als ob ich damit unterstellte, dass seine Absichten nicht ehrenhaft wären. Ich habe ihn aber schnell davon überzeugt, dass im Geschäftsleben ein Vertrag keinen Mangel an Vertrauen bedeutet; der einzige Unterschied ist der, dass ein geschäftlicher Vertrag ein kurzfristiges, die Ehe dagegen ein lebenslängliches Übereinkommen ist. Wenn jedes Paar bei der Heirat einen Kontrakt unterzeichnen würde, wäre die Scheidung lediglich ein Bruch des Übereinkommens ohne die bitteren Streitigkeiten, die so oft die Auflösung einer Ehe begleiten.
Ich lege einen Vertragsentwurf bei, der im groben Umriss alle zu regelnden Punkte in einer Ehe beinhaltet. Könntest du ihn bitte durchsehen und auf Grund deiner Erfahrung Korrekturen anbringen oder Zusätze anfügen, bevor ich ihn Sam zur Unterschrift vorlege?
Da wir jetzt wissen, wo wir leben werden, meint Sam, dass einer Heirat doch nichts mehr im Wege stünde. Ich weiß nicht, wie lange ich ihm noch die Gemeinsamkeit unserer Tage und

Nächte verwehren kann. Und ehrlich gesagt, ich will es auch gar nicht mehr – ich möchte genau wie er wieder ein eheliches Leben aufnehmen. *Je t'embrasse, Bess*

Entwurf zu einem Ehevertrag
zwischen
Elizabeth Alcott Steed
und
Samson Arlington Garner

I. Wohnort: ein Haus, das auf Kosten von Elizabeth Alcott Steed auf dem Grundstück im Besitz von Samson Arlington Garner erstellt wird.

II. Einkommen: Ehemann und Ehefrau werden getrennte Konten beibehalten.
   a) Elizabeth Steed wird die Verfügungsgewalt über den Besitz, den sie von ihren Eltern und ihrem ersten Mann geerbt hat, behalten.
   b) Samson Garner wird im ausschließlichen Besitz seines Einkommens bleiben, das er für seine Beschäftigung bei der Daltex Steel Company erhält, sowie im Besitz der Zinserträge aus dem angelegten Einkommen.

III. Haushaltsausgaben:
   a) Elizabeth Steed übernimmt die Verantwortung für alle Ausgaben, die der laufende Betrieb eines Haushalts erfordert, inklusive Anschaffungen, Versicherungen und Löhnen für die Hausangestellten.
   b) Samson Garner wird Elizabeth Steed einen monatlichen Betrag, ungefähr ein Viertel der Haushaltskosten, zuschießen.

IV. Möbel:
   a) Das Haus wird aus dem Familienbesitz beider Partner

möbliert. Evtl. zusätzliche Möbel, deren Anschaffung für notwendig erachtet wird, werden von Elizabeth Steed ausgesucht und bezahlt und bleiben ihr Eigentum.

b) Mobiliar, das von Samson Garner benötigt wird, wird von seinen Einkünften bezahlt und bleibt in seinem Besitz.

V. Automobile: Jeder der beiden Eheleute behält die finanzielle Verantwortung für sein/ihr Auto inklusive Kosten für Versicherung, Instandhaltung und Benzin, und soll es nach seinem/ihrem Belieben ersetzen.

VI. Lebensversicherung: Beide Partner besitzen eine Lebensversicherung von gleichem Wert, die den anderen als Begünstigten benennt. Der Abschluss zusätzlicher Policen, andere Personen betreffend (z.B. die Kinder von Elizabeth Steed), ist beiden Ehegatten freigestellt.

VII. Zusätze: Elizabeth Steed wird die gesamte finanzielle Verantwortung für die Bedürfnisse ihrer Kinder übernehmen, also für Kleidung, ärztliche Versorgung, Erziehung und gesellschaftliche Verpflichtungen. Im Falle ihres Todes wird Samson Garner diese Verantwortung übernehmen.

Honey Grove, den 10.6.1922

Liebe Totsie,

der Architekt hat seine Pläne vorgelegt, und wir haben sie akzeptiert, vielleicht mit mehr Begeisterung von meiner Seite als von Sams. Aber im Wesentlichen stimmen wir überein, und es kann sofort mit den Arbeiten begonnen werden. Nun bin ich auch bereit, einen Hochzeitstermin festzulegen. Sam hat den morgigen Tag vorgeschlagen(!), aber ich habe ihn schließlich überredet, bis zum 4. Juli zu warten, da hätten wir ein langes

Wochenende für die Hochzeitsreise. Übrigens entspricht eine Heirat am Unabhängigkeitstag meinem Sinn für Ironie! Ich habe noch keine Ahnung, wo wir unterkommen werden, bis das Haus fertig ist, aber es stört mich nicht, mit ein paar offenen Fragen in die Zukunft zu segeln.

Es freut mich, dass du den Ehevertrag billigst. Heute unterbreitete ich ihn Sam, bevor wir in die Stadt fuhren, um die Heiratsbewilligung zu beantragen. Er las ihn wortlos durch, unterschrieb und sagte mit einer so emotionslosen Stimme, als käme sie von einem anderen Planeten: »Ich will dieses verdammte Ding nie wieder sehen, solange ich lebe.«

Ich war ganz perplex, dass ich einen Punkt, auf den du mich hingewiesen hast, ganz außer Acht gelassen hatte: die Möglichkeit einer Nachkommenschaft aus unserer Verbindung. Ich habe diesen Punkt noch aufgenommen, vor allem wegen der Regelung des Erbes – aber seit Robins Tod bin ich in einem solchen Zustand der Auflehnung gegen den Zeugungsvorgang, dass ich wahrscheinlich gar nicht empfangen könnte, selbst wenn ich wollte – und ich will ja nicht einmal.

Ich liebe meine Kinder in ihrem jetzigen Alter und habe weder die Energie noch die Geduld, ein weiteres aufzuziehen. Das Gleiche gilt für Sam, wenn er es auch nicht so klar sieht. Offen gesagt mag ich auch seine Zuneigung zu meinen Kindern nicht aufs Spiel setzen, indem ich ihm ein eigenes beschere. Wir haben darüber nicht gesprochen; ich verlasse mich darauf, dass Sam mich nicht in die Lage bringt, gegen ihn Stellung nehmen zu müssen. Wenn auch der Mann bei der Empfängnis eines Kindes beteiligt ist, ist es schließlich die Frau, die das Kind austrägt und oft auch allein aufzieht. Also ist ihr die Entscheidung zu überlassen.

Liebe Totsie, ich bin glücklich, dass du mir zur Seite stehst und Mut machst, da ich jetzt einem neuen Mann die restlichen Jahre meines Lebens anvertraue. *Je t'embrasse, Bess*

Honey Grove, den 28.6.1922

Liebe Lydia, lieber Manning,

Sam und ich werden nächsten Freitag in Dallas heiraten, und wir hoffen, dass ihr beide dabei sein könnt und natürlich auch Mama Steed und Marian, wenn sie mögen. Grace und Frank Townsend – die Freunde, die uns miteinander bekannt gemacht haben – haben liebenswürdigerweise angeboten, die Hochzeit in ihrem Haus zu arrangieren, mit einem Champagner-Mahl zum Abschluss. Es wird ein sehr kleiner Kreis; ich habe nur euch, Mavis, Exa und Martin Banks eingeladen, Totsie und Arthur Fineman; Sam hat noch einige Kollegen aus seinem Büro dazugebeten.

Natürlich werde ich aber alle unsere Freunde benachrichtigen. Ich habe einen Text dafür entworfen und lege ein Muster bei. Bitte sag mir ehrlich, was du darüber denkst, sowohl aus gesellschaftlicher Perspektive als auch hinsichtlich des Stils.

Alles Liebe, Bess

Elizabeth Alcott Steed
Tochter von
Andrew und Abigail Alcott
in Honey Grove
Witwe von
Robert Randolph Steed
aus Dallas und St. Louis
Mutter von
Eleanor Elizabeth und Andrew Alcott Steed
gibt sich die Ehre
ihre Vermählung anzuzeigen
mit Samson Alington Garner
aus Philadelphia und Dallas
In Dallas Am 4. Juli 1922

Dallas, den 3.7.1922

Liebe Mama Steed,
heute Nachmittag kamen Lydia und Manning mit Marian hier an. Wir sind alle bei meinen Freunden Totsie und Arthur Fineman untergebracht, und es herrscht schon richtige Feststimmung im Haus. Totsie hat liebenswürdigerweise angeboten, die Kinder über dieses Wochenende zu behalten, wenn Sam und ich auf unserer Hochzeitsreise sind; ich könnte nicht sagen, wer das Angebot freudiger annahm: Sam und ich oder Drew und Eleanor.
Totsie und Arthur verhielten sich seit der Bekanntmachung unserer Verlobung äußerst großzügig und hilfreich; sie veranstalten heute Abend noch eine Art Probe-Festessen, hüten die Kinder nach der Hochzeit und stellen uns – besonders nett ausgedacht – ihr Haus zur Verfügung, solange sie in Colorado Ferien machen. Besser als alle unsere Freunde verstehen sie die Gefühle, die eine zweite Eheschließung mit sich bringt, und tun alles, was in ihrer Macht steht, um es uns beiden leichter zu machen.
Ich war traurig, als Manning und Lydia heute ohne Sie ankamen. Aber ich hoffe, dass Sie uns Ihren Segen geben, wenn Sie auch bei der Trauung nicht zugegen sein können. Niemand liebte Rob mehr als ich, niemand trauerte mehr um ihn – nicht einmal Sie –, aber es hat keiner das Recht, mich zu verurteilen, wenn ich die verbleibenden Jahre meines Lebens in die Hände eines anderen Menschen lege. Niemand würde sich inniger freuen als Rob, sähe er, wie glücklich seine Kinder in der Gesellschaft des Mannes sind, der mein Ehegatte sein wird. Wenn Sie Ihren Enkeln so zugetan sind, wie Sie es immer versichern, dann werden Sie sich morgen mit uns freuen – auch wenn Sie beschlossen haben, das für sich allein zu tun.

Alles Liebe wie immer, Bess

Dallas, den 8.7.1922

Liebe Mavis,
es war mir eine Freude, dass du zur Hochzeit gekommen bist. Als ich Dich so anschaute, meinte ich beinahe, Papa an deiner Seite zu sehen, wie er mir seinen Segen gibt. Manche Schicksalsschläge sind hart und schwer anzunehmen; es will mir immer noch nicht in den Sinn, dass ich einen Mann habe und du nun ohne den deinen bist.

Sam und ich hatten ein herrliches Wochenende in Galveston. Er war nie zuvor dort, ich habe die Stadt nur auf der Durchreise gesehen, und so war es für uns beide wirklich ein Erlebnis. Wie alle Hafenstädte hat auch Galveston etwas Geheimnisvolles und Aufregendes. Und obwohl es in Texas liegt, hat es eher die Atmosphäre von Neapel als von Dallas. Ich konnte den Golf von Mexiko nicht anschauen, ohne mir vorzustellen, dass Jean Laffite und seine Seeräuberbande da draußen irgendwo vor Anker gegangen waren!

Jeden Morgen vor dem Frühstück haben wir Tennis gespielt. Sam will partout meine Backhand verbessern, ich bin aber nicht sehr überzeugt, dass es gelingt. Er hat sich seinerseits bereit erklärt, sich von mir in den schönen Künsten unterweisen zu lassen – bis jetzt ist das Kino unser einziger gemeinsamer Interessenbereich. Sam hat sich immer sehr für Fotografie interessiert, und Bilder, die »laufen«, faszinieren ihn aus rein technischer Sicht. Ich selbst bin völlig hingerissen, wenn ich John Barrymore als Beau Brummel und Rudolf Valentino als Monsieur Beaucaire sehe, und vergesse ganz, dass eine Kamera im Spiel ist.

Wir waren nur drei Tage verreist, haben sie aber so geruhsam verbracht, dass mir diese Zeit jetzt viel länger vorkommt; in ungewohnter Umgebung hat die Zeit einen anderen Stellenwert. Jedes neue Erlebnis dehnt eine Stunde auf das Vielfache ihrer normalen Dauer aus. Wenn mir heute jemand sagte, dass

ich nur noch kurze Zeit zu leben hätte, dann würde ich sicher die mir noch verbleibende Zeit auf Reisen gehen, würde jede Stunde mit neuen Eindrücken und Klängen füllen. Wie gerne würde ich glauben, dass die Seele sich, noch bevor der Körper seinen Atem aufgibt, auf eine eigene Reise begibt, so dass sie dann, wenn die Hinterbliebenen mit ihren Klagen anheben, längst ferne Ufer erreicht hat.
Welch sonderbare Wege gehen die Gedanken! Ich habe den Brief mit der Schilderung meiner Hochzeitsreise angefangen und beende ihn mit Gedanken über den Tod.

Viel Liebes, Bess

Dallas, den 22.7.1922

Lieber Dwight,
was für ein außergewöhnliches Hochzeitsgeschenk! Als ich die Schachtel aufmachte und das wundervoll in Leder gebundene Buch sah, da glaubte ich eine seltene Ausgabe vor mir zu haben und rätselte, weil ich keinen Titel auf dem Einband vermerkt fand. Als ich es öffnete, da fand ich dieses exquisite Pergament – alle Seiten leer, bis auf deine Widmung. Wer sonst außer dir könnte sich ausmalen, wie mich so ein Buch mit »jungfräulichen« Seiten fasziniert? Zu den wenigen Dingen, die wir hinterlassen können, gehören ja unsere Gedanken, und ich kann es gar nicht erwarten, mit dem Schreiben zu beginnen – obwohl ich eine gewisse Scheu habe, diesen schönen Band mit meinen Ergüssen zu füllen.
Warum bin ich nie damit zufrieden, einfach mein Leben zu leben? Seit der Kinderzeit, seit ich mein erstes Kritzelheft anfing, habe ich immer versucht, in meine Welt, in meine Erfahrungen etwas hineinzugeheimnissen. Und meine Hefte sind vollgeklebt mit Zeitungsausschnitten über andere Leute; viele kannte ich gar nicht, es war, als könnten sie mit ihrem reichen, aktiven

Leben die Grenzen meines eigenen Daseins weiten. Mag sein, dass ich auch von meinen eigenen Bestrebungen unbefriedigt war und hoffte, an ihren Erlebnissen, sie nachempfindend, teilzuhaben.

Manchmal denke ich, dass ich aus dem gleichen Grund derart lange Briefe an Leute schreibe, die selten antworten, wenn sie es überhaupt tun! Wenn ich nämlich die Ereignisse in meinem Leben beschreibe, intensiviere ich sie, gebe ihnen eine Dramatik, die sie in Wirklichkeit niemals hatten. Sonderbar genug, dass ich, wenn ich mich Jahre später erinnere, mich nicht an das Erlebnis selbst erinnere, sondern an dessen Beschreibung in einem Brief. Ich glaube, dass sich im Akt des Niederschreibens eine Tatsache in eine Fiktion wandelt – und weißt du, was? Dafür bin Gott aus tiefstem Herzen dankbar. Und dir danke ich für das Buch, das mein Leben in der Form für mich bewahren wird, die ich ihm gebe. Es will mir scheinen, wir alle könnten unserem täglichen Leben eine andere Dimension hinzufügen, wenn wir die Menschen um uns herum als Charaktere in einem Schauspiel betrachteten, das nur zu unserem Vergnügen erdacht und inszeniert ist. Kein Leben ist so langweilig, als dass es nicht durch lebhafte Fantasie in ein Kunstwerk verwandelt werden könnte!

Ich wünschte mir, du könntest bald meinen Mann kennen lernen, aber Gott weiß, wann wir wieder ostwärts reisen werden. Sam ist ganz bestürzt, dass ich die Alpen durchwandert, aber nie die Rockies gesehen habe; nun plant er eine Entdeckungsreise durch den Westen der Vereinigten Staaten. Dazu werden wir wohl einige Sommer brauchen. Einstweilen abonniere ich die *New York Times,* so dass ich wenigstens im Geiste bei dir sein kann.

In großer Zuneigung, deine Bess

Dallas, den 5.9.1925

Liebe Lydia,
versprich mir bitte, diesen Brief zu vernichten, wenn du ihn gelesen hast.
Ich habe mich heute Morgen im Spiegel betrachtet. Da stand eine Frau vor mir, die Rob nicht wieder erkennen würde. Das schlanke, fröhliche Mädchen, das er geheiratet hat, ist so tot wie ihr hübscher, angebeteter erster Mann.
In den drei Jahren meiner Ehe mit Sam habe ich dreißig Pfund zugenommen! Guter Sam … ich darf ihm nicht die Schuld geben – wenigstens nicht die ganze – für das, was aus mir geworden ist. Er ist immer noch der gleiche wie an unserem Hochzeitstag. Wirklich, er scheint beim gleichmäßigen häuslichen Leben zu gedeihen; das ist nun mal so in der Ehe bei harmlosen Leuten. In meiner ersten Ehe hat es manche Stürme gegeben, von innen und von außen, aber jede Turbulenz ist ein Geschenk im Vergleich zu der tödlichen Verzweiflung, die um sich greift, wenn kein Wind aufkommt. Wie der Ancient Mariner lebe ich in einem »gemalten Schiff auf gemalter See«. Die Ehe mit deinem Bruder hat mich auf ein Zusammenleben mit Sam nicht vorbereitet. Mit Rob gab es anfangs Schwierigkeiten, aber in der Zeit vor seinem Tod habe ich ihn mehr geliebt als an unserem Hochzeitstag. Armer Sam! Wie kann er der Erinnerung an etwas Vollkommenes standhalten?
Die Zelttouren, die wir jeden Sommer unternehmen, sind die einzige Möglichkeit für mich, dem täglichen Einerlei zu entrinnen, das mit jedem Jahr bedrückender wird. Wir sind gestern aus New Mexico zurückgekommen und werden erst nächsten Sommer wieder verreisen; dann möchte Sam Utah erkunden. Nachdem er die Kinder und mich drei Jahre lang im Westen hat grasen lassen wie die Schafe, befindet er uns allmählich der amerikanischen Staatsbürgerschaft für würdig.
Im letzten Jahr ließ ich – auf meine Kosten – eine verglaste Log-

gia ans Haus anbauen, damit Sam dort mit dem Gefühl des Draußen-Campierens schlafen könnte – und ich im Schlafzimmer so lang lesen, wie ich wollte. Aber Sam will, dass ich an seiner Seite einschlafe. Und das nicht, wenn es mir gefällt, sondern wenn er müde ist. Das ist um Schlag zehn Uhr jeden Abend der Fall. Wenn ich gern noch mein Licht anlassen möchte, widerspricht er zwar nicht, jammert aber, dass er nicht einschlafen kann, weil die Mücken gegen den Lampenschirm prallen.
Gestern Nacht lag ich an seiner Seite und starrte ins Dunkel, bis er eingeschlafen war; dann schlüpfte ich ins Wohnzimmer zurück und las bis zum Morgengrauen. Dummerweise schlief ich mit dem Buch auf dem Schoß ein, so blieb meine Flucht nicht unbemerkt. Obwohl er es nicht wagte, mich direkt zu tadeln, machte er sich ein besonderes Vergnügen daraus, mich zum Frühstück zu animieren, das ich nach nur zwei Stunden Schlaf gar nicht genießen konnte.
Nächste Woche fängt für die Kinder die Schule an; ich bin mir nur nicht sicher, ob sie hier genügend gefordert werden. Jetzt überlege ich, ob ich Andrew nicht nächstes Jahr in den Osten schicken soll; seine Manieren würden ebenso wie sein Verstand davon profitieren. Natürlich stemmt er sich energisch gegen diesen Plan, doch je mehr er sich sträubt, desto überzeugter bin ich, dass ich gut daran täte, seinen Gesichtskreis zu erweitern. Zwar hat Sam im Prinzip Einwände gegen eine private Höhere Schule, aber ich glaube, es wäre ihm ganz recht, wenn die andere männliche Stimme bei Tisch zum Schweigen gebracht und auf höfliche Distanz entfernt würde. Reibungen zwischen Vater und Sohn sind üblich, nehme ich an, aber die Spannungen werden intensiver. Manchmal in der Nacht, wenn es beim Abendessen besonders laut zugegangen war, frage ich mich, wieso ich nur auf die Idee gekommen war, es wäre für die Kinder am besten, dass ich mich wieder verheiratete. Oder gar – ob ich es aussprechen darf? – für mich selbst?

Und jetzt vernichte den Brief, liebste Lydia, und lösche den Inhalt aus deinem Gedächtnis. Ich muss es auch tun, wenn ich weiterhin in den Banden des heiligen Ehestandes leben will.
Ich liebe dich, weil du Robs Schwester bist – und die meine.

Bess

Dallas, den 5.4.1926

Lieber Dwight,
Andrew hat heute die schriftliche Mitteilung bekommen, dass er zum Herbstsemester in Choate aufgenommen wird. Ich danke dir für deine Bemühungen.
Er ist sich bewusst, dass er sich auf eine Reise begibt, die niemand in unserer Familie – ja, niemand, den er hier kennt – vor ihm unternommen hat. Das erfüllt ihn mit Stolz, aber auch mit Furcht. Für einen jungen Mann aus diesem Teil Amerikas ist es die Erfüllung eines Traums, in den Osten zu gehen, zurück zu den traditionsgebundenen Institutionen seiner Vorfahren. Gleichzeitig fühlt er sich wohl wie ein Pionier, der in ein noch unerschlossenes Land zieht. Ich denke, dass Andrew kaum mit konkreten Schwierigkeiten konfrontiert werden wird, doch sind die intellektuellen Anforderungen, die ihn erwarten, nicht zu unterschätzen. Ich bleibe hier zurück, so gern ich ihn begleiten würde, wenn er im September den Zug besteigt. Aber ich freue mich auf einen Besuch später im Jahr, dann hab ich auch ein bisschen Zeit für New York. Ein kühler Beobachter mag meine selbstlosen Motive, mein Kind in eine so weit entfernte Schule zu schicken, in Frage stellen, wenn er weiß, was für eine hieb- und stichfeste Entschuldigung ich dadurch für häufige Reisen in meine Lieblingsstadt gewinne.
Ich habe das Gefühl, wir bekommen einen herrlichen Herbst! Ich kann ihn kaum erwarten. *Auf bald, Bess*

Dallas, den 25.6.1926

Liebe Lydia, lieber Manning,
aus verschiedenen Anlässen wollen wir am Samstag ein familiäres Picknick für alle unsere Freunde veranstalten, und ich hoffe, ihr könnt kommen. Bleibt, wenn möglich, über das Wochenende da, mit Marian und Mama Steed natürlich.
Sam und ich haben am vierten Juli, dem Unabhängigkeitstag, unseren Hochzeitstag, außerdem feiern wir eine wichtige Ankunft und eine Abreise. Unsere nächsten Nachbarn, der Zeitungsverleger Harold D. Perkins und seine Frau, werden im September anfangen, ihr Haus auf dem Nachbargrundstück zu bauen, und zum gleichen Zeitpunkt wird Andrew nach Chaote aufbrechen.
Es ist sicher ein Gewinn für euch, einen so einflussreichen Mann wie Perkins kennen zu lernen. Vom Tag an, an dem wir unser Grundstück erworben haben, habe ich mich auf diese Nachbarschaft gefreut, war aber dann enttäuscht, dass der Baubeginn sich drüben immer wieder verzögert hat.
Als ich jetzt anrief, um die beiden zu unserem Fest einzuladen, lehnte er zunächst mit der Begründung ab, sie hätten selbst Besuch. Darauf versicherte ich ihm, das Fest sei doch zum Teil ihnen zu Ehren, um sie als Nachbarn willkommen zu heißen, und die Einladung beziehe sich selbstverständlich auch auf seine Gäste. Schließlich stimmte er zu, kurz zu kommen – ich glaube, er wollte meine Gastlichkeit nicht ungebührlich ausnützen.
So freuen wir uns nun, euch alle am nächsten Wochenende zu sehen – gebratene Hühnchen, ein Feuerwerk und neue Freunde erwarten euch!

Alles Liebe, Bess

Dallas, den 10.9.1926

Liebster Drew,
verzeih mir, wenn ich auf einen Namen zurückgreife, den du längst zusammen mit deinen Teddybären und Zinnsoldaten abgelegt hast, aber es fällt mir schwer zu begreifen, dass es den kleinen Buben nicht mehr gibt. Jetzt schlummert ein junger Mann mit dem gleichen lieben Lächeln in seinem Schlafzimmer, aber auch er wird mich morgen verlassen.

Heute Nacht fahre ich noch mit diesem Brief zur Hauptpost in die Stadt, damit er mit dem gleichen Zug wie du nach Osten reist. Es ist eine tröstliche Vorstellung, dass etwas von mir mit auf die Reise geht, auch wenn es nur ein Bogen Papier ist. Und so ein Stück Papier kann ja auch eine starke Gegenwart verkörpern; ich habe immer großen Respekt vor dem geschriebenen Wort gehabt und finde deshalb einen Brief ausdrucksstärker als ein Gespräch von Angesicht zu Angesicht. Es ist eigenartig, aber ich vermute, ich werde dich jetzt auf die Entfernung besser kennen lernen, als wenn du zu Hause geblieben wärst.

Dein Taschengeld schicke ich dir einmal im Monat, ich erwarte aber, dass du es dir wie zu Hause auch verdienst, nicht mit Laubzusammenrechen und Autowaschen, aber mit Briefen! Ein Brief pro Woche – das ist die Bedingung, und davon wird der Scheck abhängen. Diesen Brief wirst du erst lesen, wenn Du im Campus angekommen sein wirst, wenn du dein Zimmer und deinen Zimmergenossen gesehen hast. Dann wirst du auch erfahren haben, wie du an dein Postfach kommst.

Es ist nicht ungewöhnlich, dass jemand Jahre nach seiner Prüfung träumt, er ginge unvorbereitet ins Examen. Solche Albträume hatte ich zwar nie, doch ein Traum sucht mich immer wieder heim, und zwar Folgender: Ich bin wieder im College, viele Jahre später, und alle Freundinnen und Lehrer sind tot.

Und keine Menschenseele kann mir sagen, wie ich an meine Post komme. Ich weiß zwar ganz genau, welches mein Fach ist, und sehe Briefe drin stecken, aber ich komme nicht dran, die Codenummer ist verloren. Ich wache mit einem so unendlichen Gefühl der Verlassenheit auf, wie ich es in Wirklichkeit noch nie erlebt habe.

Es hat in meinem Leben viel Tragisches gegeben, was zu Zeiten auch meinen Schlaf getrübt hat. Aber der einzige immer wiederkehrende Schreckenstraum ist der, den ich dir soeben beschrieben habe. Sonderbar, dass ich dir nie davon erzählt habe, aber ich habe auch sonst zu niemandem davon gesprochen.

Du siehst, was Briefe mir bedeuten. Der Vorgang des Schreibens – vielleicht weil er im privaten Bereich des eigenen Zimmers stattfindet – gestattet und fördert tatsächlich den Ausdruck von Gedanken, die man nie laut aussprechen würde.

Auch wenn ich fest vorhabe, mich morgen zusammenzunehmen, weiß ich, dass ich bei der Abschiedsumarmung am Zug in Tränen ausbrechen werde, aber wenn du dies liest, bin ich schon wieder in meinem Zimmer und schreibe dir ganz glücklich den nächsten Brief; ich freue mich drauf, dass wir uns jetzt besser kennen lernen als in den Zeiten, in denen wir unter einem Dach gelebt haben. *In Liebe, Mami*

Dallas, den 19.11.1926

Liebster Dwight,

ich weiß gar nicht, wie ich dir danken soll, dass du Andrew zu Thanksgiving zu dir eingeladen hast. Wie gerne wäre ich dabei! Ich weiß, dass viele seiner Freunde die Ferientage in der Stadt verbringen, aber es ist mir eine Beruhigung, dass Andrew sich nicht in einem Hotel aufhält, das von Altersgenossen überquillt. Ich vertraue meinem Sohn, misstraue aber größeren Gruppen jeglicher Art – und besonders in einer Stadt wie New York.

Andrew scheint recht zufrieden in seiner neuen Schule zu sein, wenn auch seine Briefe so knapp gehalten sind, dass man meinen könnte, er schicke ein Telegramm und zahle für jedes Wort. Auf meine Bitte hin hat er mir die Liste der Lektüre für seine Kurse geschickt, und ich erneuere meine Bekanntschaft mit Chaucer. Wenn der Junge an Weihnachten nach Hause kommt, soll er mich nicht für hinterwäldlerisch halten.

Während du dich um meinen Sohn kümmerst, werde ich die Feiertage mit dem deinen verbringen! Arthur und Totsie haben Sam, Eleanor und mich eingeladen, mit ihnen in ihr Ferienhaus am See zu fahren; Sam ist entzückt über jede Einladung an einen Ort, wo es Wasser gibt, und ich freue mich, mehr als nur ein paar Stunden mit meinen besten Freunden zu verbringen. Zwar sehen wir uns öfter mal zum Essen, aber das Wissen, dass jeder bald wieder in sein eigenes Nest zurückschlüpft, lässt die Vertrautheit nicht aufkommen, die Totsie und mich verbunden hat, als wir im selben Zimmer im College hausten.

In unseren Schuljahren leben wir so intensiv mit unseren Freunden, vielleicht weil wir täglich den gleichen Erfahrungen ausgesetzt sind; später stehen wir vor den unterschiedlichen Verantwortungen des Erwachsenseins und sind auf einmal allein, jeder mit seinem Leben. Ich habe mich in der vierten Klasse in meinen ersten Mann verliebt, und obwohl unsere Vertrautheit später mehr physische Ausdrucksmöglichkeiten hatte, waren wir niemals wieder so sehr ein Herz und eine Seele, so eineiig wie damals im Alter von neun Jahren, als wir uns jeden Morgen vor der Schule trafen und uns bis Sonnenuntergang nicht mehr aus den Augen verloren.

Es ist wohl der Gedanke an dieses Wochenende, der meine Seele auf Wanderschaft in die Gefilde der Kindheit geschickt

hat. Ich würde gern glauben, dass zwei Paare so eng befreundet sein können wie zwei Einzelwesen, aber ich habe es noch nie erlebt. Wie kommt es wohl, dass eine Frau wie ich, die so viel Wert auf ihre Unabhängigkeit legt, sich gleichzeitig danach sehnt, eingewebt zu sein in ein größeres Muster?
Ich bitte dich, gehe mit Andrew während der Ferien wenigstens einmal ins Theater, auch wenn er protestiert. Ich füge einen Scheck für vier Eintrittskarten bei, für den Fall, dass ihr Freunde mitnehmen wollt. *Alles Liebe, Bess*

Boston, den 18.4.1927

Liebe Lydia, lieber Manning,
was für ein köstlicher Frühlingsnachmittag – in Neuengland schätzt man so etwas mehr als in Texas, als Kontrast zum überstandenen strengen Winter. Ich bin ganz froh, dass Andrew in den Osterferien nicht heim nach Dallas kommen wollte, wenn mich auch zuerst seine strikte Weigerung gekränkt hat; jetzt freue ich mich, dass ich hier mit ihm zusammen sein kann und dass er sich mittlerweile in diesem Teil des Landes heimisch fühlt.
Er war mehr als verblüfft, als am Nachmittag nach Schulschluss die ganze Familie im Auto vor seinem Wohnheim aufkreuzte; er hatte geplant, mit seinem Zimmergenossen Roger Wainwright in dessen Elternhaus nach Boston zu fahren. Aber ich beruhigte ihn, wir wollten ja seine Pläne nicht durcheinander bringen, sondern einfach nur zur gleichen Zeit in Boston sein. Da wir ja dasselbe Ziel hatten, luden wir beide Jungen ein, mit uns zu fahren, und sie nahmen gern an.
Die wachsende Neigung meines Sohnes für alle östlichen Gepflogenheiten werden, so hoffe ich, auch die guten Manieren einschließen, die sein Freund an den Tag legt. Anscheinend hatte sich der junge Wainwright unter der Familie seines Zim-

mergenossen Menschen aus etwas primitiven, ihm völlig unbekannten Kulturkreisen vorgestellt (obwohl sich Andrew wohl bemüht hat, dieses Bild zu korrigieren); jedenfalls war sein Erstaunen, drei zivilisierten menschlichen Wesen zu begegnen, offensichtlich. Er muss seiner Familie davon berichtet haben, denn bald nachdem wir unser Hotel bezogen hatten, rief seine Mutter an und lud uns zum Essen ein.

Die Familie bewohnt ein unauffälliges, aber elegant ausgestattetes Haus am Bacon Hill. Der Vater ist ständiger Mitarbeiter der *Atlantischen Monatshefte;* so wandte sich die Unterhaltung schon früh am Abend literarischen Themen zu und blieb zu meiner Freude dabei. Sam und die Kinder langweilten sich bald und verschwanden nach dem Essen ins Billardzimmer. Nachdem ich mich als Nachfahrin der Louisa May Alcott ausgewiesen hatte, wurden meine Äußerungen ohne eine Spur von Herablassung akzeptiert, und wir entdeckten eine gemeinsame Begeisterung für Scott Fitzgerald. Weniger vertraut waren meine Gastgeber mit meiner Lieblingsautorin und Zeitgenossin Willa Cather; sie kannten nur das Buch, mit dem sie den Pulitzerpreis gewonnen hatte, *One of Ours,* und ich empfahl ihnen dringend die Lektüre ihrer früheren Werke, *My Antonia* und *O Pioneers,* dazu *The Song of the Lark,* meiner Meinung nach der bemerkenswerteste moderne Roman.

Heute Nachmittag hat Sam die Kinder zu einer Bootsfahrt auf dem Charles River mitgenommen; ich werde Mrs. Wainwright im Fogg Museum treffen. Sowohl ihr Vater als auch ihr Mann haben in Harvard studiert, so ist ihrem Sohn wohl ein Platz dort sicher. Ich habe mich noch nicht entschließen können, wohin Andrew gehen soll. Bislang hat er keine eigene Meinung, aber es ist meine feste Absicht, die Entscheidung vor ihm zu treffen.

Alles Liebe euch, Bess

Mr. und Mrs. Adam Wainwright
211 Chestnut Street
Boston, Mass.

Dallas, den 19.6.1927

Lieber Adam und liebe Priscilla,

Andrew hat an Roger geschrieben und eine Einladung für den Sommer zugefügt, und dieser möchte ich Nachdruck verleihen. Wir planen eine Autotour zum Grand Canyon und zum Yosemite-Nationalpark im August, da hätten wir Roger zu gerne mit dabei. Bei einem Gespräch mit ihm im Frühjahr hatte ich den Eindruck, dass er diesen Teil des Landes fast gar nicht kennt, und so wird es ihm sicher Spaß machen und auch Nutzen bringen, seinen Horizont in westlicher Richtung zu erweitern. Es wäre uns allen eine große Freude, wenn er an der Tour teilnähme – und ich bin daran auch aus rein egoistischen Gründen interessiert: Ich fürchte nämlich, dass mein Sohn ohne ihn ein unleidlicher Reisegefährte sein würde.

Mit Vergnügen denke ich immer noch an unsere Tage in Boston; bei einem früheren Besuch habe ich die Gesellschaft von Menschen, die so sehr ein Teil dieser Stadt sind, entbehrt. Die Lehrpläne in Choate gefallen mir ausnehmend gut, aber die Freundschaft zwischen Andrew und Ihrem Sohn ist mir noch wertvoller als akademische Lorbeeren. Die Fähigkeit, seine Freunde klug auszuwählen, war für Andrews Vater menschlich und geschäftlich immer von großem Nutzen, und von allen seinen bewundernswerten Eigenschaften ist es genau die, die ich am liebsten auf seinen Sohn vererbt weiß.

Als ich den Jungen im Herbst aufs College schickte, war ich nicht ganz sicher, ob er schon reif genug sei, sein Elternhaus zu verlassen, aber während dieses Jahres hat er bewiesen, dass er sich gut allein zurechtfindet. Sicher wird es auch für Ihren Sohn wichtig sein, die große Befriedigung zu erfahren, in einem fremden Land heimisch zu werden. Wir freuen uns auf seinen Besuch.

Mit herzlichen Grüßen, Bess

Dallas, den 5.3.1928

Liebste Mavis,

es ist wirklich zu lange, dass wir dich nicht mehr gesehen haben! Seit Andrew im College ist, scheint mir mein Leben sonderbar zweigeteilt; meine Gedanken sind öfter bei ihm als hier.

In diesem Sommer möchte ich die Kinder mit auf eine Europareise nehmen und schmiede Pläne. Natürlich wären wir froh, wenn Sam mit uns käme, aber ich bezweifle, dass er es tun wird. Irgendwie nimmt er an, seine elterlichen Pflichten endeten an den Rocky Mountains, während ich die Ausbildung der Kinder für unvollkommen halte, solange sie nicht die Alpen überquert haben.

Ein paar von Andrews Freunden werden im Sommer gemeinsam nach Europa fahren, ihr Geschichtsprofessor und seine Frau aus Choate betreuen sie. Andrew wollte auch mit, aber ich fand, er solle die Ferien lieber mit seiner Familie verbringen.

Sam und ich hoffen, dich bald einmal zu sehen. An den Wochenenden machen wir oft eine Spazierfahrt; Sam bringt dann einen Weidenkorb mit ländlichen Erzeugnissen heim und ich den Kaufvertrag für ein Stückchen eigenes Land. Viele junge Leute, die auf Farmen und in den Kleinstädten um Dallas herum aufgewachsen sind, wollen ihr ererbtes Land verkaufen und in die Stadt ziehen. Wenn sie doch einsehen könnten, dass sie ihr Glück viel eher machten, wenn sie blieben, wo sie sind! Ich kann es, gottlob.

Wir freuen uns auf einen baldigen Besuch bei dir!

Alles Liebe, Bess

An Bord der *Aquitania,* den 23.6.1928

Liebster Sam,

der Steward sagt, dies sei die schlimmste Überfahrt im Juni, an die er sich erinnert, und so kann ich beim besten Willen nicht wünschen, du wärst hier.

Seit der Abfahrt haben Eleanor und ich unsere Kabine nicht mehr verlassen und überleben mit Hühnchensandwiches und Treibhaustomaten, die uns der brave Steward ans Bett bringt. Er ist unsere einzige Verbindung zur Außenwelt und serviert uns mit unseren Tabletts lustige Geschichten von anderen Überfahrten. Es ist schade, dass er uns nicht auf der ganzen Reise begleitet.

Von Andrew sahen wir nicht viel; er ist meistens mit seinen Freunden aus Choate zusammen. Ich habe die Überfahrt absichtlich auf dem gleichen Schiff gebucht wie sie, ahnte aber nicht, dass wir ihn dann überhaupt nicht mehr zu sehen bekämen. Zum Glück scheint die stürmische See seinem Magen nichts anzuhaben, denn er hat keine Mahlzeit ausgelassen; das erste Abendessen an Bord hat er uns bis ins Detail beschrieben, angefangen bei der Haifischflossensuppe, die er wohl eher des Namens als des Geschmacks wegen bestellte – aber Eleanor und ich reagierten so teilnahmslos auf seine begeisterte Schilderung, dass wir seitdem kein Wörtchen mehr von ihm gehört haben.

Ich wollte, du wärst bis New York mitgekommen, unser Abschied dort war grandios. Ich halte mich nun an dein vorsichtiges Versprechen, dass wir uns in Paris treffen. Du musst die Vorstellung loswerden, dass du in einem Land, dessen Sprache du nicht sprichst, hilflos bist. Auf einer Reise ist man immer auf Fremde angewiesen, selbst im eigenen Land. Und in Europa eben ein wenig mehr. Mein Freund Dwight Davis hat uns zum Anlegeplatz der Cunard-Linie am Ende der vierzehnten Straße begleitet (unsere zehn Gepäckstücke kamen im Taxi hinter-

drein). Die *Aquitania* wartete in majestätischem Glanz; in der Menge, die uns zum Abschied winkte, war dann wenigstens ein bekanntes Gesicht.
Dein liebes Telegramm erwartete uns in der Kabine. Du bist wahrlich ein wortkarger Mann, Liebster, aber die Worte, die du wählst, sind mir wertvoll. Dank deiner Orchidee werde ich morgen Abend gut genug aussehen, um an der Tanzveranstaltung teilzunehmen, die der Kapitän arrangiert.

Alles Liebe, Bess

An Bord der *Aquitania,* den 25.6.1928

Liebe Lydia,
Dank dir noch einmal für die schönen Reiseführer, die du uns zum Abschied geschenkt hast. Früher als vermutet hatte ich Gelegenheit zur Lektüre, denn die stürmische Überfahrt hat jegliche körperliche Aktivität auf ein Minimum reduziert. Die ersten Tage verbrachte ich mit Gummibeinen und einem flauen Gefühl im Magen in meiner Kabine. Gestern habe ich mich aufgerafft und mich angezogen. Die Sonne erschien zum ersten Mal und mit ihr auch ich; es war sehr vergnüglich an Deck, ich nahm mir einen Liegestuhl an der Seite eines sehr attraktiven Mannes aus Atlanta in Georgia, der mit seinem Sohn reist. Sein Name ist Richard Prince, er war Präsident eines großen Industrieunternehmens und ist seit kurzem im Ruhestand, lebt auf einem Gut von fünfhundert Morgen außerhalb der Stadt. Er besitzt einen Rolls-Royce und eine Privatjacht. Je länger wir uns unterhielten, desto mehr Gemeinsamkeiten entdeckten wir – zum Beispiel haben wir jeder einen Ehepartner, der nicht gern ins Ausland reist.
Er forderte mich auf, das Abendessen an seiner Seite am Kapitänstisch einzunehmen. Dazu trug ich dann mein neues Silberlamékleid mit Sams Orchidee an der Schulter. Als ich mich zum

Essen setzte, würde ich von der Wirkung sagen: Es war ein erstaunlicher Erfolg. Alle Vorsicht in den Wind schlagend, genoss ich in vollen Zügen das üppige Hummeressen, das aufgetragen wurde.

Dann begab man sich zum Tanz, und in zwei Stunden machte ich die zwei Tage wieder wett, die ich in der Abgeschiedenheit meiner Kabine gelegen hatte; wir haben eine ganze Menge charmanter Männer an Bord, und gestern Abend tanzte ich mit ihnen allen. Erst um Mitternacht hatte ich Grund, mein Hummermahl zu bereuen; ich sagte meinem Partner überstürzt gute Nacht und verließ die Tanzfläche, kaum dass der Walzer zu Ende war. Glücklicherweise erreichte ich noch rechtzeitig das Deck, um meinen Hummer seiner naturgemäßen Umwelt zurückzugeben, bevor ich mich für den Rest des Abends in meine Kabine zurückzog.

Heute Morgen ging es mir wieder ganz gut, und so überredete ich Eleanor, ihre sichere Koje zu verlassen und sich mit mir hinauszuwagen. Sie kam bis zu einem Liegestuhl, dann versagten ihre Beine. Aber nach einer kleinen Bouillon fühlte sie sich schon besser.

Richard Prince kam, um uns seinen Sohn vorzustellen; er ist ein fabelhaft aussehender junger Mann und mit seinen erst sechzehn Jahren schon über 1,80 m groß. Er forderte Eleanor zu einer Partie Decktennis auf, aber leider fühlte sie sich dazu nicht wohl genug. Sie sagte, sie sei von der Seeluft zu schläfrig, und so überließen wir sie ihrem Nickerchen. Richard und ich gingen an Deck spazieren, und als wir schließlich wieder bei unseren Liegestühlen ankamen, zeigte er mir an dem Schrittzähler, den er ums Bein geschnallt trug, dass wir über einen Kilometer gegangen waren! Ich bin so viel körperliche Bewegung gar nicht gewohnt; vielleicht war ich deshalb den ganzen Nachmittag noch außer Atem.

Nun muss ich schließen und mich für das Abendessen zurechtmachen. Meine Orchidee ist hinüber, aber ich selbst habe gerade angefangen, wieder aufzublühen. *Alles Liebe, Bess*

London, den 10.7.1928

Liebe Lydia,
nachdem wir zwei Wochen lang durch Englands ländliche Gegenden gekurvt sind, waren wir aufgeregt wie die Provinzler, als wir der Hauptstadt ansichtig wurden.
Im Hotel begrüßten uns die Willkommensbriefe von dir und Sam sowie Botschaften von Freunden, die im Schiff mit uns gereist und vor uns angekommen waren; auch eine Notiz von Richard Prince war dabei, der mich einlud, mit ihm im Savoy Grill zu Abend zu essen. Er ist ein erfreulicher Gesellschafter, und da er mehrere Wochen im Jahr in London verbringt, weiß er genau, wo hier was los ist. Ich habe seit mehreren Jahren die *London Times* abonniert, so stehe ich ihm kaum nach. Ich war fasziniert von seiner Einschätzung der augenblicklichen politischen Lage, und er war sichtlich erstaunt, dass ich über die Ereignisse, die sie ausgelöst hatten, so gut im Bilde war.
Nach dem Essen schlenderten wir am beleuchteten Themseufer entlang und betrachteten die Schiffe (in England bewegen sich sogar die Schleppkähne majestätisch). Wir fanden bald heraus, dass wir noch eine weitere Leidenschaft teilen: das Theater. Richard stellte daraufhin einen Plan für den Rest der Woche zusammen und besorgte auch alle Karten.
Am nächsten Abend schon sahen wir gemeinsam ein spannendes und ganz unheimliches Stück, *Alibi,* mit dem hervorragenden Schauspieler Charles Laughton, den ich zum ersten Mal erlebte. Nur ein Engländer ist im Stande, ein so herrlich abgefeimtes Portrait eines französischen Detektivs zu entwerfen! Nach dem Theater nahmen wir in einem reizvollen Restaurant neben Covent Garden ein spätes Essen zu uns und

bahnten uns unseren Heimweg zwischen Steigen voll Kohl. Eine fröhliche Szenerie: Feuerchen brannten in Metallgefäßen gegen die nächtliche Kälte, und im Chor riefen uns Leute im typischen Londoner Dialekt gute Nacht zu, als wir in ein Taxi stiegen.

Am nächsten Tag bat ich Richard und seinen Sohn zum Abendessen ins »Ye Olde Cheshire Cheese«, wo schon Dickens zu dinieren pflegte, doch leider hatten sie schon eine Verabredung; Andrews Geschichtsprofessor und seine Frau nahmen aber die Einladung bereitwilligst an; sie freuten sich offensichtlich auf einen Abend in Gesellschaft eines Menschen über achtzehn. Andrew begleitete Eleanor und mich am Sonntag zum Gottesdienst in die Westminster Abbey – unter der Bedingung, dass er nie wieder auf der ganzen Reise eine Kathedrale betreten müsse. Manchesmal denke ich sehnsüchtig an unsere erste Europareise zurück, da war er überall dabei. Was ist nur aus dem heiteren, angenehmen kleinen Buben geworden? So gewiss, wie ich meinen geliebten Robin an den Tod verloren habe, so habe ich Andrew an das Leben verloren.

Morgen nehmen wir den Expresszug »Goldener Pfeil« nach Paris. Fünfzehn Jahre sind seit meinem ersten Besuch vergangen! Ich hoffe immer noch, dass Sam dort zu uns stoßen wird. Ich selbst würde ihn auf dieser Reise nicht sehr vermissen, aber ich meine, unsere Heirat hat ihm die Verantwortung für die Kinder auferlegt – oder ist es am Ende so, dass die Kinder für unsere Heirat verantwortlich sind? Auf alle Fälle sollte er bei ihnen sein. Die drei sind an ähnlichen Dingen interessiert – und von ähnlichen gelangweilt.

Jedenfalls aber jubelt mein Herz bei dem Gedanken, Paris wieder zu sehen – mit oder ohne Sam. *Alles Liebe, Bess*

Paris, den 16.7.1928

Liebster Sam,
dein Telegramm empfing uns bei der Ankunft. Wir waren froh, von dir zu hören, wären aber glücklicher, wenn wir dich bei uns hätten. Die Kinder haben gesagt, die italienischen Seen würden sie nicht interessieren, wenn sie nicht mit dir rudern können.

Unsere Unterkunft hier ist sehr angenehm und überdies preiswert. Madame Sèze hat uns die ganze Wohnung zur Verfügung gestellt (sogar das Wohnzimmer, in dem sie während unserer Belagerung auf einer Liege nächtigt), für 125,– Franc am Tag (der Franc ist jetzt vier Cent wert). Ich hoffe, unsere Sparsamkeit beeindruckt dich ein bisschen. Ein Mitreisender aus Atlanta/Georgia zahlt immerhin 35,– Dollar pro Tag für eine Suite im Hotel.

Am Tag nach unserer Ankunft haben wir uns Plätze für eine Fahrt nach Versailles reserviert und vorausbezahlt, haben aber dann gemerkt, dass an diesem Tag der Sturm auf die Bastille gefeiert wird. Das Reisebüro war natürlich geschlossen, und es gab keine Möglichkeit, unser Geld zurückzubekommen, also blieb uns nichts anderes übrig, als uns dem Volk anzuschließen und den Palast zu stürmen.

Paris und auch der ganze Kontinent stöhnt unter der Hitzewelle, und Ludwig XIV. wäre entsetzt, wenn er den elenden Zustand seiner Gärten sähe; das Gras ist überall braun, die Flussläufe sind so gut wie ausgetrocknet. Nur die Grotte des Apoll sah kühl und einladend aus, doch Robespierres Nachkommen verdarben sogar diese ruhige Abgeschiedenheit mit rauem Gelächter und Knoblauchgestank. Nie empfand ich größere Sympathie für die arme, irregeleitete Marie Antoinette und bin dankbar für die kurzen glücklichen Augenblicke, die sie als Schäferin in ihrem entzückenden Dörfchen verleben durfte. (Ich hoffe, du liest die Briefe der Madame de Sévigné,

die ich auf dem Bücherbord hinter deinem Bett hingestellt habe, damit du wenigstens im Geist an unseren Unternehmungen teilnehmen kannst.)
Wir sind dann frühzeitig in die Stadt zurückgekehrt und sahen dank der bequemen Aussicht von unserem Balkon dem Tanz in den Straßen zu. In der Ferne stand der erleuchtete Eiffelturm, und ich ging mit dem Gefühl zu Bett, im Mittelpunkt der Welt angekommen zu sein. *Alles Liebe, Bess*

Tours, Frankreich, den 21.7.1928

Liebster Dwight,
es war wirklich aufmerksam von dir, uns zum Schiff zu bringen, und ich kann dir gar nicht genug danken für den Rechenapparat für ausländische Währungen, den du mir bei der Abschiedsumarmung in die Tasche gesteckt hast. Es macht mir nichts aus, in ein Land zu reisen, dessen Sprache ich nicht verstehe, solange ich mich mit dem Geld auskenne.
Gerade haben wir eine anstrengende Drei-Tage-Tour durch das Loiretal hinter uns. Zu meiner Freude waren Andrew und Eleanor fasziniert von all den Hofintrigen, die sich in den Schlössern abgespielt haben, und verfolgten das Hin und Her in der Geschichte der Katharina von Medici von einer königlichen Residenz zur anderen; ihr Interesse war mindestens so groß wie das meiner Wäscherin, wenn sie einen Fortsetzungsroman liest. Sie erschauerten beim Anblick des Geheimfachs, worin die Königin in einem getäfelten Raum im Schloss von Blois ihre Gifte aufbewahrte, und bewunderten ihren Mut, Diana von Poitiers, die Geliebte ihres Mannes, nach seinem Tod aus dem »Traumschloss« von Chenonceaux zu verbannen und es für sich selbst zu requirieren. Wenn ich sie auch nicht bewundere, so beneide ich sie doch um ihre Lebensweise! In der Renaissance war eine Frau mit Witz und Verstand am kö-

niglichen Hof Frankreichs angesehener, als sie es heute in einem Wohnzimmer von Texas ist.
Heute Abend sind wir in einem Landgasthof untergekommen, der sehr nach deinem Geschmack wäre. Wie schön wäre es doch, du würdest unten auf uns warten und mit uns zusammen zu Abend essen. *In Liebe, Bess*

Amsterdam, den 5.8.1928

Liebster Sam,
wir haben uns eine ganze Woche für Amsterdam reserviert, damit genug Zeit für das Vergnügen bleibt, die Olympischen Spiele zu sehen, aber alle wünschten wir, wir könnten noch länger bleiben.
Es ist eine Sensation für uns, unsere Fahne beim Sieg der amerikanischen Athleten hochsteigen zu sehen. Leider reisen wir vor dem Finale beim Schwimmen ab, waren aber sehr beeindruckt von Crabbes glänzender Form im Halbfinale. Ich hoffe, er wird nicht zum Schluss von den Australiern geschlagen.
Wir haben die Stadtbesichtigungs-Tour mit einer Gruppe von irischen Olympiakämpfern geteilt; einer von ihnen, ein Medizinstudent aus Dublin, Trinity College, bemühte sich um Eleanor. Ich lud ihn ein, mit uns zu essen, und er kam mit Vergnügen. Leider wurde seine Gruppe am nächsten Tag geschlagen; wie wir meinen, war das hauptsächlich auf falsche Beurteilungen des Schiedsrichters zurückzuführen.
Andrew vermisst die Tennispartien mit dir, obwohl er hier viele Partner gefunden hat, nur spielen sie leider alle besser als er.
Du fehlst uns. *Alles Liebe, Bess*

Villa d'Este, Cernobbio, den 25.8.1928

Liebste Lydia,

von dem Tag an, da ich Byron entdeckte, träumte ich von den oberitalienischen Seen, aber der erste Blick auf den Comer See hat mich überzeugt, dass selbst eine überschäumende Fantasie die Natur mit ihren Kunstwerken nicht erreichen kann.

Meine Verzauberung durch die Gegend wurde noch verstärkt durch die unerwartete Ankunft von Richard Prince, unserem Reisegefährten auf dem Schiff. Er macht nie feste Pläne; so ist er frei, dahin zu gehen, wohin ihn seine Laune treibt; als wir uns in Paris trennten, hatte ich ihm eine Kopie meiner Reiseroute überlassen, und so lag die Überraschung, uns wieder zu sehen, ganz auf meiner Seite.

Dank eines glücklichen Zufalls bekamen wir Zimmer nebeneinander mit Balkons, die auf den See hinausschauen. Gestern Abend verfolgten wir das Schauspiel des Sonnenuntergangs, dessen Herrlichkeit durch die Spiegelung im See verdoppelt war. Wie leicht könnten wir die Freuden im Leben durch den einfachen Vorgang der Reflexion vertiefen; das Gedächtnis wäre einem Spiegel gleich, in dem der ursprüngliche Augenblick wieder zum Leben erweckt werden kann. Wie Wordsworth empfinde ich, dass ein Erlebnis in der Erinnerung eine Intensität besitzt, die ihm oft in der Gegenwart nicht eignet.

Mein Aufenthalt in Europa neigt sich dem Ende zu, aber ich werde danach, von Gepäck und Kindern unbelastet, die Reise in meiner Vorstellung viele Male wieder durchleben.

Richard und ich verbrachten den Vormittag rudernd auf dem See. Zum Glück sind die Kinder alt genug, ihre Picknicks ohne mich zu arrangieren. Es ist ein Genuss und eine neuartige Erfahrung für mich, in Gesellschaft eines Mannes zu sein, der gebildeter ist als ich. Die meisten amerikanischen Männer in meiner Bekanntschaft waren immer viel zu sehr damit beschäftigt, ihren Lebensunterhalt zu verdienen, um auch noch geistige

Ziele zu verfolgen. Und auch mein Freund gibt offen zu, dass er seine frühen Jahre dazu benutzt hat, ein Vermögen zu schaffen, sich aber nun ebenso rigoros den Rest seiner Zeit dem Genuss des Lebens verschreibt. Seine Interessen sind unspezifisch; jedem neuen Land nähert er sich wie einem Unternehmen, das er sich aneignen will; er studiert die historischen Zusammenhänge, und wenn er glaubt, sie sei es wert, dann lernt er die Landessprache. Für den Herbst hat er eine Villa in Fiesole gemietet, um die Sprachenschule in Florenz zu besuchen. Und ich habe den Entschluss gefasst, im Eigenunterricht Italienisch zu lernen, wenn ich nach Hause komme. Ja, wir haben uns geschworen, dass wir uns beim nächsten Treffen nur in der Sprache des Landes unterhalten, in dem wir uns gerade aufhalten.

Auf der Reise habe ich Sam vermisst, aber wäre er dabei gewesen, hätte ich Richard Prince nie kennen gelernt. Es ist wahrscheinlich unvernünftig zu erwarten – oder auch nur zu wünschen –, jede Erfahrung im Leben mit nur einem einzigen Menschen zu teilen. Wir sind viel komplexer und wären sehr wohl in der Lage, mit vielen verschiedenen Menschen verschiedenen Geschlechts und Alters lebenslange Verbindungen zu pflegen. Warum beschränkt unsere Gesellschaft einen Mann und eine Frau auf nur eine einzige intensive Beziehung im ganzen Leben? Ich hoffe, dass ich meine Versprechungen immer halten werde, doch wenn ich jetzt frei wäre, würde ich nie wieder jemandem versprechen, ausschließlich ihm anzugehören.

Ich hoffe, meine Empfindungen schockieren dich nicht. Ich kann dir versichern, dass mir solche Überlegungen während der Ehe mit deinem Bruder fern lagen – vielleicht aber hätte der Lauf der Jahre auch diese so ideale Verbindung auf die Probe gestellt. Jetzt bin ich mit einem Mann verheiratet, den ich achte und liebe, was aber keineswegs bedeutet, dass ich nicht gerne eine ähnliche Beziehung mit anderen Männern hätte.

Manchmal überlege ich mir, ob die Welt nicht viel interessanter wäre, wenn jeder ein eigenes Haus beziehen und sein Leben nach eigenem Gutdünken einrichten könnte. Natürlich muss man an die Kinder denken, aber zuweilen kommt mir der Verdacht, dass Monogamie eine männliche Erfindung ist, um den ausschließlichen Anspruch des Mannes nicht nur auf die Frau, sondern vor allem auch auf die Kinder zu rechtfertigen. Die Natur teilt dem Vater keine Rolle zu, nachdem die Zeugung stattgefunden hat, erst die Zivilisation hat aus ihm in dieser Hinsicht einen gleichberechtigten Partner gemacht. Ich bin mir nicht sicher, ob die natürliche Ordnung der Dinge dadurch verbessert wird. Die Natur hat dem Mann eine körperliche Bindung zu seinen Kindern versagt und damit einen sichtbaren Anspruch – vielleicht in der Hoffnung, dass der Mann Verantwortung für *alle* Kinder empfindet?
Verzeih mir diese wohl etwas gewagten Ausführungen – aber ich habe das Gefühl, dass die einzigen Reisen, die in absehbarer Zeit vor mir liegen, geistiger Natur sein werden, so übe ich mich schon ein wenig darin. *Auf bald, Bess*

Dallas, den 20.9.1928

Liebe Lydia,
seit ich zurück bin, herrscht in unserem Haus eine Art Kriegszustand. Sam begrüßte mich mit der Mitteilung, dass er mir einen Privatdetektiv nachgeschickt habe. Ich habe meinen Freund Richard Prince in meinen Briefen natürlich vorsichtshalber nicht erwähnt, aber die Kinder haben unsere Freundschaft offenbar so detailliert beschrieben, dass Sams ohnehin starke Eifersucht noch geschürt worden ist.
Kaum waren wir aus dem Zug ausgestiegen, da hielt mir Sam schon triumphierend den Beweis für die nebeneinander liegenden Zimmer in der Villa d'Este unter die Nase. Ich war so wü-

tend über diesen Mangel an Vertrauen, dass ich ohne ein Wort der Verteidigung in meinem Zimmer verschwand und fünf Tage dort blieb. Am sechsten Tag kam ein Brief für mich von Richard Prince.

Sam brachte ihn an die Tür meines Zimmers und drohte, ihn laut vorzulesen, wenn ich nicht sofort herauskäme. So öffnete ich mit aller verfügbaren Würde die Tür und verlangte den Brief. Aber Sam wollte ihn mir nur unter der Bedingung geben, dass er ihn und die weitere Korrespondenz zwischen uns kontrollieren dürfe. Ich machte ein Gegenangebot: Wenn er auf seine Forderung verzichtete, würde ich den Brief nicht beantworten. Sichtlich erleichtert stimmte er zu, und an diesem Abend fand zum ersten Mal seit der Heimkehr so etwas wie Familienleben statt.

Die Kinder sind jetzt wieder zurück in ihren Schulen, und ich habe angefangen, im Selbststudium Italienisch zu lernen. Bald werde ich genug können, um eine private Korrespondenz mit jemandem zu führen, der trotz jämmerlicher Grammatik begreifen wird, was mein eigensinniges Herz zu sagen hat.

Addio, Bess

Dallas, den 14.10.1930

Liebster Andrew,

ich freue mich, dass du in Yale jetzt so glücklich bist. Deine Briefe nach Hause überzeugen mich mehr als dein Diplom, dass Choate dich für die Universität gut vorbereitet hat. Besonders bewegt haben mich deine anerkennenden Worte für meine erzieherischen Bemühungen, dank deren du dich allen in deiner Klasse gleichberechtigt fühlen kannst, wie großartig auch immer deren familiärer Hintergrund sei. Von jetzt an wirst du an deinen Leistungen gemessen werden, und das ist auch der einzige Maßstab, den du an die andern legen musst.

Ich habe eine sehr traurige Nachricht für dich: Arthur Fineman ist gestern an einem Herzinfarkt gestorben. Er ist nur 45 Jahre alt geworden. Obwohl er schon in letzter Zeit bei schlechter Gesundheit war, ist sein Tod ein Schock für uns alle – er muss wohl als eine unglückliche Folge des Börsenkrachs betrachtet werden. Arthur musste zusehen, wie seine Rücklagen schwanden, und fürchtete wohl auch, in Zukunft keine Verdienstmöglichkeiten mehr zu haben.
Schon vor ein paar Jahren habe ich aufgegeben, die Börsengeschäfte verstehen zu wollen, und fing damit an, Land zu kaufen. Arthur zankte mich deshalb; er war überzeugt, dass Kaufen und Verkaufen eine eigene Logik hätten – es war eben sein Leben. Als der Zusammenbruch kam, glaubte er, nicht nur sich selbst getäuscht zu haben, sondern auch die Leute, die ihm ihr Vertrauen geschenkt hatten.
Du warst noch zu jung und konntest nicht ermessen, wie sehr mir sein Rat nach Vaters Tod geholfen hat. In der Zeit, in der ich sehr allein in der Welt stand, war er wie ein Ehemann zu mir, und sogar nachdem wir beide wieder verheiratet waren, blieb seine kluge und kultivierte Person ein wichtiger Teil meines Lebens. Das Leben in Dallas wird trostlos sein ohne ihn. Ich werde in der neuen Stadthalle einen Platz auf seinen Namen erwerben, so dass er wenigstens im Geiste weiterhin an den Opernaufführungen teilnehmen kann, die ihm so viel bedeutet haben. Ich kann zwar den Gedanken kaum ertragen, allein hinzugehen, aber noch weniger vorstellbar ist, dass ein anderer neben mir sitzt und bei einem Musikstück zittert, so wie er es getan hat.
Es wäre angebracht, Andrew, dass du an Totsie schreibst. Keinen Kondolenzbrief – was für ein trauriger Ausdruck –, erwähne einfach, dass Arthur wie niemand sonst auf dein Leben eingewirkt hat. Versuche irgendeine Szene zu beschreiben, die ihn für einen kurzen Augenblick wieder lebendig werden

lässt. Das Leben ist unsere einzige Waffe gegen den Tod. Ich weiß es.

Alles Liebe, Mami

Dallas, den 16.4.1931

Liebe Lydia,

wie schön war es, Ostern mit euch in Denton zu verbringen! Da Andrew nun in Yale ist und Eleanor sich auf Vassar vorbereitet, sieht es fast so aus, als löse sich unser Familienleben auf – jedenfalls ändert es sich grundlegend. Wie gut ihr doch dran seid, du und Manning. Ihr lebt dort, wo Marian lernt, und entfremdet euch einander nicht.

Anlässlich von Eleanors Schulabschluss gebe ich am zehnten Mai im Country-Club eine Tee-Einladung und hoffe, dass du mit Marian kommen kannst. Da ja Totsie Fineman feste Berichterstatterin für die Gesellschaftsspalte geworden ist, erwarte ich eine ausführliche Besprechung in den *Dallas News*. Nach Arthurs Tod wollte sie nicht wieder arbeiten – sie meinte, es wirke sich ungünstig auf die Bezüge aus, die Arthur im Testament für sie vorgesehen hatte, was natürlich Unsinn ist. Ich lud sie eines Abends zu einem Essen mit unseren Nachbarn Perkins ein – und tatsächlich: Sie hatte ihren Posten, noch ehe wir das Zitronenomelett verspeist hatten.

Ich freue mich darauf, euch hier zum Tee zu sehen.

Alles Liebe, Bess

Mr. Richard Prince
Greenhill Estate
Atlanta, Georgia

Dallas, den 10.9.1931

Mein lieber Richard,

nach dreijährigem Schweigen werden Sie erstaunt sein, von mir zu hören. Der Brief, den Sie nach unserer Abreise von Fiesole geschrieben haben, ließ mich alle die Sonnenuntergänge aufs Neue erleben, die wir zusammen gesehen haben. Vergeben Sie mir, dass ich Sie so lange warten ließ. Aber ich war nicht im Stande, Ihnen die Antwort zu geben, die Sie haben wollten. Und alles andere wäre nur eine Beleidigung Ihrer Zuneigung gewesen.

Ich denke oft an Sie und Ihren attraktiven Jungen – damals, als wir uns begegneten, plante er, nach Princeton zu gehen. Nun fängt meine Tochter Eleanor demnächst in Vassar an. Sie würde Ihren Sohn sicher gern wieder sehen, und so denke ich, er freut sich auch und wird von der neuen Nachbarschaft überrascht sein.

Es wäre mir eine Freude, wenn sich unsere Beziehung durch unsere Kinder fortsetzen könnte. Aber was auch immer die Zukunft bringt: die Vergangenheit überdauert, und die Erinnerungen an meine letzte Reise beleben meine Gedanken – sehr viel mehr als meine Gegenwart zu Hause.

In großer Zuneigung, Bess

TELEGRAMM AN
ELEANOR STEED
VASSAR COLLEGE
POUGHKEEPSIE NEW YORK
SOLL ICH BLAUES CHIFFONKLEID FÜR PRINCETON BALL SCHICKEN STOPP BITTE UMGEHEND ANTWORT STOPP IN LIEBE MUTTER - DALLAS
8.11.1931

TELEGRAMM AN
ELEANOR STEED
VASSAR COLLEGE
POUGHKEEPSIE NEW YORK

SCHWARZES SAMTKLEID GANZ UNMÖGLICH AUCH FÜR PRINCETON STOPP BLAUES CHIFFONKLEID UNTERWEGS STOPP IN LIEBE MUTTER – DALLAS 15.11.1931

Miss Eleanor Steed
S.S. Statendam
Pier 24
New York City, N.Y.

Dallas, den 10.6.1932

Mein Liebling,
wie seltsam, von Texas aus »Gute Reise« zu sagen, wie fremd überhaupt, »Gute Reise« sagen zu müssen. Ich hin so gewohnt, diese Worte an mich gerichtet zu hören; ich bin es doch immer, die tapfer »Auf Wiedersehen« winkt und beruhigende Briefe an die Lieben daheim schreibt. Nun, da ich weiß, wie verlassen man sich vorkommt, wenn man zurückbleibt, wundere ich mich, dass mich meine beiden Ehemänner nach Europa haben reisen lassen.
Natürlich wirst du es sehr genießen, den Kontinent bequem im eigenen Wagen zu durchqueren, und ich bin überzeugt, dass »Europa auf Rädern« deiner Bildung mehr dient als irgendeine Vorlesung an der Universität.
Wie war das vergangene Wochenende in New York mit Henry Prince? Ich hoffe, euer Wiedersehen hat deine Hoffnungen erfüllt. Natürlich ist es eine Enttäuschung für dich, dass die Krankheit seiner Mutter den Plan eines Treffens in Paris durchkreuzt, aber in diesem Sommer werden viele junge Leute ins Ausland reisen, und du wirst überrascht sein, wie schnell sich Englisch sprechende Touristen in der Fremde miteinander anfreunden.
Schade, dass ich zum Abschied nicht ein letztes Glas Champagner mit dir trinken konnte, das fehlt mir. Aber ich hoffe, dass

die Rosen in deiner Kabine dir sagen, wie nahe du mir bist und wie stolz ich auf deine Selbstständigkeit bin. Du bist ein Mensch, den ich bei einer ersten Begegnung gerne näher kennen lernen würde. Können Eltern ihren Kindern ein größeres Kompliment machen?
Ich habe mir eine Mappe gekauft für deine Briefe und Fotos. Also schreibe bitte oft, damit sie sich füllt. Deine Briefe werden mir jetzt ein Halt sein, und in späteren Jahren werden sie dir das Gleiche bedeuten.
Bon voyage, mein Kleines, amuse-toi bien. *Au revoir, Mami*

Miss Eleanor Steed
c/o »Europe on Wheels«
München, Deutschland

Dallas, den 6.7.1932

Mein Liebling,
eben kam dein erster Brief aus der Ferne, und ich bin schnurstracks zum Schreibtisch gegangen, um dir noch rechtzeitig zum Postabgang zu antworten.
Es freut mich zu hören, dass du auf der Überfahrt keinen Mangel an männlicher Gesellschaft hattest – ganz offenbar hat der junge Bildhauer deine Gedanken und dein Herz in Beschlag genommen; kein Wunder, dass deine Studienkollegen dir im Vergleich langweilig vorkamen. Sei aber nicht enttäuscht, wenn du nichts mehr von ihm hörst. Für einen Kunststudenten, der zum ersten Mal nach Paris kommt, ist die Gegenwart alles; Gesichter der Vergangenheit, selbst wenn sie so hübsch und sympathisch sind wie deins, verblassen bald. Die Liebhaber aus Paris mögen legendär sein – ein Künstler jedoch, der dort arbeitet, wird bald von der leidenschaftlichen Geistigkeit ergriffen, die die ganze Stadt durchdringt. In Frankreich sind es die Ideen, die die Männer begeistern. Also verliere dein Herz nicht dort, du wirst es kaum unversehrt zurückbekommen.

Deine Beschreibung des Liebespaares in Amsterdam, das Seite an Seite die Kanäle entlangradelte, der Mann mit der Hand auf der Lenkstange des Mädchens, hat mich sehr beschwingt. Dieses Bild solltest du dir wieder ins Gedächtnis rufen, wenn du den Mann fürs Leben aussuchst: zwei Menschen, die sich aus eigener Kraft fortbewegen, den anderen weder treiben noch behindern, doch verbunden sind mit einer Gebärde, die den Zwischenraum überbrückt und den einen der Gegenwart des anderen versichert.
Ich stelle mir vor, wie du durch Deutschland reist und mit nun erwachsenen Augen alles das wieder siehst, was wir vor vier Jahren miteinander betrachtet haben; es wird hoffentlich auch in Zukunft gemeinsame Reisen geben! Jetzt freue ich mich an jedem deiner Berichte. *Alles Liebe, Mami*

Miss Eleanor Steed
c/o »Europe on Wheels«
Villa d'Este
Cernobbio, Italien

Dallas, den 20.7.1932

Mein Liebling,
ich muss dir einfach einen Brief an die Adresse schreiben, die so viele glückliche Erinnerungen für mich birgt.
Ich nehme an, euer grüner Lincoln hat die Dolomiten erfolgreich überwunden, bestimmt war es eine aufregende Unternehmung!
Schön, dass du mit deinen Reisegefährten so gut auskommst! Ich war schon immer der Meinung, dass einer Verlobung eine lange Auslandsreise vorangehen sollte; es ist ein Test für jede Beziehung, und die Scheidungsraten würden sicher erheblich sinken, wenn die Flitterwochen schon vor der Hochzeit stattfänden.
Gleich nachdem ich deinen letzten Brief gelesen hatte, ging ich

ins Musikgeschäft, um eine Platte mit dem Orgelspiel von Albert Schweitzer auszusuchen. Eben jetzt höre ich sie, und der ganze Raum ist erfüllt von Bachs Musik. Schweitzer spielt sie so, als ob der Herrgott jedem Akkord lauschen würde. Es macht mich glücklich, dass du ihn selbst gehört hast.
Dein Nachmittag im Deutschen Museum in München muss wie eine Reise in die Zukunft gewesen sein, ich beneide dich darum, diese Maschinen gesehen zu haben, die sich die meisten von uns gar nicht vorstellen können!
In der Zeitung habe ich von den Umtrieben der Nazis gelesen; gottlob hatte ich keine Ahnung, dass du in einer ihrer Versammlungen warst. Ich verstehe ja deine Neugier, was Hitler betrifft, würde aber selbst keinen Pfennig dafür geben, ihn sprechen zu hören. Er kommt mir einfach lächerlich vor, und es fällt mir schwer, mir vorzustellen, dass jemand ihn ernst nimmt. Mir wäre es äußerst unangenehm, zu den ihm zujubelnden Massen zu gehören.
Genieße jeden Augenblick in Italien! Die Zeit wird jede neue Erfahrung in dir vertiefen, und du wirst sehen: Die beste Mitgift, die eine Frau in die Ehe mitbringen kann, sind die Reihen von Erinnerungsbildern aus ihrem eigenen Leben.

Alles Liebe, Mami

Miss Eleanor Steed
Cas' Alta
Florenz, Italien

Dallas, 10.8.1932

Mein Liebling,
dein letzter Brief hat in unserer friedlichen Umgebung wie ein Blitz eingeschlagen, und ich lauere jetzt auf den Donner, der ihm folgt.
Ich habe volles Verständnis für die Empfindungen, die Italien in dir weckt, aber deine impulsive Entscheidung, den Winter

über dort zu bleiben, hat uns alle doch sehr verblüfft. Eure Betreuerin schrieb mir, du wärest wegen einer Halsentzündung in Florenz geblieben, aber ich hatte eigentlich erwartet, dass du dann in Rom wieder zu deiner Gruppe stößt, zu einer letzten (und ich darf anfügen: vorausbezahlten) Besichtigungswoche vor der Heimfahrt.

Es war klug, nach Vassar zu melden, dass du im Herbst nicht zurückkommen wirst; ich bedauere allerdings, dass du mich nicht vorher zu Rate gezogen hast. Einen Menschen zum selbstständigen Denken und Handeln anzuleiten ist das Ziel jeder Erziehung – du hast diese Fähigkeit über alles Erwarten schnell entwickelt. Jedes Argument, das ich deiner Entscheidung entgegensetzen könnte, stünde in Widerspruch zu der, die ich selbst vor dreiundzwanzig Jahren getroffen habe: Damals habe ich die Universität verlassen, um deinen Vater zu heiraten. Ich habe diesen Entschluss nie bereut, das muss ich zugeben.

Die Vorkehrungen, die du getroffen hast, um diesen Winter in Florenz zu leben und zu studieren, beeindrucken mich. Berate dich aber bitte mit deiner Kunstprofessorin, solange sie noch in Europa ist. Sie wird dir sicher mit guten Ratschlägen weiterhelfen können.

Immer hatte ich die größte Bewunderung für deine künstlerischen Fähigkeiten und kann verstehen, welch tiefen Eindruck die großen Kunstwerke, die du im Sommer gesehen hast, in dir hinterlassen haben. Sogar in mir, die ich gar keine Begabung in dieser Richtung habe, haben die Werke Michelangelos den Wunsch geweckt, zum Meißel zu greifen und den nächsten Marmorblock zu bearbeiten. So unüberlegt mir deine Entscheidung zunächst auch vorkam – jetzt denke ich, dass man sie vielleicht auf den Nachmittag zurückführen kann, an dem du die unvollendeten Skulpturen Michelangelos an den Medici-Gräbern bewundert hast. Wer würde sich nicht mit diesen

Gestalten vergleichen wollen, die sich aus dem Stein zu befreien versuchen, der ihnen den Körper verleiht und gleichzeitig die vollendete Form versagt? In diesen sich freikämpfenden Figuren ist für mich das ganze Leben enthalten.

Verzeih mir, mein Liebes, dass ich so ungehalten war, als ich den Brief anfing. Manchmal steht der Wille, eine gute Mutter zu sein, gegen den Wunsch, ein verständnisvoller Mensch zu sein. Ich will zum Schluss kommen und einen Koffer mit Wintersachen für dich packen. Noch nie war ich zur Winterzeit in Italien, aber ich weiß, dass es sehr kalt werden kann. Tu mir die Liebe und gehe nicht allein zur Nachtzeit aus – aber ausgehen, das sollst du schon! *Alles Liebe, Mami*

Mr. Richard Prince
Greenhill Estate
Atlanta, Georgia

Dallas, den 12.10.1932

Lieber Richard,

eben erfahre ich, dass Sie im Sommer Ihre Frau verloren haben, und Sie sollen wissen, dass ich an Ihrem großen Verlust von Herzen Anteil nehme. Wenn auch Ihrer beider unterschiedliche Interessen manche Trennung bedingt haben, so war doch sicher der Stolz auf Ihren Sohn ein starkes Band bis zuletzt.

Ich nehme an, Henry hat Ihnen berichtet, dass Eleanor ihre Universitätslaufbahn zu Gunsten unabhängiger Kunststudien in Florenz aufgegeben hat. Obwohl sie bei einer bestens empfohlenen Familie lebt, bin ich doch ein wenig in Sorge um sie. Ich erinnere mich, dass Sie gute Freunde in Florenz haben, und wäre sehr dankbar, wenn Sie einen von ihnen bitten könnten, nach Eleanor zu schauen und sich ab und zu zu vergewissern, dass es ihr gut geht.

Sicher war Henrys Gegenwart noch ein großer Trost für seine

Mutter, und es war zweifellos richtig, dass er seine Auslandsreise im Sommer abgesagt hat. Er hat so viele guten Eigenschaften, aber die bemerkenswerteste ist wohl die Anhänglichkeit an seine Familie. Ich hoffe, Eleanor nimmt sich ein Beispiel! Mit Freude habe ich beobachtet, wie die beiden im vergangenen Jahr Freundschaft schlossen, und ich hoffe, dass die Entscheidung meiner Tochter, im Ausland zu studieren, keine Entfremdung mit sich bringt. Eleanor erwähnt ihre private Korrespondenz mir gegenüber nicht, aber ich weiß, dass sie sich über ein paar Zeilen von Henry freuen würde – wenn er nicht schon geschrieben hat. Ich lege ihre Adresse bei und ein Foto, das in diesem Sommer in der Villa d'Este aufgenommen worden ist. Sie sehen, sie hat sich seit unseren gemeinsamen Zeiten ziemlich verändert. Ich selbst schmeichle mir, dass es bei mir nicht der Fall ist und dass ich noch ebenso aussehe wie vor vier Jahren, als wir uns begegnet sind.
Mit meinem Mitgefühl für Ihren großen Verlust und in gleich bleibender Zuneigung. *Bess*

Miss Eleanor Steed
Cas' Alta
Florenz, Italien

Dallas, den 1.3.1933

Mein Liebling,
neue Pläne! Eben erreicht mich dein Brief, in dem du schreibst, dass du die Osterferien mit dem Grafen d'Annunzio Fabrini und seiner Familie in Sizilien verbringen willst. Er ist bestimmt ebenso neugierig auf deine Familie wie du auf die seine; so will ich zu Ostern nach Rom kommen, und wir werden gemeinsam nach Sizilien reisen!
Exa Banks wird mich mit ihrem neuen grünen Lincoln samt Chauffeur begleiten – ich denke, dass diese Art zu reisen zum italienischen Adel passt!

Ich habe Zimmer im Hotel Hassler reservieren lassen. Wollen wir uns am Gründonnerstag auf der Spanischen Treppe treffen? Es wird himmlisch sein, dich wieder in die Arme zu schließen. In diesem Jahr werde ich mein Halleluja aus einem ganz besonderen Grund singen! *Alles Liebe, Mami*

TELEGRAMM AN
ELEANOR STEED
CAS' ALTA, FLORENZ/ITALIEN
REISEAUFSCHUB BIS SOMMER NICHT MÖGLICH
STOPP ANKUNFT NACH PLAN WOCHE VOR OSTERN
MUTTER - DALLAS/TEXAS, 16.3.1933

Hotel Hassler, Rom, den 12.4.1933

Liebster Sam,
diese Gelegenheit ist einmalig: Rom am neunzehnhundertsten Gedächtnistag der Auferstehung Christi zu erleben! Ich möchte schwören, dass ganz Italien am Ostersonntag auf dem Petersplatz stehen wird, in Erwartung des Papstes. Wir sind Glückspilze, dass wir noch Hotelzimmer bekommen haben und nicht wie andere in Badezimmern nächtigen müssen. Die Reise von Genua hierher hat länger gedauert, als wir dachten; unser grüner Lincoln zog die Bewunderung ganzer Heerscharen auf sich. In jeder kleinen Stadt verursachten wir ein Verkehrschaos und kamen nach dieser Strapaze total erschöpft an. Aber der Anblick meiner Tochter belebte mich augenblicklich; sie kam mit einem Blumenstrauß ins Hotel, aber schöner als jede Blume war ihr strahlendes Gesicht. Sie erscheint viel selbstbewusster und reifer als das junge Mädchen, das wir im letzten Sommer zum Abschied umarmten – und gleichzeitig ist sie viel gelöster. Kein Wunder, dass sie das Herz eines italieni-

schen Grafen erobert hat – selbst ich habe mich regelrecht in sie verliebt.
Graf Fabrini ist ein charmanter junger Mann und zum Glück nicht halb so elitär wie sein Titel. Es ist mir schleierhaft, wie wir ohne seine liebenswürdige und kompetente Hilfe in dieser Woche durch die Stadt gekommen wären.
Irgendwie ist es ihm am Ostersonntag gelungen, uns durch die Menschenmassen zu schleusen, die den Petersplatz verstopften; er hat uns einen Platz ganz nahe bei Michelangelos Pietà erobert, wo wir dann auf den Papst warteten, der die Messe lesen sollte. Obwohl mir das katholische Ritual so fremd ist wie die Sprache, in der es sich vollzieht, so war ich doch von der Andacht der Massen und ihrer Verehrung für den Papst sehr bewegt. Ich beneide sie um ihren Glauben, der es ihnen erlaubt, sich ganz der Autorität eines Mannes zu unterwerfen, der trotz seines hohen Amtes doch auch nur ein Mensch ist. Ungeachtet dieser kritischen Gedanken empfand auch ich Ehrfurcht, als der Papst auf seinem weiß und golden verzierten Thron durch den Mittelgang des Doms getragen wurde. Ob es nun sein Anblick oder der der Madonna Michelangelos war, ich weiß es nicht – jedenfalls war ich erfüllt von schmerzlicher Liebe für ihr Kind und für mein Kind. Ich empfand es als eine Gnade, Eleanor zur Seite zu haben, und wusste plötzlich, wie sehr sie mir gefehlt hatte.
Hab Dank für dein Ostertelegramm. Wie aufmerksam von Mrs. Perkins, dass sie dich zum Festessen eingeladen hat! Mir gegenüber war sie seit meiner letzten Auslandsreise recht zurückhaltend. Sicher denkt sie, ich ließe dich im Stich, und ich hoffe nur, dass du das nicht auch denkst.
Exa war seit ihrer Hochzeitsreise nicht mehr im Ausland, und obwohl sie auf unseren Fahrten ängstlicher ist als ich, wächst ihr Interesse am kontinentalen Leben stündlich. Ende der Woche wollen wir mit Eleanor und ihrem italienischen Grafen

nach Sizilien; von dort geht es dann quer durch den Kontinent zurück, damit wir rechtzeitig für die Ascot-Rennen in England sind.
Noch habe ich nicht gewagt, das Thema zur Sprache zu bringen, aber es ist mein innigster Wunsch, dass Eleanor dann mit uns kommt, ja, tief in meinem Herzen habe ich ein Gelübde getan, dass ich ohne sie nicht heimkomme. *Alles Liebe, Bess*

Sorrent, Italien, den 24.4.1933

Liebe Lydia, lieber Manning,
eine Ansichtskarte kann niemals die Blaue Grotte darstellen, wie sie wirklich ist, nicht im Entferntesten kann ihr die beigefügte gerecht werden (hebt sie bitte trotzdem auf – sie beweist wenigstens, dass ich dort war)!
Exa und ich reisen sehr komfortabel in ihrem Lincoln, doch Eleanor zieht es vor, mit ihrem Freund, Graf Fabrini, in dessen offenem Sportwagen dahinzuflitzen. So sagen wir uns beim Frühstück Lebe wohl und treffen uns abends zum Essen, jedes Mal an einem andern Ort. Ich vermisse ihre Gesellschaft tagsüber, weiß aber wenigstens, wo sie am Abend ist, und bin beruhigt.
Graf Fabrini hat die Führung unserer Besichtigungstouren in Rom übernommen und darauf bestanden, uns neben den Altertümern immer auch ein modernes Gebäude zu zeigen. Er ist überzeugt, dass unter der Führung Mussolinis der Ruhm Italiens größer sein werde als in der Antike. Dieses Land braucht offenbar Männer von absoluter Autorität, an der Spitze des Staates und der Kirche. Zwischen »Il Papa« und »Il Duce« hat ein Italiener wenig Raum für eigene Überlegungen. Aber es besteht kein Zweifel: Mussolini hat die Wirtschaft des Landes ungeheuer angekurbelt, und es sieht so aus, als wäre er damit erst am Anfang. Aber trotz Graf Fabrinis Begeisterung für Mussoli-

nis zahlreiche Verbesserungen interessiert mich die Vergangenheit Roms mehr als seine Zukunft. Ich wäre glücklich, den Rest meines Lebens hier verbringen zu können; Schicht um Schicht würde ich in die Geschichte eintauchen.
Um Geld für russische Flüchtlinge zu sammeln, hat man in unserm Hotel einen festlichen Ball veranstaltet. Exa wollte nicht mitkommen – nach einem anstrengenden Besichtigungstag weigerte sie sich, auch nur einen Schritt zu tanzen –, doch Eleanor und ich waren vom Anblick so vieler Hoheiten entzückt. Der Kosakenchor sang, und Rachmaninoff spielte für die festlich glitzernde Gesellschaft, in der sich auch der König von Griechenland und ein indischer Radscha mit seinem Gefolge befanden.
Der Hotelmanager machte Eleanor und mich mit einer Reihe gut aussehender Tanzpartner bekannt. Mir hatte es besonders der Charme eines italienischen Geschichtsprofessors angetan, der allerdings angenehmer sprach, als er tanzte. So verließen wir bald die Tanzfläche und gingen nach draußen in den Garten. Bevor wir uns gute Nacht sagten, vereinbarten wir einen »Spaziergang durch das Alte Rom« für den übernächsten Tag. Er war wirklich ein ausgezeichneter Führer; seine anschaulichen Erläuterungen erfüllten jeden Ort mit Leben. Zum Schluss fuhr er mit mir in die Gärten von Tivoli. Noch nie hat mir ein Ort solches Vergnügen gemacht! Ich stand zitternd inmitten von Myriaden von Brunnen und musste mich schließlich auf einer Marmorbank in einem Zypressenhain ausruhen, um mein Gleichgewicht wiederzufinden.
Auf dem Heimweg zur Stadt zeigte mir der Professor die Villa Sciarra, die früher einer Amerikanerin gehört hatte. Sie schenkte sie Mussolini, und er gab sie weiter an das römische Volk. Die Pfauen, die sie damals erwarb, stolzieren noch durch den Park. Auf sie hatte Italien offensichtlich die gleiche Wirkung wie auf mich: Ich kam hierher, um meine

Tochter zu »retten«, bin aber wie sie dem Zauber dieses Landes erlegen.

Alles Liebe euch allen, Bess

Andrew Steed
Calhoun College
Yale University
New Haven, Conn.

Neapel, den 2.5.1933

Liebster Andrew,
das ist nun das erste Mal, dass ich ohne dich und dein immer gegenwärtiges Skizzenbuch in Europa bin; ich vermisse deine boshafte Gewohnheit, die Touristen zu zeichnen, wenn sie Sehenswürdigkeiten betrachten (womit du dich oft selbst vor den Sehenswürdigkeiten gedrückt hast).
Wir befinden uns auf dem Rückweg nach Florenz, nach einem Wochenende mit dem Grafen Fabrini und seiner Familie. Sie waren sehr charmant und zuvorkommend – aber jede Amerikanerin schreckt wohl vor einem Mann zurück, der wie hier in Italien als Alleinherrscher und Despot in seiner Familie auftritt. Keine Frau, die gewohnt ist, dass man sie und ihre Meinungen respektiert, würde sich freiwillig solcher Tyrannei unterwerfen. Zum Glück bringt auch Eleanor das nicht fertig; sie sagte zu meiner großen Erleichterung und Freude dem Grafen Lebewohl und ließ ihn in Sizilien im Schoß seiner Familie zurück – ein für alle Mal, wie ich hoffe. Sie kommt jetzt mit uns nach Florenz zurück, und ich hoffe, sie überreden zu können, dass sie auch mit uns nach Hause fährt.
Dein Bericht über die Osterferien mit den Wainwrights klingt ja sehr erfreulich. Sie können wirklich stolz auf Roger sein, jetzt mehr denn je, da er Herausgeber des *Harvard Crimson* geworden ist. Ich hatte ja immer gehofft, du würdest eine Stelle bei der Yale-Zeitung annehmen, aber ein mündlicher Hinweis scheint bei meinen zwei Kindern seine Wirkung zu verfehlen. Hast du

vor, dem Blatt die eine oder andere Zeichnung anzubieten? Auch politische Karikaturen stehen hoch im Kurs.
Sam wird enttäuscht sein, dass du den Sommerjob nicht angenommen hast, den er dir in der Werksanlage angeboten hat. Nachdem er selbst eine Handelsschule besucht hat, hält er harte körperliche Arbeit für einen notwendigen Ausgleich zu den Universitätsstudien und ist der Ansicht, dass alles, was man aus Büchern lernt, durch praktische Anwendung erhärtet werden muss. Aber ich verstehe schon, dass du deinen letzten freien Sommer nach Herzenslust genießen willst, und gebe meine Einwilligung, dass du ihn mit den Wainwrights auf Cape Cod verbringst. Unter einer Bedingung: Ich rechne fest damit, dass du an unserem Schiff bist, wenn es am 29. Juni in New York anlegt. Warum lädst du Roger nicht zu einem Wochenende in Manhattan ein? Es wäre eine nette Revanche, und gleichzeitig hätte Eleanor eine charmante Begleitung. Es ist ja zu schön, dass sie mit mir nach Hause kommt!
Sieh zu, dass du für *Design for Living* Theaterkarten bekommen kannst. Es muss großartig sein.
Ich freue mich auf dich und auch darauf, wieder heimzukommen.

Alles Liebe, Mami

Cas' Alta, Florenz, den 6.5.1933

Lieber Sam,
je mehr ich vom italienischen Familienleben mitbekomme, desto glücklicher bin ich, einen Mann wie dich zu haben, der mich zu Hause erwartet, einen Mann, der seine Frau als gleichberechtigten Partner behandelt und nicht nur als Anhängsel. Wie freue ich mich darauf, mit dir beim Abendessen zu sitzen und dir zuzuhören, wenn du deine Methoden für Gewinnbeteiligung erörterst. Walter Lippmanns Artikel in der *New York Herald Tribune* haben mich im Hinblick auf unsere Finanzsitua-

tion sehr beruhigt, ich lese sie jeden Tag. Sogar du wirst zugeben müssen, dass Roosevelt eine kluge Entscheidung getroffen hat, indem er in den Vereinigten Staaten die Goldwährung vom Markt genommen hat. Trotzdem fände ich es gut, wenn du mit den geplanten Lohnerhöhungen warten würdest, bis sie durch gesteigerte Produktion tatsächlich gerechtfertigt sind.
Die Fahrt durch die Täler mit dem Wintergras war wunderschön – Mussolini will den Weizenimport stoppen und Italien unabhängig machen, und wenn man das Ausmaß des bebauten Landes betrachtet, könnte ich mir denken, dass er Erfolg hat. Aber was ist mit den Ländern, die den Weizen verkaufen wollen, wenn sie Italien als Abnehmer verlieren? Hier scheint es niemanden zu bekümmern.
Seit wir wieder in Florenz sind, lasse ich alles etwas ruhiger angehen. Die anstrengenden Besichtigungen in der letzten Woche haben mich erschöpft, meine Rückenschmerzen melden sich wieder – der unvermeidliche Tribut an das Kopfsteinpflaster!
Eleanors italienische »Mutter«, Signora Manolo, ist eine sympathische Frau; kein Wunder, dass Eleanor so gern hier war. Es gibt nur ein Dienstmädchen, aber das ist eine Perle! Sie steht vor Tagesanbruch auf, macht sauber im Haus und erledigt die Besorgungen, dann kocht sie ein Mittagessen mit drei Gängen, Abendessen mit vier, und Tellerwechsel bei jedem Gang. Ich wünschte, ich könnte ein italienisches Mädchen mit nach Hause nehmen; Signora Manolo bezahlt ihrer Hilfe nur zweihundert Lire im Monat (das sind nach dem alten Wechselkurs nur zehn Dollar, jetzt sind es fünfzehn Dollar) – und das ist einfach geschenkt! Trotzdem würde ich um keinen Preis in Italien wohnen wollen – sogar die Gäste eines Privathauses wie bei Signora Manolo müssen ihren Pass der Polizei vorzeigen. Offensichtlich aus Angst vor Attentaten und politischen Dissidenten. Aber es werden eben auch Privatleute strengen Gesetzen unterworfen und in allem überwacht. So ist es z. B. unzulässig, dass

eine unverheiratete Frau einen männlichen Besucher in ihrem Schlafzimmer empfängt. Die Polizei hat das Recht, jedes Haus zu betreten, wenn sie den geringsten Verdacht schöpft!

Endlich hat auch Eleanor eingesehen, dass es gefährlich ist, weiterhin in diesem Land zu leben, in dem die Regierung freien Zutritt zum Privatleben ihrer Bürger hat, und so kommen wir also Ende Juni nach Hause. Es ist kaum zu glauben, wie erwachsen Eleanor im letzten Jahr geworden ist. Ich war erstaunt und stolz, als sie mich im dämmrigen Licht der Kirche von St. Carmine auf die erste Darstellung von Bauchmuskeln in der Renaissance aufmerksam machte (bei Masaccios Adam).

Sie hat vor, ihr Kunststudium fortzusetzen und im Herbst ein Appartement in New York zu mieten. Ich kann mir nicht vorstellen, sie so bald schon wieder herzugeben, aber wenigstens haben wir sie im Sommer in Dallas bei uns. Schön, wieder eine Familie zu sein, wenn auch nur für kurze Zeit und ohne Andrew.

Alles Liebe, Bess

New Haven, den 15.6.1934

Liebe Lydia, lieber Manning,

Andrew hat heute sein Diplom in Empfang genommen, und Sam und ich schauten voller Stolz zu. Hätte nur sein Vater dabei sein können! Wenn ich zurückdenke, welches Aufsehen Rob in der Geschäftswelt nur mit seinem Texas-Diplom erregte – wie viele Türen werden sich jetzt Andrew mit seinem Yale-Diplom öffnen! Er hat noch keine spezielle Laufbahn im Auge, eines aber weiß er sicher: dass er keinen Hörsaal mehr betreten wird; eine Promotion kommt nicht in Frage für ihn.

Eleanor holte uns in New York am Zug ab, und wir verbrachten mehrere glückliche Tage mit ihr; ihr Appartement ist winzig, aber sie hat das Bestmögliche aus dem Raum gemacht. Sie lebt lieber in einer kleinen Wohnung, als eine geräumige mit jemandem zu teilen – was ich nur zu gut verstehen kann. Dwight Davis, der jetzt ein erfolgreicher Innenarchitekt ist und viel glücklicher als dazumal als Börsenmakler, hat sie großzügig beraten und ihr alle möglichen Preisvergünstigungen vermittelt. Jetzt glänzt die Wohnung durch eine besonders hübsche Einrichtung.

Eleanor ließ es sich nicht nehmen, ein Abendessen für uns zu kochen; ihre Künste beschränken sich auf ein Menü: Steak und Artischocken, aber das ist mehr, als ich je zu Stande gebracht habe. Nach dem Essen zeigte sie uns ein Skizzenbuch mit Kleiderentwürfen, das diesjährige Ergebnis ihrer Studien an der Modefachschule. Meiner Meinung nach ist sie auf diesem Gebiet wirklich begabt und könnte sich beruflich damit durchsetzen, doch daran scheint sie kein großes Interesse zu haben.

Sie hat uns dann zu Andrews Studienabschlussfeier nach Yale begleitet und ist danach nach Princeton weitergefahren. Dort fängt ihr Freund Henry Prince eben mit seinem Studium an. Zu gern wäre ich mitgefahren, denn seit wir vor sechs Jahren in Italien Abschied nahmen, habe ich weder Henry noch seinen Vater gesehen. Aber nein, Sam meinte, wir sollten doch besser hier bei Andrew bleiben.

Seit Eleanor im letzten Herbst nach New York gezogen ist, hat sie viel Zeit mit dem jungen Prince verbracht, betont aber, dass sie nur gute Freunde seien und dass ich von dieser Beziehung nichts anderes erwarten solle. Sicher will sie damit einer Enttäuschung vorbeugen, aber ich rechne immer noch fest damit, dass die beiden ein dauerhaftes Glück miteinander finden.

Für den Sommer planen sie nun eine Deutschlandreise – auf Schusters Rappen, wo es möglich ist, und sonst mit der Bahn. Keine festen Pläne, nur wohin die Laune sie treibt. Unter anderen Umständen würde ich Eleanor so eine Fahrt auf keinen Fall erlauben, aber in Henry Prince setze ich großes Vertrauen und kann nur hoffen, dass es das erste von vielen Abenteuern ist, das die zwei miteinander erleben. Henry und sein Vater sind überall auf der Welt zu Hause, und ich könnte mir für meine Tochter wirklich nichts Besseres wünschen! Meine Glückwünsche für Marian zu ihren akademischen Ehren! Ihr müsst sehr stolz auf sie sein! *Alles Liebe euch allen, Bess*

TELEGRAMM AN
MISS ELEANOR STEED
ROTHENBURG OB DER TAUBER
DEUTSCHLAND
ANTWORT AUF DEIN TELEGRAMM GEBURTSZEIT
4 UHR 25 AM 25.8.1913 STOPP BIN AUSSER
MIR VOR SORGE STOPP BEI SCHWIERIGKEITEN
SOFORT AN AMERIKANISCHE BOTSCHAFT WENDEN
STOPP BITTE UMGEHEND ERKLÄRUNG DER
SITUATION STOPP ALLES LIEBE MUTTER -
DALLAS/TEXAS 9.9.1934

Miss Eleanor Steed
Rothenburg ob der Tauber
Deutschland

Dallas, den 21.9.1934

Liebling!
Mir ist ein Stein vom Herzen gefallen, als ich hörte, dass du deine Geburtszeit nur für einen astrologischen Zweck gebraucht hast. Aber es irritiert mich, dass du die Sterne befragen lässt – und dass sie behaupten, du seist deinem zukünftigen Mann noch nicht begegnet! Ich dachte, ihr beide, du und Henry, habt einen wunderbaren Sommer miteinander erlebt? Was ist schief gegangen?
Ich bin sicher, dass er schriftstellerisch begabt ist – die Gedichte, die du mir geschickt hast, haben mich beeindruckt –,

und nichts spricht dagegen, dass er diesen Beruf ergreift. Aber warum muss er dafür nach England? Und warum allein? Und was hält dich in Deutschland?

Ach, ich hatte so gehofft, du könntest zur Herbstsaison nach Hause kommen! Der Präsident des Idlewild-Clubs hat mich mehrmals gefragt, ob du nicht an deinem Debüt interessiert wärst? Ich habe mir die Freiheit genommen, ihm deine Zustimmung zu geben – alles andere wäre eine Beleidigung gewesen. Vorsichtshalber habe ich aber hinzugefügt, dass es nicht unbedingt dieses Jahr zu sein braucht.

Andrew hat bei seiner Stellungssuche nichts gefunden, was seiner Ausbildung gemäß wäre, die Zeiten sind schwierig, und so hat er letzte Woche einen Posten beim Gaswerk angenommen. Leider muss er sehr früh aufstehen, so dass er seinen zahlreichen gesellschaftlichen Verpflichtungen wohl kaum nachkommen kann.

Bitte lass mich deine Pläne genauestens wissen. Dass du jetzt fast fließend Deutsch sprichst, freut mich; trotz Annies geduldigen Bemühungen werde ich diese Sprache nie beherrschen. Aber du! Bald vier Sprachen! Da hast du ein größeres Kapital als alles, was du je von mir erben wirst. Dennoch gilt letztlich nur, *was* du sagst, und nicht, in welcher Sprache du es sagst. Augenblicklich kann ich dich leider überhaupt nicht verstehen, in welcher Sprache auch immer. Aber ich liebe dich, immer.

Mutter

Mr. Richard Prince
Greenhill Estate
Atlanta/Georgia

Dallas, den 23.11.1934

Liebster Richard,

heute habe ich Geburtstag. Und mein Leben scheint, mit vierundvierzig Jahren, gelebt und vorbei zu sein. Ich fühlte das besonders stark, als ich am Morgen einen Geburtstagsgruß von meiner Tochter bekam, die in München Bildhauerei studiert, und was berichtet sie mir? Dass sie und Henry sich beim Abschied im September das Versprechen gegeben haben, auf die begrenzten Freuden irdischer Liebe zu verzichten und ihr Leben ganz der Kunst zu widmen. Und im selben Brief stand, dass Sie, lieber Richard, wieder geheiratet haben. So sind mir nun meine Vergangenheit und meine Zukunft mit einem Schlag genommen, und damit hat auch die Gegenwart keine Bedeutung mehr für mich.

Schon lange habe ich den Gedanken einer Verbindung zwischen Ihnen und mir aufgegeben. Aber erst heute Morgen wurde ich mir bewusst, wie sehr ich eine andere Hoffnung genährt hatte – dass nämlich unsere Kinder das fortsetzen könnten, was wir begonnen haben. Ohne diese Illusion fühle ich mich jetzt einsamer als je zuvor.

Ich weiß, dass Sie mit Ihrer Frau auf einer Mittelmeerreise sind, aber ich habe nur die Adresse in Georgia und schicke deshalb den Brief dorthin. Man wird ihn hoffentlich nachsenden. Ich kenne Ihre Reiseroute nicht, aber sicher treffen Sie Ihren Sohn in England. Bringen Sie ihm doch bitte in Erinnerung, dass die größten Dichter zu ihren höchsten Leistungen durch die Liebe zu einer Frau inspiriert worden sind. Was wäre Dante ohne Beatrice?

Mit größter Freude hätte ich die Hochzeit meiner Tochter mit Ihrem Sohn bekannt gegeben, aber ich wäre auch mit einem weniger dauerhaften Arrangement zufrieden gewesen. Ein Schriftsteller wird verständlicherweise immer eine Verbindung scheuen, die in häusliche Routine auszuarten droht, aber Eleanor und Henry haben doch so viele gemeinsame Ziele …

Doch das ist jetzt nicht Ihr Problem. Lassen Sie mich Ihnen gratulieren. Ich will versuchen, mich damit zu trösten, dass jemand, der so viel allein gereist ist in seinem Leben, jetzt einen

Partner gefunden hat, mit dem er seine Unternehmungen teilt. Ich selbst bin dieser Erfahrung beraubt und ersehne sie deshalb vielleicht so sehr für meine Tochter.
Warum komme ich mir plötzlich so alt vor? Morgen früh werde ich mich wieder besser fühlen, das weiß ich, aber wie werde ich die Nacht durchstehen? (Das ist eine rein rhetorische Frage, denn leider sind meine Nächte uninteressant für Sie.)

Adieu, Bess

An Bord der *North Star,* Helsinki, den 18.4.1935

Liebster Andrew,
Eleanor war ganz außer sich, als sie von deiner Verlobung erfuhr! Sie kommt jetzt mit mir zur Hochzeit nach Hause.
Diese Reise hat uns beiden klar gemacht, wie wenig wir immer noch von der Welt kennen. Eleanor kam in Southampton an Bord, und wir verbrachten eine gemeinsame Woche in London; dann gingen wir auf Nordlandfahrt! Sie war gespannt auf das Wiedersehen mit Henry Prince; das Jahr über hatten sie getreulich miteinander korrespondiert, jeder hatte den anderen bestärkt und ermutigt – und nun der Schock für Eleanor, die sich ihrer Bildhauerei in der hingebungsvollen Klausur einer Nonne gewidmet hat: Henry verfasst seine Dichtungen in der Gesellschaft eines jungen Mannes, der die Wohnung mit ihm teilt!
Wir verließen London in genau der richtigen Verfassung für die herbe Wildheit der skandinavischen Länder. Und jetzt, da wir uns unserem Bestimmungsort Leningrad nähern, erregt mich der Gedanke, in eine Kultur einzudringen, die so gänzlich anders ist als die unsere. Obwohl es äußerst mühsam war, Eleanor zu dieser Fahrt zu überreden, ist sie jetzt doch froh über ihren Entschluss. Es scheint, als sei die Reise in ein ihr völlig fremdes Land der beste Weg, um sie nach Texas heimzuholen.
Sobald wir daheim sind, will ich im Country-Club zu Ehren

deiner Verlobung und Eleanors Heimkehr eine Gesellschaft geben. Du kannst dir den Termin aussuchen und auch das Orchester. Aber verschicke keine Einladungen, ehe ich nicht die Gästeliste genehmigt habe. *Alles Liebe, Mutter*

TELEGRAMM AN
MR. ALBERT HENDERSON
PRÄSIDENT IDLEWILD-CLUB
ADOLPHUS HOTEL
DALLAS/TEXAS
VON ELEANOR MÜNDLICHES EINVERSTÄNDNIS
ZUM HERBSTDEBÜT STOPP HOFFE SIE SIND
NOCH FREI FÜR EINFÜHRUNG STOPP BESS
STEED GARNER – AN BORD DER QUEEN MARY/
5.6.1935

Dallas, den 5.10.1935

Liebste Lydia, lieber Manning,
nach den vielen ruhigen Jahren, in denen die Kinder auf ihren Schulen waren, ist unser Haus wieder zum Leben erwacht. Sam jammert über den Lärm, aber mir selbst ist jeder kleinste Laut eine Wohltat, sogar die Victrola-Musik, die bis um drei Uhr morgens aus dem dritten Stock dringt.
Von Anfang an gehörte dieses Stockwerk den Kindern; jetzt haben wir alle Möbel aus dem großen Mittelteil, dem früheren Spielzimmer, weggerückt, um für eine Tanzfläche Platz zu schaffen. Eleanor wollte die beiden Zimmer zur Linken als Schlafzimmer und Atelier für sich haben und Andrew die Räume auf der anderen Seite.
Am letzten Samstag spät abends brachten sie ein paar Freunde mit, und sie haben bis zum Morgengrauen durchgetanzt – als

Sam und ich am Sonntagmorgen aufwachten, fanden sich zwanzig unerwartete Frühstücksgäste ein. Zum Glück ist meine Haushälterin so selig wie ich, die Kinder hier zu haben, und so ließ sie sich nicht aus der Fassung bringen, sie war nicht einmal böse, weil sie deshalb den Gottesdienst versäumte. Sie meinte, sie könne den Herrgott genauso loben, wenn sie Omeletts macht, als wenn sie im Kirchenstuhl sitzt.
Seit ihrer Rückkehr im Sommer wird Eleanor wie der verlorene Sohn gefeiert; vor ein paar Wochen taten sich ein paar ihrer Freunde zusammen und schickten ihr zum Spaß eine Vorladung mit der Anklage, sie würde die Aufmerksamkeit aller heiratsfähigen jungen Männer in der Stadt in sträflicher Weise auf sich ziehen. Der »Prozess« fand in Manhole statt, einem Haus, das ein halbes Dutzend viel versprechender junger Anwälte miteinander teilt. Eleanors Verteidigung übernahm Walter Burton, ein junger Mann, der angeblich vom Lande stammt, aus Maryland, und der sich, seit er hier in Dallas ist, die Anerkennung einiger der prominentesten Anwälte in der Stadt verdient hat. Eleanor war ganz hingerissen von seiner wortgewandten Verteidigung. Nachdem sie daraufhin »freigesprochen« wurde, bekamen alle Teilnehmer ein Abendessen serviert.
Ich hoffe, ihr könnt zu der Tanzveranstaltung kommen, die ich Eleanor zu Ehren einen Monat nach dem Idlewild-Ball geben will. Eigentlich wollte der Präsident des Clubs sie bei dieser Gelegenheit in die Gesellschaft einführen, aber sie besteht darauf, dieses Ehrenamt ihrem Verteidiger Walter Burton zu überlassen. Das ist ein Bruch mit der Etikette und der Tradition, und ich bin eindeutig dagegen! Obwohl ich den jungen Mann gut leiden kann. Aber Eleanor meinte, sie würde eher das Fest absagen, als es in der Gesellschaft eines Menschen zu verbringen, der sie entsetzlich langweilt. So fürchte ich, es bleibt mir nichts anderes übrig, als meine Zustimmung zu geben. Ich habe sie aber immerhin dazu überreden können, ihren Ent-

schluss bei sich zu behalten, bis der Idlewild-Ball vorbei ist. Ich will ihr offizielles Debüt am Arm des Clubpräsidenten nicht aufs Spiel setzen!
Sehr gespannt bin ich, wie ihr Nell Cunningham findet, Andrews Braut. Sie ist eine direkte Nachfahrin einer der ersten Siedlerfamilien in Virginia, und ich muss gestehen, ich bin sehr geschmeichelt, dass sie meinen Sohn heiratet. Hoffentlich weiß er sein Glück zu schätzen. Die beiden haben ihren Hochzeitstermin auf den zweiten Februar festgelegt. Gewöhnlich ist um diese Zeit gesellschaftlich nicht viel los, und Andrew meint daher, eine große Hochzeit wäre doch eine willkommene Abwechslung für alle. Nell und ihre Familie hätten lieber eine kleine, bescheidene Feier. Es ist noch nicht lange her, seit sie von Virginia hierher gezogen sind, und so kennen sie noch nicht viele Leute. Obwohl ihre Abstammung erstklassig ist, vermute ich, dass sie wie alle Aristokraten in ihren Finanzen etwas eingeschränkt sind, und habe deshalb vorgeschlagen, dass der Empfang im Country-Club zu meinen Lasten gehen soll. Für eine Frau in meiner Position stellt die Verheiratung ihres einzigen Sohnes schließlich eine gewisse gesellschaftliche Verpflichtung dar, und es ist wohl nur recht und billig, wenn ich den finanziellen Teil einer Feierlichkeit übernehme, die doch in erster Linie meine Freunde und meine Familie genießen werden.
Nell und ihre Eltern sind die einzigen Mitglieder ihrer Familie, die hier leben. Ihr Bruder Craig ist Modezeichner in Hollywood; er entwirft das Brautkleid für seine Schwester und schenkt es ihr zur Hochzeit. Sie zeigte mir die Skizze, die er aus Hollywood geschickt hat – das Kleid ist einfach zauberhaft!
Ihr habt von Marians jungem Freund nicht viel berichtet, abgesehen davon, dass ihr ihn alle sehr gern habt. Ich hoffe, Marian bringt ihn zu Eleanors Ball mit und wird ihn uns vorstellen – und Dallas! *Viel Liebes, Bess*

Dallas, den 10.1.1936

Lieber Herr Cunningham,
von Ihrer Schwester habe ich so oft von Ihnen gehört, dass Sie für mich schon ganz zur Familie gehören. Und der Entwurf des Brautkleides war die beste Einführung.
Dieser Entwurf ist auch die Anregung zu meinem Brief. Meine Tochter Eleanor, die selbst künstlerisch tätig ist (sie hat Malerei in Italien und Bildhauerei in Deutschland studiert und arbeitet jetzt als Modezeichnerin in New York), wird nächste Woche in die Gesellschaft eingeführt. Ende des Monats gebe ich ihr zu Ehren einen Ball, und ich wäre sehr glücklich, wenn sie zu dieser Gelegenheit ein echtes Craig-Cunningham-Kleid tragen könnte. Es ist zwar üblich, dass eine Debütantin ihr Idlewild-Ballkleid bei ihrer eigenen Einladung noch einmal anzieht, aber meine Tochter hat sich schon damit groß getan, dass sie die Tradition mit der Wahl ihres Begleiters bricht, warum sollte sie also nicht auch mit ihrem Kleid auftrumpfen?
Obwohl ich weiß, dass Sie mit Ihren Entwürfen für Filme viel Geld verdienen – haben Sie nie daran gedacht, zusätzlich ein eigenes, privates Atelier aufzubauen? Filmemachen ist eine höchst unsichere Lebensbasis, und es wäre unklug, sich lebenslang als einzige Einnahmequelle darauf zu verlassen. Die jungen Damen, die zu Eleanors Ball kommen, sind gewohnt, Unsummen für Garderobe auszugeben, und ich würde mich freuen, wenn jemand, der so bald schon zu unserer Familie gehören wird, einen Gewinn aus solchen Extravaganzen ziehen könnte.
Ich selbst habe gelegentlich Modellkleider in New York gekauft und denke, dass Ihre Preise sich in diesem Rahmen bewegen. Auf alle Fälle kann ich es mir leisten, ebenso viel auszugeben wie ein x-beliebiger Filmstar – tun Sie bitte Ihr Bestes für meine Tochter!

Lassen Sie mich sogleich wissen, ob Sie dieser Vorschlag interessiert, dann schicke ich die Maße.

Mit den besten Grüßen, Ihre Bess Steed Garner

Mr. Harold D. Perkins
Verleger der *Dallas Morning News*
Dallas, Texas

Dallas, den 26.1.1936

Lieber Hal,
ich bin untröstlich, dass Ihre Frau und Sie nächste Woche nicht an der Hochzeit meines Sohnes teilnehmen können, aber ich verstehe selbstverständlich, dass die Konferenz in der Redaktion vorgeht.
Trotzdem handelt dieser Brief von der Hochzeit. Ich weiß nicht, wie gründlich Sie die *New York Times* lesen, aber gewiss ist Ihnen nicht entgangen, dass dort in der Gesellschaftsrubrik an Stelle des üblichen Brautfotos ein Bild des Brautpaars beim Verlassen der Kirche veröffentlicht wird – wenn Braut und Bräutigam aus prominenten Familien stammen. Ihr zuständiger Redakteur für diese Rubrik und meine Freundin Totsie Fineman haben mich wissen lassen, dass das in den *Dallas Morning News* nicht üblich sei, aber für alle Fälle schicke ich Ihnen Bilder von meinem Sohn und seiner Braut auf den Stufen der St. Mathew's Cathedral, und Sie könnten sich dann dafür entscheiden, die alten Gepflogenheiten zu ändern, noch ehe Sie zu Ihrer Konferenz fahren.
Grüßen Sie bitte Ihre Frau; die großen, lila blühenden Sträucher, die sie als Abgrenzung zwischen unsere beiden Häuser gepflanzt hat, würden sicher von einem vernünftigen Zuschnitt profitieren. Ich würde ihr das gerne selber sagen, aber ich sehe sie so gut wie nie.

Herzlich – wie immer, Bess

Mr. Walter Burton
The Manhole
Dallas, Texas

Dallas, den 18.7.1936

Lieber Walter,

nehmen Sie bitte diesen Brief als eine offizielle Entschuldigung dafür, dass wir Sie gestern beim Abendessen mit einer Artischocke konfrontiert haben. Niemand sollte seine erste Artischocke in der Öffentlichkeit vorgesetzt bekommen, und ich bin wirklich zerknirscht, dass wir Sie in diese Verlegenheit gebracht haben. Ich habe die Offenheit bewundert, mit der Sie zugegeben haben, dass Sie nicht wissen, was Sie mit dem Ding anfangen sollen. Für mich bedeutet eine gute Erziehung immer, dass wir unsere Ahnungslosigkeit freimütig bekennen.

Ich bin dankbar für das Glück, das Sie meiner Tochter in den vergangenen Monaten geschenkt haben, und hoffe, es wird von Dauer sein. Sie hat mir gesagt, dass Sie beide an eine Heirat denken, dass Ihre finanzielle Situation aber zur Zeit noch keine Verlobung erlaubt. Kluge Bedachtsamkeit ist eine bewundernswerte Eigenschaft bei einem Mann – aber nach allem, was ich im vergangenen Jahr an Fähigkeiten und Charakter bei Ihnen beobachten konnte, scheint mir Ihre Zukunft in dieser Gesellschaft doch gesichert. Ich wäre also glücklich darüber, Sie in unsere Familie aufzunehmen. Ihre juristischen Dienste, die ich allein für mich selbst benötige, gewährleisten Ihnen schon ein gutes Einkommen!

Nun hoffe ich, Sie und Eleanor werden bald Ihre Verlobung bekannt geben und das Datum für die Hochzeit festsetzen. Offen gesagt: Nur ein fixes Datum in allernächster Zeit wird Eleanor zu Hause halten können; sie hat sich schon bei einer Kunstschule in Wien nach dem Lehrplan im Herbst erkundigt. Ich habe ihren Pass versteckt, aber sie droht damit, einen neuen zu beantragen. Zweimal ist es mir gelungen, sie von Europa wie-

der nach Hause zu lotsen, wer weiß, ob es ein drittes Mal gelingt.
Ich würde Euch gerne ein Eckgrundstück, das ich in Mockingbird Lane besitze, als Verlobungsgeschenk überschreiben, und mein Hochzeitsgeschenk wäre dann das Haus, das Ihr darauf bauen wollt. *Mit verbindlichen Grüßen, Bess*

Mrs. Walter Burton
6924 Mockingbird Lane
Dallas/Texas

Dallas, den 20.6.1937

Mein Liebling!
Willkommen daheim! Ich wollte, dass du als Erstes einen Brief von mir im Kasten findest, wenn du von der Hochzeitsreise zurückkommst.
Den Tag nach der Hochzeit habe ich damit verbracht, euer Haus in Ordnung zu bringen, räumte die Geschenke weg, bezog das Bett mit den Leintüchern, auf denen die neuen Monogramme prangen, und pflanzte neben der Eingangstür ein paar Blumen, die Euch bei der Heimkehr begrüßen sollen. Jedes Eckchen im Haus schaute ich mir genau an und war dann recht befriedigt; der von dir ausgesuchte Architekt hat den beschränkten Raum wirklich fantasievoll gestaltet. Du hast ganz Recht gehabt, ihn zu engagieren, wenn mir auch seine Forderungen reichlich hoch erscheinen, und Walter tat gut daran, dich zu überreden, den Hochzeitstermin bis zur Fertigstellung des Hauses zu verschieben.
Jetzt bin ich froh, dass du auf einer kleinen Hochzeitsfeier zu Hause beharrt hast. Jedes Mal, wenn ich durch mein Wohnzimmer gehe, sehe ich dich in dem köstlichen Kleid vor mir, das du selbst entworfen hast. Wie du da vor dem Kamin gestanden hast, bei den Engelsfiguren, die du mir zu Weihnachten geschenkt hast … sie knien auf dem Kaminsims und halten Lilien

in ihren gefalteten Händen, und in meiner Vorstellung beten sie für euer Glück. Jeden Abend, ehe ich hinaufgehe, knie auch ich dort nieder, um meine Gebete mit den ihren zu vereinen.
Als wir am Bahnhof standen und winkten, bis euer Zug in Richtung New Orleans verschwunden war, nahm Sam mich plötzlich in die Arme und erklärte, dass wir jetzt auch auf eine Hochzeitsreise gehen würden, Ende der Woche schon. In unserer Ehe ist ja die normale Ordnung auf den Kopf gestellt, Sam war zuerst Vater und dann Ehemann, und jetzt, da beide Kinder verheiratet sind, sind wir endlich Mann und Frau und sehen uns bereits mit anderen Augen.
Sam hat eine wundervolle Reise mit der Bahn durch den pazifischen Nordwesten geplant, dann weiter zu Schiff nach Alaska. Und er besteht darauf, die gesamten Kosten zu übernehmen! Früher haben wir ja bei allen unseren Touren die Kosten geteilt. Ich ahne nicht, wie viel Geld er hat; die gemeinsame Einkommensteuer lässt er mich immer unterschreiben, bevor die Zahlen eingetragen sind. Wie auch immer, ich glaube, er ist dabei, ausgesprochen wohlhabend zu werden, und ich freue mich darauf, im Alter an seiner Seite zu sein.
Wir werden also den ganzen Sommer unterwegs sein, und ihr beginnt euer neues Leben ohne unsere Einmischung. Fast könnte ich Sam beschuldigen, dass er aus diesem Grund unsere Reise geplant hat – aber aus welchem Anlass auch immer: Ich freue mich, dass wir losfahren, und sobald ich diesen Brief abgeschickt habe, fange ich an, die Koffer zu packen! Ich grüße euch – und verabschiede mich. *Mit aller Liebe, Mutter*

TELEGRAMM AN
MRS. WALTER BURTON
FLORENCE NIGHTINGALE HOSPITAL
DALLAS/TEXAS

HÄTTE GERNE FLÜGEL UM BEI EUCH ZU SEIN STOPP HERZ SPRINGT VOR FREUDE ÜBER GLÜCKLICHE ANKUNFT MEINES ERSTEN ENKELKINDES STOPP SIND IN SICHERHEIT ABER BLOCKIERT VON FLUTEN STOPP SEHNE MICH BABY ZU SEHEN STOPP ALLES LIEBE MUTTER - CIUDAD MONTE, MEXIKO 3.9.1938

TELEGRAMM AN
MR. WALTER BURTON
SANDERS AND HARRIS LAW FIRM
210 MAIN STREET
DALLAS/TEXAS
SCHLECHTE VERBINDUNG MACHTE TELEFONGESPRÄCH UNMÖGLICH STOPP WEISS NOCH NICHT OB ENKEL MÄDCHEN ODER JUNGE STOPP BITTE IN JEDEM FALL TESTAMENT ÄNDERN STOPP ENKEL ERBEN ZU GLEICHEN TEILEN MIT MEINEN KINDERN STOPP KOMME EVTL. NICHT LEBEND AUS MEXIKO HERAUS STOPP ALLES LIEBE BESS - CIUDAD MONTE MEXIKO 3.9.1938

Dallas, den 7.9.1938

Liebe Lydia, lieber Manning,
eben habe ich mein Enkelkind zum ersten Mal gesehen! Eine Woche ist sie jetzt alt, und man glaubt, sie weiß bereits alles; sie schaute mich wirklich mit durchdringendem Blick an, als ob sie fragen wollte: Warum hast du eigentlich so lang gebraucht, um herzukommen? Ich finde, sie hat völlig Recht damit.
Am Montag, dem 29. August, waren wir gerade auf dem Pan American Highway in Richtung Heimat, zwei Wochen bevor das Baby kommen sollte. Sorglos und völlig ahnungslos ent-

schlossen wir uns, in Ciudad Monte zu übernachten. Wir fuhren zum besten Hotel, fanden es aber umgeben von Autos und einer unruhigen, sich drängelnden Menschenmenge und erfuhren zu unserem Schrecken, dass durch die schweren Regenfälle die Flüsse im Norden über die Ufer getreten waren. Alle Brücken waren eingestürzt, es gab keine Möglichkeit, nach Monterrey durchzukommen. Alle Hotels der Stadt quollen schon über, und man schickte uns in eine Zuckerfabrik; dort wurden wir von den Besitzern, die Amerikaner waren, gastlich aufgenommen und bekamen einen Schlafraum zur Verfügung gestellt. Die Touristen, die nach uns kamen, mussten in ihren Autos nächtigen, so fühlten wir uns in unseren Betten überglücklich! Die Brücken konnten nicht eher wieder aufgebaut werden, als bis die Wassermassen zurückgegangen waren, und so blieb uns nichts anderes übrig, als zu warten.
Da saßen wir nun fest, ein paar Tage lang, ohne Verbindungsmöglichkeiten. Als am Samstag endlich das Telefon wieder funktionierte, erfuhr ich von Walter, dass ich schon seit drei Tagen Großmutter war! Ich konnte gerade verstehen, dass es dem Baby und seiner Mutter gut ginge, aber Walter hörte offenbar kein Wort von dem, was ich sagte – ein schrecklich enttäuschendes Gespräch.
Schließlich kam der Gouverneur von Tampico – der Retter saß auf keinem Schlachtross, sondern in einem riesigen Bagger, der eine begrenzte Anzahl von uns über den Fluss bringen sollte. Ich war bei den ersten Freiwilligen, Sam blieb mit dem Wagen zurück, ein bisschen ängstlich winkend, als ich auf einen Seitenflügel stieg und mich da festklammerte; wir waren zwanzig und saßen auf jedem nur möglichen Fleck, als die Maschine sich in Bewegung setzte. Wir durchquerten den ersten – gottlob seichten – Fluss und gingen dann zu Fuß weiter über riesige Steine zum Hauptkanal, der eine starke Strömung hatte. Dort stiegen wir in rasch zusammengebaute Lastkähne um und setzten zu

den wartenden Lastwagen über, in denen wir zwei weitere Flüsse durchquerten; dann erreichten wir endlich unser Nachtquartier in Victoria. Am nächsten Morgen zum nächsten Fluss mit einem Bus – dort mussten wir über Planken gehen, über Steine kriechen und schließlich eine Leiter hochklettern zu dem einzigen unversehrten Teil der Brücke; oben pferchte man uns in einen kleinen Bus, und wir erreichten Monterrey nach einer letzten Flussüberquerung!!
Ach, und in meiner Hast, endlich nach Hause zu kommen, hatte ich meine Tasche mit dem Pass und dem Großteil des Geldes im Wagen liegen gelassen; ich trug nur eine kleine Börse mit Wechselgeld bei mir, das gerade für eine Fahrkarte zweiter Klasse nach Dallas reichte. Nichts blieb für Essen oder Trinken; in der Woche davor, als wir in der Zuckerfabrik festsaßen, haben wir ausschließlich von Keksen und Büchsenpfirsichen gelebt, die wir in weiser Voraussicht als Notproviant im Auto verstaut hatten. Ich dachte, ich könnte Büchsenpfirsiche nie wieder sehen, aber bei der Ankunft in Monterrey war ich so ausgehungert, dass ich sie vermutlich mitsamt der Büchse verschlungen hätte.
Der Zug war völlig überfüllt, aber ich fand einen Platz neben einer Mexikanerin mit zwei weinenden Babys. Radebrechend erzählte ich ihr auf Spanisch, dass ich nach Texas unterwegs sei, um mein erstes Enkelkind zu besichtigen, und erbot mich dann, eins ihrer Kinder zu halten. Das nahm sie dankend an, und kurz darauf war das Baby an meiner Schulter friedlich eingeschlafen. Zum Dank holte mir die Frau eine Banane aus dem riesigen Bündel, das sie bei sich trug, und ich aß sie mit so großem Appetit, dass sie mir gleich noch eine anbot. Nach vier Bananen waren wir dicke Freunde. Ich glaube kaum, dass sie jemals vorher einer so ausgehungerten amerikanischen Touristin begegnet war; die ganze Fahrt über redete sie auf mich ein und merkte gar nicht, dass ich nur einen Bruchteil davon be-

griff. Der Hunger hatte uns zu Schwestern gemacht, obwohl wir uns kaum verständigen konnten.
Als wir zur Grenze kamen und der Beamte meinen Pass sehen wollte, versuchte ich ihm zu erklären, warum ich keinen hatte, aber er schien nicht zu verstehen und wollte mich schon zwingen, den Zug zu verlassen, als meine neue Freundin eingriff und eine wortreiche Verteidigungsrede hielt, die von einem Baby handelte. So viel bekam ich jedenfalls mit und dass der gestrenge Herr sich mit dieser Erklärung zufrieden gab. Er schenkte mir ein väterliches Lächeln, tätschelte das schlafende Kind in meinem Arm und ließ mich die Reise fortsetzen.
Als ich Dallas erreichte, waren Eleanor und das Baby eben aus der Klinik entlassen worden, und ich fuhr mit ihnen nach Hause. Und zum zweiten Mal hatte ich ein schlafendes Kind im Arm, aber diesmal mein eigenes Enkelchen.
Jetzt bin ich so erschöpft, als ob ich selbst ein Kind zur Welt gebracht hätte – und genauso stolz. *Alles Liebe, Bess*

Dallas, den 1.8.1939

Liebe Mama Steed,
ich finde es traurig, dass wir uns in den letzten zwanzig Jahren so wenig zu sagen hatten. Ich weiß, Sie sind sehr stolz auf Lydias Familie, und auch wir waren alle begeistert, als Marian Ihnen Ihr erstes Urenkelchen schenkte. Aber lassen Sie sich bitte daran erinnern, dass Sie hier in Dallas eine zweite Urenkelin haben, die Sie erst ein einziges Mal in Augenschein genommen haben; das ist fast schon wieder ein Jahr her.
Die kleine Betsy ist jetzt zwei Wochen bei uns, solange ihre Eltern Ferien in Mexiko machen; vielleicht mögen Sie uns in der Zeit besuchen und die Freude mit uns teilen, sie ganz für uns zu haben, ohne die Einmischung der Eltern? Wir würden uns das sehr wünschen! Eben lernt sie zaghaft ihre ersten Schrittchen

und könnte es eigentlich schon, aber sie traut sich nicht. Ihre Eltern finden, sie müsse selbst wissen, wann sie den ersten Schritt tun kann, und ermutigen sie nicht. Heute habe ich ihr ein genial konstruiertes »Laufgeschirr« gekauft, mit einem langen, am Rücken befestigten Gurt; ich stehe dann hinter ihr und halte sie an dieser Leine, und in dem sicheren Gefühl, dass ich ihr zu Hilfe komme, läuft sie den ganzen vorderen Gang entlang in die ausgebreiteten Arme ihres Großvaters.

Vergeben Sie mir bitte, dass ich die Bezeichnung »Großvater« auf einen Mann anwende, der diesen »Status« nur durch seine Heirat erworben hat. Da er aber nie Kinder hatte, die ihn Vater nannten, ist Sam doppelt dankbar für seine neue Großvaterrolle. Und so, wie meine erste Ehe durch die Ankunft der Kinder zementiert wurde, so wird meine zweite jetzt überraschenderweise durch die Gegenwart des Enkelkindes gestärkt.

Als Eleanor sich verheiratet hat, wurde mir zum ersten Mal seit unserer Hochzeit vor fünfzehn Jahren so richtig bewusst, dass Sam und ich Mann und Frau sind. Ich habe in der Vergangenheit vieles zu selbstverständlich hingenommen, alles, was so in meiner Reichweite war, und war in fernen Ländern auf Abenteuer aus. Erst in den letzten beiden Jahren habe ich die verborgenen Schätze entdeckt, die in unserem Kontinent liegen: die Gletscherregionen in Kanada, eine alte Zivilisation in Mexiko – und eine mir bisher unbekannte Freude an meinem Mann.

Und jetzt ist diese Freude an der Gesellschaft des anderen durch die Gegenwart des Enkelkinds noch verstärkt worden. Sam war heute so stolz auf die Fortschritte der Kleinen, und wenn ich ihr morgen das »Geschirr« anlege, werde ich den Gurt nur bei den ersten Schrittchen halten, dann loslassen, und ich bin überzeugt, sie geht allein! Bis ihre Eltern zurück sind, will ich sie so weit haben, dass sie überall hingehen kann.

Ihr Dasein hat mich gnädig von der Abwesenheit meines einzigen Sohnes abgelenkt. Ich weiß jetzt, wie Ihnen zu Mute gewesen sein muss, als Ihr einziger Sohn mich geheiratet hat und fortgezogen ist. Als Andrew mir mitteilte, er wolle nach Kansas City gehen und dort eine Anzeigenagentur gründen, überkam mich ein ungeheures Gefühl der Verlassenheit. Es ist so weit fort!

Das Schlafzimmer auf der Westseite ist vorbereitet, liebe Mama Steed, und erwartet Sie. Es ist immer noch mit Organdy und Chintz ausgestattet, so wie sich Eleanor das damals ausgesucht hat. Da war sie sechzehn – und dann hat sie, nachdem sie auf die Universität ging, das Zimmer nie mehr bewohnt. Die private, ruhige Atmosphäre im dritten Stock war ihr lieber. Eine Zeit lang nach ihrer Hochzeit kam mir das Haus viel zu groß für uns vor, und ich habe schon ans Verkaufen gedacht, aber jetzt freue ich mich darauf, dass es sich mit Enkeln neu belebt – und mit dem Besuch der Urgroßmutter!

Hoffentlich bis bald! *Alles Liebe wie immer, Bess*

Mrs. Hans Hoffmeyer
240 N. Cheyenne St.
Tulsa, Oklahoma

Dallas, den 9.11.1942

Meine liebste Annie,

zutiefst trauere ich mit Ihnen. Gestern Abend las ich die Zeitung und dachte, dass der Krieg uns immer näher kommt, da stieß ich auf den Namen Franz Hoffmeyer und seine Fotografie: die eines Hauptmanns der Armee der Vereinigten Staaten. Der junge Mann strafte mit seinem Lächeln den Begleittext Lügen, der lautete »im Kampfe gefallen«.

Es ist gar nicht so lange her, dass ich einer anderen trauernden Mutter geschrieben habe, deren Sohn Franz im Krieg gefallen war. Aber das geschah im Ersten Weltkrieg, und Ihr Bruder kämpfte auf der Gegenseite. In jener Zeit waren Hans und Sie zwischen der Treue zu einem Land, in dem Ihre Vergangenheit lag, und der Verpflichtung für das andere Land, das Ihnen eine Zukunft versprach, hin- und hergerissen. Diesmal kann es an Ihrer Staatsangehörigkeit keine Zweifel geben – und ich kann nur hoffen, dass die Vorteile Sie wenigstens ein kleines bisschen entschädigen für den großen Preis, den Sie dafür bezahlen mussten.

Ich ahnte nicht, dass Sie mit Hans nach Tulsa gezogen sind, bis ich jetzt Ihre Adresse in der Zeitung las. Ich hoffe, dass Hans' Geschäft ertragreich ist und dass Sie, liebe Annie, Ihren Beruf weiterhin ausüben. Ich kann für Ihre Fähigkeit, wunde Herzen ebenso wie kranke Körper zu heilen, bürgen. Hätten Sie mir nach Robins Tod nicht so treu beigestanden – ich weiß nicht, ob ich den Mut aufgebracht hätte weiterzuleben. Die Verzweiflung, die Sie jetzt überfällt, kenne ich nur zu gut, und die Bitterkeit über ein nicht gelebtes Leben. Franz war gerade fünfundzwanzig Jahre alt, stand erst auf der Schwelle zum Leben. Aber wenigstens konnte er sich noch an allen Möglichkeiten freuen, die einem jungen Menschen offen stehen; danach ist so vieles nur ein Kompromiss, und mit jeder getroffenen Wahl verringert sich der Radius zukünftiger Entscheidungen.

Die Erinnerung hat die Macht, jedes Bild unversehrt zu erhalten, geschützt vor der Einwirkung der Zeit, die trübt und verwischt. Für mich bleibt Robin immer der kleine, fröhliche Junge, auch wenn ich mir oft überlegt habe, was für ein Mann wohl aus ihm geworden wäre. Als er starb, hatte ich noch die Illusion, dass eine Mutter die Schicksale ihrer Kinder lenken könne, sie fahren könne, bis sie zu eigenständigen Wesen herangewachsen wären. Aber ich habe erfahren, dass man mit jedem ablaufenden Jahr weniger von ihnen erwartet, bis man eines Tages nichts will, als dass sie zu festgesetzten Zeiten an bestimmten Orten in regelmäßigen Abständen erscheinen, so dass man ihnen wenigstens ab und zu Nähe und Liebe zeigen kann. Ich glaube nicht mehr, dass einer das Schicksal und das

Leben anderer verändern kann, auch nicht mit Liebe, aber die Verantwortung für mein eigenes Leben will ich bis zum letzten Tag nicht aufgeben.
Liebste Annie, die Lebensumstände haben sich gegen uns verschworen und uns getrennt; ich habe das Haus und damit unser gemeinsames Leben damals verlassen, aber ich denke oft an Sie und Hans, und nun, bei diesem großen Verlust, den Sie erlitten haben, tut mir das Herz weh. Seien Sie versichert, dass eine treu ergebene Freundin Ihren Schmerz teilt – und dass Sie nicht allein sind, solange ich lebe. *Bess*

Dallas, den 8.7.1943

Liebste Eleanor,
dies ist der allerschwierigste Brief, den ich je verfasst habe, und er muss eine große, vielleicht die größte Entfernung überbrücken: die immer tiefer werdende Kluft, die eine Mutter von ihrer verheirateten Tochter trennt. Als du den Entschluss gefasst hast, in der gleichen Stadt wie ich zu wohnen, hätte ich es mir nie träumen lassen, dass ich eines Tages weiter von dir entfernt sein würde, als wenn ein Ozean zwischen uns läge. Hier sind wir beinahe in Rufweite, und doch erreiche ich dich vielleicht nicht einmal mit einem Brief.
Es war schön heute bei deinem Mittagessen – obwohl ich dich vorher erst bitten musste, mich auf die Gästeliste zu setzen. Erst wenn du so alt bis wie ich, wirst du vielleicht verstehen können, was es bedeutet, von der nächsten Generation als Gleichaltriger behandelt zu werden – ich habe so viel Spaß mit deinen Freunden und vergesse ganz, dass ich nicht mehr so jung bin wie sie. Bis ich dann wieder mit dir allein bin. Warum verweist du mich so beharrlich in meine eigene Generation? Ich habe dich immer an meinen Freundschaften teilhaben lassen, als du ein Kind warst, und hatte meine Freude daran, dass sie dich

wie ihresgleichen aufnahmen – warum magst du mir denn jetzt nicht den gleichen Gefallen tun?
In Künstlerkreisen ist es üblich, dass immer alle Altersklassen zusammen sind, auf Festen und anderen Veranstaltungen. Alte Dramaturgen beraten junge Schauspieler, viel versprechende Künstler befragen anerkannte, gefeierte Genies, »Möchtegern-Dichter« schmeicheln literarischen Löwen. Das einzig notwendige Kriterium für die Zugehörigkeit ist Talent.
Aber der größere Teil der Gesellschaft grenzt Leute ihres Alters wegen aus. Das ist eine Ungerechtigkeit, und sie ärgert mich mehr als die Diskriminierung auf Grund von Rasse oder Geschlecht. Die Gemeinschaft mit jungen Menschen (oder jüngeren) ist unsere einzige Waffe gegen den grausamen Tyrannen, das Alter. Und es ist äußerst schmerzlich, dass meine eigene Tochter den Feind noch unterstützt und ihm assistiert, indem sie mir den Zugang zur jüngeren Generation verwehrt.
Hat denn die Tatsache, dass wir Mutter und Tochter sind, uns davon abgehalten, Freunde zu sein? Meine Gesellschaft ist dir durch deine Geburt auferlegt, doch das sollte dich nicht davon abhalten, sich an ihr zu erfreuen, so als ob du sie selbst gewählt hättest. Von allen anderen fühle ich mich immer als lebhafter und witziger Unterhalter geschätzt, nur nicht von dir. Bei dir scheine ich mich für das Vergnügen deiner Gesellschaft bedanken zu müssen.
Ich weiß, dass Kinder nicht am Rockzipfel ihrer Eltern hängen sollen, schon gar nicht, wenn sie erwachsen sind. Aber müssen sie deshalb in so kränkender Weise auf Distanz gehen? Wenn ich mit dir zusammen bin, habe ich Angst, den kleinen Teil von dir, der noch mir gehört, auch noch zu verlieren, und ich bemühe mich, mir die Enttäuschung nicht ansehen zu lassen, die ich angesichts deiner Zurückhaltung empfinde. Sogar diese Tirade habe ich mit einem Dankeschön angefangen, dafür, dass du mir zögernd gestattet hast, an deinem Leben ein wenig

teilzunehmen. Aber meine Feder sträubt sich, dieses Spiel noch länger fortzusetzen. Es wird mir bewusst, dass ich, indem ich mich halb gegen deinen Willen habe einladen lassen, deine Verachtung riskiert habe. Du hast mein Wort, dass ich dir meine unerwünschte Person in Zukunft nicht mehr aufdrängen werde.

Gern hätte ich den Mut, dir das alles laut zu sagen, aber ich traue mich nur in einem Brief, meine Gefühle so offen darzulegen. Wenigstens habe ich auf diese Weise die Illusion, dass du mir zuhörst. Deine Gegenwart würde mich vielleicht eines anderen belehren. *Ich liebe dich. In Verzweiflung, Mutter*

Totsie Fineman
10011 N. Torrey Pines Road
La Jolla, Kalifornien

Dallas, den 10.7.1943, drei Uhr morgens

Liebste Totsie,

wie konntest du nur nach Kalifornien ziehen, wo ich dich so dringend brauche – gerade heute! Gestern habe ich einen Brief an meine Tochter geschrieben, der mich möglicherweise für immer ihre Liebe gekostet hat; und jetzt, sobald ich diesen »Mea culpa«-Brief an dich abgeschickt habe, werde ich dem geschriebenen Wort endgültig abschwören.

Bis heute hat mich das Briefeschreiben immer beruhigt und gesund erhalten; es gab mir die Möglichkeit, allen Gefühlsregungen, die meinen Schlaf störten, eine zivilisierte Ausdrucksform zu verleihen. Nun, zum ersten Mal in meinem Leben, hat mich das geschriebene Wort verraten. Niemals zuvor habe ich auf dem Papier meine Fassung verloren und Dinge geäußert, die ich jetzt um jeden Preis ungesagt machen wollte. Ich bin am Morgen sogar aufs Postamt gegangen und habe gebeten, sie möchten mir den Brief zurückgeben, aber weder Regen noch Hagelschlag, noch die Tränen einer Mutter können die Post

der Vereinigten Staaten davon abhalten, einen Brief seiner Bestimmung zu übergeben.
Als einzige Hoffnung blieb mir noch, den Brief abzufangen, ehe er ausgeliefert wurde. Aber es war zu spät. Eleanor hielt schon den offenen Briefumschlag in der Hand, als ich ankam; sie starrte mich wortlos an und verließ das Zimmer. Ich folgte ihr die Treppe hinauf und flehte sie an, mir den Brief doch zurückzugeben, aber sie teilte mir kaltherzig mit, dass ein einmal ausgehändigter Brief Eigentum des Adressaten sei, verschwand mit dem belastenden Beweisstück in ihrem Schlafzimmer und sperrte die Tür hinter sich zu.
Ich weiß, du bist nach Kalifornien gezogen, um in der Nähe deines Sohnes zu sein, aber mache nicht denselben Fehler wie ich und denke, dass ein nahes Zusammensein auch Vertrautheit im Geist und gedanklichen Austausch bedeutet. Im Gegenteil: Wenn du von weither zu Besuch kommst, wirst du jedes Mal willkommen geheißen; ich wünschte mir, dass mich meine Kinder nur ein einziges Mal so begrüßen wollten! Aber ich habe ja viel zu lang viel zu vertraut mit ihnen gelebt. Nur – wohin soll ich denn? Wenn dieser elende Krieg zu Ende wäre, ja dann könnte ich diesen ganzen Lebensumständen entfliehen. Als Andrew eingezogen und mir weggenommen wurde, habe ich mich mit meiner ganzen Liebe dem Kind zugewandt, das in meiner Nähe geblieben war, und die Folge ist, wie ich jetzt fürchte, dass ich immer noch auf Kriegsfuß mit ihr sein werde, wenn längst der Frieden für meinen Sohn gekommen ist.
Was soll ich nur tun, damit Eleanor meine Worte vergessen oder zumindest verzeihen kann? Laut herausgeheulte Anklagen werden mit der Zeit undeutlicher, und die Erinnerung verblasst, aber im Zorn geschriebene Worte verlieren ihre kränkende Kraft nicht, niemals. Nach der heutigen Nacht werde ich keinen Mut mehr haben, meine Feder aufs Papier zu setzen, und eine leere Seite ist für mich doch so viel wie für den Alko-

holiker sein Trunk. Wenn ich schreibe, schlage ich über die Stränge, und am nächsten Tag überwältigt mich die Reue.
Wie sehr verlangt es mich danach, dich zu sehen, Totsie! Ich fühle mich mit dir so verbunden, als wären wir siamesische Zwillinge, in denen *ein* Herz schlägt.
Ich werde dich mein ganzes Leben lang lieben.

Gute Nacht, meine liebste Schwester, Bess

Mr. Andrew Steed
Barracks C, Fort Still
Lawton, Kalifornien

Dallas, den 1.9.1945

Lieber Andrew,
wir erwarten deine Heimkehr voller Ungeduld. Nach einem gebührenden Empfang habe ich jedoch vor, auf Reisen zu gehen. Ich habe begriffen, dass meine Kinder meine ständige Anwesenheit weder wünschen noch brauchen, und so möchte ich selber noch so viel wie möglich von der Welt sehen, solange mir meine Kräfte das erlauben.
Ich bin dankbar und froh, dass du in Sicherheit in Oklahoma sitzt; natürlich bist du enttäuscht, keine Kampfhandlungen an der Front erlebt zu haben, aber es wird noch genug Kämpfe zu Hause geben, wenn du zurück bist.
Ich weiß nicht, ob Nells Briefe dich darauf vorbereitet haben: Rechne jedenfalls damit, dass deine Frau, obgleich sie natürlich sehnsüchtig auf deine Rückkehr wartet, nicht mehr die schüchterne und untertänige Gefährtin ist, die du verlassen hast. Bei unserem Freiwilligenkurs für das Rote Kreuz hatte ich Gelegenheit, sie zu beobachten, und ihre zunehmende Unabhängigkeit hat mich überrascht und erfreut. Sie meldete sich sofort freiwillig zum Fahrkurs an und hat inzwischen gelernt, schwere Laster und Busse zu lenken, was bei ihr, die so zart aussieht, wirklich erstaunlich ist. Wenn du nicht jede Hoffnung auf eine Silber-

hochzeit aufgeben willst, rate ich dir, die Einschränkungen, die du ihr in den ersten Ehejahren – z. B. was den Gebrauch des Wagens betrifft – auferlegt hast, zu überdenken.
Eben war ich bei Eleanor und ihrem neuen Baby; es geht ihnen beiden gut. Walter scheint kein bisschen enttäuscht zu sein, dass auch das dritte Kind eine Tochter ist. Jedenfalls sind drei Kinder genug für ein Paar, besonders heutzutage, da häusliche Hilfe so schwer zu bekommen ist. Ich meine, die Familie ist jetzt komplett! Ich kann mir kaum vorstellen, wie Eleanor mit einem einzigen Dienstboten zurechtkommen will, aber sie lehnt alle meine Hilfsangebote ab.
Schade, dass Mama Steed ihr viertes Urenkelkind nicht mehr erleben durfte, aber wenigstens hatte sie viel Spaß an den ersten drei. Die Babys haben uns einander in den letzten Jahren näher gebracht, genau wie damals in der ersten Zeit meiner Ehe. Wir hatten viele schöne Stunden bei mir, bis sie dann vor ein paar Monaten zu schwach wurde, um zu reisen.
Ich kenne deinen Kummer, dass du keine Kinder hast, Andrew, aber nichts hält dich davon ab, ein Kind zu adoptieren. In den letzten Jahren habe ich mit beachtlichen Zuwendungen ein Heim für obdachlose Kinder in Fort Worth unterstützt; es würde dir eine rasche Erfüllung deiner Wünsche garantieren, solltest du dich für eine Adoption entscheiden. Hoffentlich denkst du diese Möglichkeit ernsthaft durch und machst nicht den Fehler, deine Ehe den Spannungen auszusetzen, die so oft durch längere Kinderlosigkeit entstehen. *Alles Liebe, Mutter*

Galveston, Texas, den 21.7.1947

Liebe Mavis,
gibt es etwas auf der Welt, was so sehr erbittert wie ein Regentag am Meer? Besonders, wenn man extra dorthin gefahren ist?

Endlich ist es mir gelungen, meine Kinder davon zu überzeugen, dass es für deren Kinder an der Zeit wäre, das Meer kennen zu lernen. Und so haben mich Nell mit ihrem kleinen Buben und Eleanor mit den drei Mädelchen begleitet; wir sind mit dem Nachtzug nach Galveston gefahren, und die Kinder, die noch nie eine Bahnfahrt gemacht haben und noch nie ein Pullmann-Abteil gesehen hatten, waren ganz fasziniert von der Hexerei, dass ein Bett und ein Waschbecken einfach verschwinden können. Ich hätte gern unsere Männer mit dabeigehabt, aber sie kommen später nach.
Das Wetter war zum Empfang ganz herrlich, und wir sind den ganzen Nachmittag am Strand geblieben, die Kinder waren hingerissen von dem nicht endenden Auf und Ab der Wellen; gestern aber, weil die schweren Regengüsse uns im Zimmer festhielten, waren alle ganz bedrückt.
Ich übernahm sie alle vier, während ihre Mütter Zuflucht in einem Kino suchten, und dachte, es sei wohl am besten, die Zeit mit etwas Lehrreichem zu verbringen – und um ihnen die Bewegung der Planeten zu erklären, kletterte ich auf einen Stuhl und wollte die Deckenlampe mit einer Orange umkreisen. Das sollte ihnen die Umlaufbahn der Erde um die Sonne anschaulich machen. Meine Demonstration begeisterte mich so, dass ich ganz vergaß, wo ich stand, ins Leere trat und auf den Boden fiel.
Ich fürchte, meine Wirbel haben noch weiteren Schaden gelitten – du weißt ja, dass ich sie damals verletzt hatte, als ich bei dem Brand aus dem Fenster sprang. Heute blieb ich im Bett – es regnet immer noch – und beschränkte meinen Unterricht auf französische Vokabeln. Jedes Kind bekam einen Penny für jedes richtige Wort.
Unsere Männer sollen morgen ankommen, und man verspricht uns Sonne. Um ihre Ankunft zu feiern, ließ ich für uns alle, inklusive Kinder, einen Tisch zum Abendessen im balinesischen Restaurant am Hafen reservieren.

Die Kinder sprechen oft von der Woche, die wir mit euch in Honey Grove verbracht haben. Sie reisen lieber ohne ihre Eltern, weil ich ihnen erlaube, so lange aufzubleiben, wie sie wollen.
Erinnerst du dich an die Nacht, in der wir bis zum Morgengrauen geredet haben und Betsy mit der ganzen Kraft ihrer acht Jahre versuchte, mit uns wach zu bleiben? Und als sie plötzlich den Sonnenaufgang sah, fing sie an zu weinen, erschrocken, dass der Tag anbrach, unbeirrt davon, dass sie gar nicht geschlafen hatte. *Alles Liebe, Bess*

Quebec, Kanada, den 10.6.1948

Liebe Eleanor, lieber Walter,
es ist ein Freude, Französisch zu hören, ohne den Atlantik überqueren zu müssen! Ihr solltet wirklich nicht so viele Sommer zu Hause sitzen. Auch wenn ihr dabei Geld spart – es ist eine Zeitverschwendung.
Ich hoffe, ihr benützt in meiner Abwesenheit meinen Fernseher, auch wenn ihr zuerst gegen diese Anschaffung wart. Eure Argumentation, dass das Fernsehen technisch noch nicht ausgereift sei, überzeugt mich nicht – in meinem Alter kann ich es mir nicht leisten, auf Perfektionierung zu warten. Sicher wird der Preis bei steigenden Produktionszahlen sinken, aber ich möchte meinen Enkeln dieses Wunder nicht aus Sparsamkeit vorenthalten. Und im Übrigen betrachte ich es als Privileg, einen der ersten Apparate in der Stadt zu besitzen.
Wenn ihr die Kinder nachmittags zum Fernsehen bringt, benützt bitte die Aircondition, die ich im Frühjahr am Fenster habe anbringen lassen. Schon möglich, dass ihr sie als weitere Extravaganz betrachtet, solange ihr nicht erlebt habt, welche Wohltat sie an einem heißen texanischen Nachmittag bedeutet. Wenn ihr schon unbedingt darauf besteht, den ganzen Sommer

in Texas zu bleiben, dann nehmt doch wenigstens in einem kühlen Zimmer Zuflucht.
Von hier aus reisen wir nach Tanglewood und dann weiter nach Chautauqua. *Alles Liebe, Bess*

La Jolla, Kalifornien, den 29.8.1949

Liebe Eleanor, lieber Walter,
Kalifornien ist wahrhaftig das Gelobte Land! Sowohl klimatisch als auch landschaftlich übertrifft es alles, was ich je gesehen habe. Wenn ich keine Enkelkinder in Texas hätte, wäre ich versucht, den Rest meines Lebens hier zu verbringen.
Von Texas aus durchquerten wir die Wüste, fuhren nachts, um der Sonne zu entrinnen, und schliefen am Tag je nach Laune. Verglichen mit einem Planwagen ist ein Auto ja wirklich luxuriös, aber trotzdem war die Reise ziemlich anstrengend. Die Townsends haben sich als gute Reisegefährten erwiesen; ihr Humor half uns durch eine lange Nacht, als unser Motor streikte und wir mehrere Stunden nur Kojoten und Kakteen zur Gesellschaft hatten.
Totsie Fineman besitzt ein reizendes Haus hier, und sie ist glücklicher, als ich sie seit Arthurs Tod je gesehen habe. Ihr Sohn ist letztes Jahr mit Frau und zwei Kindern nach Los Angeles gezogen. Sie kommen mehrmals im Jahr, um Totsie zu besuchen. Aber sie ist auch allein erstaunlich zufrieden hier.
Dwight hat mit der Filiale seines Innenarchitekturbüros in San Francisco solchen Erfolg, dass er die halbe Zeit dort verbringt. Totsie traf ihn zufällig, als sie im letzten Winter in San Francisco war. Es war das erste Mal, dass sie sich nach der Hochzeit ihres Sohnes vor acht Jahren wieder sahen, und was zwischen ihnen geschah, überraschte sie beide. Totsie sagte, es war, als ob sie einem Fremden begegnet wäre, mit dem sie plötzlich so viel Gemeinsames entdeckte.

Ihr Sohn ahnt nicht, dass sie sich treffen, und sie haben beschlossen, es ihm auch nicht zu sagen – wenigstens nicht jetzt. Anscheinend genießen sie die Heimlichkeit ihrer Beziehung und besuchen den Sohn und seine Familie lieber getrennt, um nicht in der konventionellen Rolle der Großeltern aufzutreten.
Morgen fahren wir nach Los Angeles. Craig hat uns alle zum Mittagessen in sein Studio eingeladen und versprochen, uns mindestens einen Filmstar vorzustellen. Es tut mir leid, dass wir nicht in Dallas sind, um Betsys Geburtstag zu feiern, aber wir werden heute Abend im Coconut Grove auf ihr Wohl trinken.
Wärt ihr nur hier! Nächstes Jahr müssen wir alle zusammen reisen. Es wird Zeit, dass die Kinder erfahren, dass Texas nicht der einzige Staat in den USA ist. *Alles Liebe, Bess*

Ocean City, New Jersey, den 10.7.1950

Liebe Lydia, lieber Manning,
die ganze Familie ist für zwei Wochen hier versammelt, von mir eingeladen, und ich genieße meine Großmutterrolle.
Eleanor und Andrew waren zunächst gegen diese Reise, weil sie sie zu teuer fanden, aber mir ist es wichtiger, dass sich meine Enkelkinder durch gemeinsame Erlebnisse an mich erinnern und nicht später durch das ererbte Geld. Ich hoffe, sie werden eines Tages mit demselben Glücksgefühl, das ich jetzt empfinde, an diesen Sommer denken!
Kinder verschwenden die Gegenwart, weil sie glauben, sie nehme kein Ende. Es ist die Aufgabe der Erwachsenen, jeden Tag so liebevoll zu gestalten, dass er ihnen in Erinnerung bleibt. Wir Großeltern können das, was sie gerade erleben, mit Geschichten von früher und Träumen von der Zukunft bereichern.
Die Kinder rufen nach mir, sie wollen mit mir im Wasser spie-

len. Ihre Eltern haben sich in ihre Zimmer zurückgezogen, und Sam macht ein Schläfchen, aber ich habe versprochen, bis zum Sonnenuntergang mit ihnen draußen zu bleiben.

Alles Liebe, Bess

An Bord der S.S. *Caronia,* Arktis, den 9.7.1952

Liebe Totsie,

ich weiß nicht mehr genau, wann ich begann, diese Reise zu planen. Ich glaube, es war bald nach meinem 60. Geburtstag, als mich die Sehnsucht ergriff, das Land der Mitternachtssonne zu sehen.

Es ist jetzt fünf Minuten vor Mitternacht, und die Sonne ist noch einige Fuß über dem Horizont. Das ist der niedrigste Punkt, den sie erreicht, und bald wird sie wieder aufsteigen. Alles um mich herum macht Fotos, aber eine Kamera kann das Gefühl eines nicht endenden Tages nicht einfangen. Die Erinnerung wird mich alle Nächte meines Lebens begleiten.

Es macht mir nichts aus, dass Sam nicht mitgekommen ist. Er würde verrückt werden, wenn er sähe, wie die Natur sich hier über jenes System hinwegsetzt, nach dem er sein Leben eingerichtet hat.

Ich sollte jetzt wohl hinuntergehen und schlafen, aber ich habe noch nie schlafen können, wenn die Sonne scheint.

Alles Liebe an Dwight, wenn du ihn wieder siehst …

Je t'embrasse, Bess

An Bord der S.S. *Lurline,* unterwegs nach Hawaii, den 24.3.53

Liebe Mavis,

ich kam mir vor wie Magellan, als wir den Hafen von Los Angeles verließen und nach Westen in eine neue Welt segelten. Ich bedauere nur, dass wir nach Hawaii und nicht in den Orient fahren, aber Sam ist für eine Ausdehnung unserer Reiseroute über die Grenzen der Vereinigten Staaten hinaus nicht zu haben.

Am Abend, bevor wir Dallas verließen, gaben Eleanor und Walter eine Abschiedsparty für uns. Als sich dann die Gäste verabschiedet hatten, überraschte mich meine Tochter mit der Ankündigung, dass ein weiteres Enkelkind unterwegs sei. Ich bin noch immer absolut geschockt. Eleanor wird vierzig sein, wenn das Kind auf die Welt kommt. Wie kann sie solch ein Risiko eingehen, ganz zu schweigen davon, was sie mir damit antut! Seit 1936 hat sie sich nicht wirklich um mich gekümmert, und ich hätte Anspruch darauf in meinem Alter. Natürlich antwortet sie, mein Alter sei noch längst nicht in Sicht, und da muss ich zustimmen. Aber ein neues Baby in der Familie könnte es provozieren.

Ich dachte, Walter wäre mit drei Töchtern ganz zufrieden, aber da muss ein primitiver Teil in seiner Seele sein, der sich nach einem Kind sehnt, das sein Ebenbild ist. Das ist die einzige Erklärung für eine so unbesonnene und unverantwortliche Sache. Wie zivilisiert Männer auch immer erscheinen mögen, sie sind Wilde in ihrem tiefsten Herzen. Wenn ich zurückdenke, muss ich mich wundern, dass ich nach meiner Wiederverheiratung der Gefahr einer neuen Mutterschaft entronnen bin. Manchmal vergesse ich, wie gut Sam immer zu mir gewesen ist.

Auf dieser Kreuzfahrt freuen wir uns an der Gesellschaft der anderen – die ständige Gegenwart von Menschen ist einer der vielen Vorteile, die eine Kreuzfahrt für lang verheiratete Paare hat. In mancher Hinsicht ist ein Schiff wie eine kleine schwimmende Stadt. Es gibt nur ein Kino, aber viele Kartenspiele. Der einzige Unterschied zwischen dem Leben, das du gerade führst, und dem meinen ist, dass ich ein Ziel habe und dass es so ganz anders ist als alles, wo ich bisher gewesen bin.

Viel Liebes, Bess

Mr. and Mrs. Dwight Davis
Monte Verde at 6th
Carmel-by-the-Sea
Kalifornien

An Bord der *Pan Am* von New York
nach Lissabon, 10.6.1954

Lieber Dwight, liebe Totsie,
willkommen zu Hause! Wie wunderbar, euch beiden zusammen wieder einen Brief zu schreiben! Als ich eben die Adresse schrieb, hatte ich eure Hochzeit letzten Herbst wieder vor Augen. Ich war stolz, bei einer Feier zugegen zu sein, die eine schicksalhafte, einzigartige Verbindung bestätigte.
Sam und ich haben eine Woche in New York verbracht, bevor wir nach Europa fuhren. Wir dachten an euch und eure Abenteuer im Orient, als wir uns *Teahouse of the August Moon* ansahen. Ich wünsche mir, mehr von eurer neunmonatigen Hochzeitsreise zu hören. Ich bin ganz neidisch, wenn ich an all die Städte denke, die ihr gesehen habt – Hongkong, Singapur, Bangkok, Tokio, Pago Pago. Siebzig Jahre reichen gerade aus, das Inhaltsverzeichnis dieser Welt zu überfliegen, aber ich habe noch kaum begonnen, das Buch zu lesen.
Unsere Abreise von Dallas war sehr traurig wegen des plötzlichen Todes von Lydias Mann eine Woche zuvor. Sie ist kolossal tapfer und will unbedingt allein in dem Haus in Denton bleiben, in dem sie so lange gewohnt haben.
Nach all den Seereisen ist es eine Sensation, nach Europa zu fliegen. Die Leichtigkeit solchen Reisens, denke ich, wird viele Leute ermuntern, sich freier zu bewegen.
Oft habe ich bedauert, dass ich so wenig von dem, was ich gesehen habe, mit meinen Männern geteilt habe. Sam und ich sind nun schon zweiunddreißig Jahre verheiratet, und dies ist das erste Mal, dass er damit einverstanden war, mich ins Ausland zu begleiten. Und das nur unter der Bedingung, dass wir unsere Reise auf die Schweiz beschränken – das einzige Land außerhalb der Vereinigten Staaten, das ihm sicher erscheint.

Widerstrebend stimmte er zu, dass wir ein paar Tage in Lissabon bleiben, da wir dort landen; dann geht es aber direkt weiter nach Genf. Ich habe versucht, ihn für eine Blitztour durch Nordafrika zu interessieren, aber davon wollte er nichts wissen. Für mich wird es also immer der dunkle Kontinent bleiben.

Doch wie es auch sei, ich bin glücklich, wieder in Bewegung zu sein, die Nacht zu durchfliegen, um dem neuen Tag zu begegnen, der schon wartet, unter mir den Ozean, dessen Ausmaß plötzlich begreiflich wird, da man ihn in einer Tageslänge überqueren kann. Aber jetzt muss ich schlafen, damit ich den ersten Blick auf Lissabon mit wachen Augen tun kann.

Ich umarme euch, Bess

Montreux, den 5.8.1954

Liebe Grace, lieber Frank,

Sam und ich sprechen noch oft von unserer gemeinsamen Reise nach Kalifornien und wünschen uns jeden Abend, ihr würdet unten im Speisesaal warten, um mit uns zu essen.

Ich sitze auf dem Balkon unseres Zimmers im Palace-Hotel, schaue auf den See und die geranienumrankten Tennisplätze, wo Sam gerade mit einem Spiel zugange ist. Wir haben uns jetzt beide angewöhnt, lange zu schlafen und dann unser *petit déjeuner* auf dem Balkon einzunehmen. Ich kann dir nicht beschreiben, wie viel besser ein Croissant in der Schweiz schmeckt, mit frischer Butter serviert und mit Konfitüre von Beeren, die hier in den Bergen wachsen!

Normalerweise bleibe ich den ganzen Morgen in meinem Négligé, lesend, Briefe schreibend, Sam zuschauend, wie er eine Reihe jüngerer Gegenspieler beim Tennis schlägt. Niemand würde glauben, dass er in diesem Sommer seinen 75. Geburtstag gefeiert hat; er ist ein Bild robuster Gesundheit und der at-

traktivste Tourist im Hotel. Sein einziger Kummer ist sein Augenlicht; gelegentliche Attacken von Doppelsehen lassen ihn ein Spiel gegen einen weniger guten Partner verlieren, und wenn das passiert, ist er leider kein amüsanter Gesellschafter für den Rest des Tages. Sein Gemüt wehrt sich ebenso wie sein Körper gegen das Alter, er will es einfach nicht annehmen, und manchmal fürchte ich mich vor den Jahren, die vor uns liegen.
Ich bewundere euch beide, dass ihr freiwillig eure Berufe aufgegeben habt, um Interessen verfolgen zu können, die ihr lange vernachlässigt habt, und ganz füreinander da sein zu können. Wenn sich nur auch Sam endlich zur Ruhe setzen und sich der Musik widmen würde, die bisher sein Sonntagsvergnügen war! Er könnte mit geschlossenen Augen Flöte spielen und vergessen, dass er alt wird.
Eben sehe ich, dass er den jungen Engländer geschlagen hat, wir werden also einen vergnügten Nachmittag vor uns haben. Wenn er in guter Stimmung ist, schlage ich ein Picknick vor; das Hotel versorgt uns dann mit einem großen Korb, und wir holen uns Fahrräder, die man hier mieten kann, und radeln um den See und in die Wälder.
Nach dem Essen lese ich Gedichte vor (mir ist Byron am liebsten, und für Sam nehme ich Walt Whitman mit); die Dichtkunst macht uns meistens schläfrig, und nach einem angenehmen Schläfchen im Freien erwachen wir erfrischt und schwingen uns auf die Räder. Zurück zum Hotel, ins Bad, und umgezogen zum Abendessen. Wenn es vorüber ist, werden in der Halle zu Kammermusik Kaffee und Schnäpse serviert – ich muss sagen, das ist die geruhsamste Reise, die ich je gemacht habe. Sam kommt eben vom Tennisplatz; er lässt grüßen.

Alles Liebe von uns beiden, Bess

Villa d'Este, Cernobbio, den 31.8.1954

Liebe Eleanor, lieber Walter,
nach drei Wochen Tennis und Kammermusik in Montreux glaubte ich, verrückt zu werden, und brachte Sam schließlich dazu, für unsere letzte Woche in Europa einen Wagen mit Chauffeur zu mieten, um wenigstens noch ein bisschen was von der Gegend zu sehen. Obwohl er sich beim Überschreiten der Grenze nach Italien äußerst unsicher fühlte, konnte ich Europa keinesfalls verlassen, ohne einen letzten Blick auf den Ort geworfen zu haben, der so viele glückliche Erinnerungen für mich birgt wie kein anderer in der Welt. Ich habe ein sicheres Vorgefühl, dass dies meine letzte Auslandsreise ist, und ich finde es richtig, die letzte Nacht hier zu verbringen.

Natürlich war ich nicht so naiv zu denken, dass sich seit meinem letzten Besuch vor einem Vierteljahrhundert nichts geändert haben sollte; trotzdem hoffte ich, einen Draht zur Vergangenheit zu finden. Doch der Portier war zu jung, er muss damals ein Kind gewesen sein; allerdings kam mir sein Gesicht bekannt vor. Wir kamen ins Gespräch, und dabei erfuhr ich, dass er den Posten von seinem Vater übernommen hat.

Ich fragte ihn, ob ein Signor Prince noch regelmäßig hierher komme, und er antwortete betrübt, dass der Herr seit dem tragischen Ereignis vor zehn Jahren nicht mehr da gewesen sei. Damals sei er von Amerika gekommen, um die Leiche seines Sohnes abzuholen, der im Comer See ertrunken war. Ihr werdet über diese Nachricht sicher ebenso entsetzt sein wie ich. Man munkelt von Selbstmord, aber es gab keine Beweise.

Ich vermisse euch alle sehr; Sam und ich haben für euch fabelhafte Uhren hier gekauft, sogar eine für das Baby. Zeit ist etwas sehr Wichtiges für mich; ich kann es nicht ertragen, wenn auch nur eine Sekunde ungenützt vergeht. Wir kommen am Sonntag, dem 2. September, um 5.00 Uhr nachmittags in Love Field an, und ich rechne damit, dass ihr alle zum Empfang dort ver-

sammelt seid – ich will euch dann ins Flughafenrestaurant einladen. Das Essen ist dort immer ausgezeichnet, und ich habe euch so viel zu erzählen! Außerdem kann ich es nicht ausstehen, wenn ich abgeholt und dann allein gelassen werde. Anschließend kommt ihr alle mit nach Hause, und dort werden die Mitbringsel verteilt; nehmt euch also nichts für Sonntagabend vor!
Sage Betsy bitte, wir werden heute Abend einen Toast auf ihren sechzehnten Geburtstag ausbringen. Ich kann es gar nicht erwarten, jeden von euch zu umarmen! *Alles Liebe, Bess*

Lima, Peru, den 21.5.1955

Lieber Sam,
dein Brief hat mich letzte Woche bei meiner Ankunft hier erwartet, aber jetzt erst habe ich Gelegenheit, ihn zu beantworten.
Es war ein Schock für mich, das Hal Perkins nicht mehr lebt – vielleicht hört sich das Wort »Schock« sonderbar an beim Tod eines achtzigjährigen Mannes, aber er schien so robust, als ich ihn das letzte Mal sah! Es war sehr früh an einem Morgen im vergangenen Herbst, bevor du noch wach warst: Nach einer ruhelosen Nacht war ich in den Rosengarten gegangen und fing an zu jäten, da kam zu meiner Überraschung unser Nachbar des Wegs, tadellos angezogen. Er hatte seinen Morgenspaziergang gemacht und blieb zu meiner noch größeren Überraschung stehen und unterhielt sich mit mir, so offen und ausführlich, wie ich es bei ihm nicht einmal in einer späten Stunde erlebt habe. Du weißt ja, dass er sich immer absolut korrekt, ja zurückhaltend benommen hat, als wollte er mir klar machen, dass Nachbarschaft nicht einhergehen muss mit dem Wunsch nach Vertrautheit.
An diesem besonderen Morgen aber fing er an, mich über die

Kreuzfahrt in der Karibik auszufragen, von der ich eben zurückgekommen war. Sein Interesse schmeichelte mir, und wir unterhielten uns ausführlich über diesen Unruheherd in der Welt. Es täte ihm jetzt wirklich Leid, meinte er, dass er in seinem Leben nicht mehr und öfter gereist sei – daran sei aber nicht nur seine Frau schuld, die sich außerhalb ihrer vier Wände nicht wohl fühle. Ich habe wohl bemerkt, Sam, dass sie meine Solo-Unternehmungen immer mit Missbilligung verfolgt hat; sicher wäre sie bass erstaunt gewesen über eine Äußerung ihres Mannes: Wie glücklich er wäre, wenn sie meine Begeisterung für andere Lebensformen teilte. Welche Last muss es für einen Mann sein, wenn er fürchten muss, dass sein Tod auch das Leben seiner Frau zerstört …
Wir sind zurück in Lima, nach einer sehr aufregenden und auch sehr teuren Tour im Flugzeug nach Cuzco, der alten Hauptstadt der Inkas. Unsere DC-4 hatte keinen Druckausgleich, und so mussten wir bei dem Flug über die Anden zwei Stunden lang Sauerstoff aus der Flasche atmen und ganz still sitzen, um nicht höhenkrank zu werden. Trotz dieser Vorsichtsmaßnahmen ist es ein paar jungen Leuten aus der Gruppe schlecht geworden, und sie mussten für den Rest der Reise im Hotelzimmer bleiben.
Am nächsten Morgen sind wir anderen, die wir den Flug gut überstanden hatten und auch die Höhe nicht fürchteten (Cuzco liegt etwa 3.800 m über dem Meeresspiegel), in eine komische kleine Bahn geklettert, die durch einen Dschungel stampfte, in dem die Bäume über und über von Orchideen bewachsen waren; an der Endstation liefen die Indianer zusammen und starrten uns an. Dort warteten auch Führer, mit denen wir dann hoch in die Berge hinauf wanderten, zur »verborgenen Stadt der Inkas«, die 1911 von einem Yale-Professor entdeckt worden ist (siehe *National Geographic,* das ich dir auf den Nachttisch gelegt habe).

Eigentlich wollte ich den beschwerlichen Aufstieg nicht mitmachen, da mein Rücken schon wieder ziemlich schmerzte, aber als der Führer anfing zu erklären und seine Anweisungen zu geben, musste ich einfach mitgehen. Zunächst war ein steiler Anstieg zu überwinden, seitlich von einer tiefen Schlucht (fast siebenhundert Meter!). Die Führer mussten mich tatsächlich von einer Kante der kleinen Terrassen zur andern schieben. Sie glaubten mir meine Behinderung erst, als sie spürten, dass ich in einem Stahlkorsett steckte! Und sie hielten mich eindeutig für verrückt, dass ich an so einer Kletterei teilnahm; als wir unser Ziel erreicht hatten, war ich absolut der gleichen Ansicht. Meine körperlichen Qualen waren aber wie weggeblasen beim überwältigten Anblick der Ruinen der alten Stadt, die der Welt bisher verborgen geblieben waren. Wie viele andere Wunderdinge mag es wohl noch geben, die uns nicht erschlossen sind!
Morgen geht es nach Buenos Aires, dann weiter nach Montevideo und Rio de Janeiro.
Bitte übermittle Mrs. Perkins mein Beileid und schneide im Garten ein paar Rosen für sie, wenn du sie wieder besuchst.

Alles Liebe, Bess

TELEGRAMM AN
MR. SAM GARNER
2364 DREXEL DRIVE
DALLAS/TEXAS
BITTE ROLLSTUHL BEI ANKUNFT MONTAG AM FLUGHAFEN BEREITHALTEN UND KLINIKBETT RESERVIEREN STOPP LEIDE AN SCHWERER RUHR STOPP GOTTLOB NUR EINEN BESICHTIGUNGSTAG VERSÄUMT/HASTA LA VISTA/BESS - RIO DE JANEIRO 28.6.1955

Dallas, den 4.7.1956

Liebe Mavis,

Lydia hat jetzt das geräumige Haus in Denton verkauft, in dem Manning und sie so glücklich waren, und ist nach St. Antonio umgezogen; sie hofft, dort ein Appartement für sich allein zu finden. Im Moment ist sie noch bei Marian und ihrer Familie untergeschlüpft, und wer weiß, vielleicht wird sie für immer dort bleiben. Die schmale Rente von der Universität erlaubt ihr kein unabhängiges Leben, immerhin hat sie jetzt auf Anraten ihrer Familie das Geld aus dem Hausverkauf so angelegt, dass es gute Zinsen abwirft.

Auch meine Nachbarin, Mrs. Perkins, hat ihr Haus verkauft, und um ihren Kindern nicht zur Last zu fallen, hat sie sich entschlossen, in ein Seniorenwohnheim zu ziehen, in dem sie mit allem versorgt wird.

Das eine wie das andere finde ich schrecklich und bin fest entschlossen, meine Tage unter meinem eigenen Dach zu beenden. Aber da die Enkelkinder sich in alle Winde zerstreuen und Familienzusammenkünfte für alle außer mir eine Strafe sind, gibt es keinen Grund, noch länger ein so großes Haus zu bewohnen. Sam jedoch sieht sofort rot, wenn von einem Verkauf die Rede ist, und er schwört, er werde niemals seinen Fuß in ein Appartement setzen, und sei es noch so bequem und passend. Man könnte glauben, das Haus sei sein Eigentum, dabei gehört ihm doch nur das Grundstück. Leider kann ich nach den hiesigen Gesetzen nicht ohne seine Unterschrift verkaufen, und so wird zunächst alles beim Alten bleiben.

Es ist ganz ungewohnt für mich, den Sommer in Texas zu verbringen! Um diese Zeit war ich sonst weit fort. Aber seit Südamerika habe ich so viel Plage mit meinem Rücken, dass ich fürchte, meine Reisezeiten sind überhaupt vorbei.

Im September geht Betsy auf die Universität. Sie hat sich das Hollins College in Virginia ausgesucht, mag sein wegen des

Frankreichaufenthalts, den man dort zu Anfang des zweiten Studienjahres anbietet. Es ist das einzige Programm dieser Art für jemanden, der nie Französisch gelernt hat, und mir ist es geradezu peinlich, dass meine Enkelin unter diese Kategorie fällt. Gegen meinen Rat haben ihre Eltern sie gezwungen, in der Schule Spanisch zu lernen; die Nähe Mexikos hat sie wohl dazu bewogen, aber zum Glück hat Betsy jetzt selbst eingesehen, dass wir geistig Frankreich näher sind als allen anderen Ländern, und kann es kaum erwarten, nach Paris zu gehen.
Ich verbringe einen Großteil meiner Zeit bequem im Krankenhausbett thronend, das ich mir im letzten Sommer gekauft habe; an der einen Seite steht das Telefon, an der anderen der Fernseher mit Fernbedienung. Ich finde, das Fernsehen nimmt die Augen mehr in Anspruch als den Geist, und deswegen habe ich auch Radio und Plattenspieler in erreichbarer Nähe.
Neuerdings werde ich immer ungeduldiger mit Freunden, die der Vergangenheit nachtrauern und die Gegenwart so schlecht machen – mich selbst fasziniert jeder technische Fortschritt, den ich miterleben und an dem ich mich freuen kann.
Könnte Sam doch sein Leben und seine immer noch stabile Gesundheit genießen, statt dauernd zu lamentieren, was er alles verloren hat! Er sieht jetzt miserabel, aber wenn die Kinder seinen Wagen nicht verkauft hätten, würde er immer noch fahren. Er drohte mit Selbstmord an jenem Tag! Um seine Stimmung zu heben, rief ich beim *Leuchtturm für Blinde* an und bat um einen freiwilligen Helfer, der zweimal in der Woche ins Haus kommt und vorliest. Ich wies darauf hin, dass ich in den letzten Jahren viel für ihre Sache gespendet und somit ein gewisses persönliches Anrecht hätte.
Sie schickten einen sehr angenehmen jungen Mann, der voller Anteilnahme Sams Klagen anhörte. Ich hatte einen Stapel Bücher hergerichtet, aber der war am Ende des Nachmittags immer noch unberührt; Sam braucht eben eher einen Zuhörer als

einen Vorleser. Beim nächsten Mal traf er ein finanzielles Abkommen mit dem jungen Mann – mit der Folge, dass dieser ihn mit seinem Auto in der Stadt herumkutschiert.

Ihr erster Halt ist meistens das Stahlwerk, aber gestern rief mich der Präsident an und bat mich so höflich wie nur möglich, Sam doch vom Büro fern zu halten. Natürlich hätte er als Aufsichtsratvorsitzender das Recht, alle Kontobücher einzusehen, aber es sei wirklich sehr störend, wenn er unangemeldet erscheint und eine Abrechnung der letzten Ausgaben verlangt.

Die Gesellschaft war seit seiner Pensionierung erfolgreich, aber Sam ist beharrlich der Ansicht, dass der Schein trüge und dass das Unternehmen ohne ihn dem Konkurs zutreibe. Trotz des ansehnlichen Gehalts, das er immer noch bezieht, jammert er allen vor, dass er sicher im Armenhaus sterben werde. Letztes Weihnachten, als er den Kindern ihre Schecks übergab, ließ er eine solche Litanei seiner finanziellen Sorgen vom Stapel, dass Eleanor drohte, den ihren uneingelöst zurückzugeben.

Es ist erbärmlich, mit anzusehen, wie wenig einem Mann bleibt, der sein Leben ganz auf Gelderwerb eingestellt hat. Jeden Morgen lässt Sam seinen Wecker um sieben Uhr rasseln, duscht und rasiert sich, dann liest er die Morgenzeitung, während er ein opulentes Frühstück hinunterschlingt. In dieser Stunde ist er ein glücklicher Mensch, aber um acht Uhr morgens ist sein Tag dann gelaufen, und beim Mittagessen hat er keinen Appetit. Kein Wunder, dass Frauen länger leben als Männer; wir sind von Anfang an für die Gestaltung unseres Lebens verantwortlich, und selbst berufstätige Frauen haben jeden Tag zu Hause noch ein volles Arbeitspensum zu erledigen. Jede Frau weiß, dass Geldverdienen nur der erste Schritt ist, für viele Männer ist damit aber schon die ganze Sache erledigt.

Ich muss schließen und mich für das kleine Fest zurechtmachen, das die Kinder für Sam und mich zu unserem fünfunddreißigsten Hochzeitstag geben. Ich denke oft an dich in deinem kleinen Heim in Honey Grove, in dem du lebst, so wie du immer gelebt hast. Obwohl du mit meinem Vater verheiratet warst, empfand ich dich immer als Schwester und fühle mich dir trotz der Entfernung näher als den Freunden und Familienmitgliedern, die ich jeden Tag hier sehe. *Alles Liebe, Bess*

Mlle. Betsy Burton Dallas, den 10.Mai 1958
in Pension bei Madame la Comtesse d'Orville
25, rue Coquillière
Paris 1er, France

Ma chère petite fille,
dein Brief vom 7. April hat mich wirklich sehr beeindruckt. Wenn man bedenkt, dass du mit dem Vokabular eines Neugeborenen – du kanntest ja nicht *ein* Wort dieser Sprache – in Frankreich angekommen bist, dann weiß ich, dass du in den letzten Monaten sehr viel gearbeitet hast.
Es ist gut, dass du jeden Tag *Le Monde* liest *(Le Canard Enchaîné* kenne ich nicht – vielleicht kannst du mir einmal ein Exemplar schicken?), aber vergiss auch nicht, von Zeit zu Zeit die *New York Herald Tribune* zu überfliegen, die ich für dich bestellt habe. Denn trotz der Zuneigung, die du jetzt für Frankreich hegst, bist du doch schließlich eine Amerikanerin und wirst es dein ganzes Leben lang bleiben. Du darfst in diesem Jahr dein eigenes Land nicht aus den Augen verlieren.
Die politische Lage Frankreichs scheint mir im Augenblick sehr ernst, aber ich habe meiner Tochter zur Hitlerzeit erlaubt, nach Deutschland zu reisen, und ich habe keinerlei Grund, mir Sorgen um dich zu machen, weil du im von General de Gaulle regierten Frankreich lebst.
Amüsier dich gut – und vor allem, beobachte aufmerksam alles, was um dich herum geschieht. Du hast das Glück, Zeuge ei-

ner sehr interessanten Phase in der langen Geschichte Frankreichs zu werden. *Ich umarme dich von ganzem Herzen, Nana*

Dallas, den 11.4.1960

Ma petite Betsy,
seit einer Woche bist du nun schon wieder im College, aber ich habe hier dein lachendes Bild in der Sonntagszeitung vor Augen und stelle mir vor, dass du bei mir sitzt und Pläne für die Zukunft schmiedest. Ich habe den ganzen Morgen Glückwünsche von Freunden entgegengenommen, die deine Verlobungsanzeige gelesen haben, und seit du uns deine Absichten hast wissen lassen, bin ich in ständiger Verbindung mit deinem Vater wegen eines passenden Hochzeitsgeschenks. Ich habe mich jetzt für eine ansehnliche Summe Bargeld entschieden, an der sich dein Großvater hoffentlich auch beteiligen wird.
Zu meinem Missfallen wird er immer nachlässiger in der Verantwortung für seine Kinder und Enkel. Nur mit heftigen Debatten ist er dazu zu bringen, sich von Bargeld zu trennen. Vorläufig hat er immerhin zugestimmt, dir hundert Aktien einer australischen Ölgesellschaft zu überschreiben, von denen er behauptet, sie seien in zehn Jahren doppelt so viel wert wie mein Hochzeitsgeschenk. Das wäre zu hoffen!
Ich gehe auf meinen siebzigsten Geburtstag zu, und auf den Rat deines Vaters hin will ich, um die Erbschaftsteuer zu umgehen, meinen Besitz verteilen; morgen treffe ich mich mit ihm deswegen in seiner Kanzlei. Er gab Sam den gleichen Rat, aber es ist unnötig zu sagen, dass Sam nicht darauf einging. Er ist entschlossen, bis zum Ende seiner Tage finanziell unabhängig zu bleiben – ein akzeptabler Entschluss, den ich durchaus mit ihm teile. Aber unglücklicherweise hat er eine ziemlich verdrehte Vorstellung davon, wie viel er brauchen wird im Verhältnis zu dem, was er besitzt. Und nichts, nicht noch so viele

Argumente können ihn von der Vorstellung abbringen, dass er als armer Mann sterben werde.
Meine Erben sollen an dem ungeschriebenen Gesetz unserer Familie festhalten, das unsere finanziellen Aktionen immer geleitet hat: Kapital muss angelegt, nur Einkommen darf ausgegeben werden. Als ich das respektable Erbe meiner Mutter antrat, habe ich die erste Investition selbstverständlich zu Gunsten meines Mannes gemacht, für seine Zukunft, und der Gewinn aus dieser Anlage war wiederum die Grundlage für die finanzielle Sicherheit, die mir und euch jetzt zugute kommt.
Dein zukünftiger Mann, liebe Betsy, hat sich ein Betätigungsfeld ausgesucht, in dem die Risiken ebenso hoch sind wie der mögliche Gewinn. Lass ihm deshalb jede Unterstützung zukommen, die er zur Verwirklichung seiner Ziele braucht; nur so kannst du dann auch an seinen Erfolgen teilhaben.
Ich respektiere deinen Wunsch, eure Hochzeit ohne großes Brimborium zu feiern, aber du wirst mir hoffentlich erlauben, ein Probe-Festmahl für dich hier im Haus zu geben. Wenn ich auch in den letzten Jahren die weitläufigen Räume gerne losgeworden wäre, so bin ich jetzt doch froh, noch hier zu sein, und deine Hochzeit ist ein Vorwand, wieder mal eine Gesellschaft zu geben. Es wird, wer weiß, die letzte sein, die ich arrangieren kann.
Bitte lass mich wissen, was dein junger Mann gerne isst, damit ich das Menü nach seinem Gusto komponieren kann. Als ich euch beide in der letzten Woche mit in die *Auberge* nahm, fiel mir auf, dass er ein paar Bissen unberührt auf seinem Teller liegen ließ. Das bedeutet hoffentlich nicht, dass er sich durch das Gespräch, das wir beide mit dem Kellner auf Französisch führten, ausgeschlossen fühlte? Ich habe kaum jemals einen hilfloseren Mann gesehen als deinen Vater, wie er zum ersten Mal an meinem Tisch vor einer Artischocke saß – und heute isst er sie regelmäßig! So wird hoffentlich dein Mann mit der Zeit

auch deine Liebe für alles Französische teilen – Essen und Sprache!
Ob eine Ehe ein Erfolg wird, hängt davon ab, wie sehr sich die Partner für die Fähigkeiten des anderen begeistern und dass der eine die Interessen des andern nicht als Bedrohung empfindet. Sicher ist, dass es nichts auf dieser Welt gibt, was so herausfordernd ist wie die liebende Gegenwart eines Menschen, der große Stücke auf dich hält.
Ich bin glücklich, dass ich sagen kann: Ich habe einstmals eine gute Partie gemacht! Und ich hoffe, dass es auch bei dir so ist!

Mit aller Liebe, Nana

Dallas, den 26.6.1960

Liebste Totsie, lieber Dwight,
wie herrlich, goldene Hochzeit zu feiern, wenn man so wie ihr beide weniger als die Hälfte der fünfzig Ehejahre gemeinsam verbracht hat – es mag das Geheimnis lang währender Ehen sein. Liebend gern hätte ich mit euch gefeiert, wenn ich nicht mit einer Hochzeit in der Familie beschäftigt gewesen wäre. Betsy hat in Dallas geheiratet und wird im Herbst nach New Haven umziehen – ihr Mann wird dann in Yale sein Studium abschließen. Es wird mir schwer fallen, sie ziehen zu lassen, aber oft gewinnt man echte Vertrautheit erst durch die Entfernung – das haben unsere Freundschaft und vor allem eure Heirat bestätigt.
Ich bin fest entschlossen, bei meinen Enkeln nicht in denselben Fehler zu verfallen, den ich bei meinen Kindern gemacht habe: sie mit aller Gewalt, sowohl gefühlsmäßig als auch finanziell, an mich koppeln zu wollen. Andrew und Eleanor besuchen mich jede Woche – es sind Pflichtbesuche, denen ich zwar einige Freude abzugewinnen versuche, aber mein Herz ist verwaist. Höfliche, konventionelle Freunde nehmen den Platz meiner

Kinder ein, meiner zwei kostbaren Verbündeten, die ich für immer an meiner Seite halten wollte. Ich glaube, dass sich kaum eine Mutter so davor geängstigt hat, in ihren alten Tagen verlassen zu sein, wie ich – und wohl keine hat mehr dazu getan, indem sie so intensiv versucht hat, es zu verhindern.
Mein Trost und mein Glück sind meine Enkelkinder, denen ich eine wahre Freundin sein will. So werde ich, wenn der September kommt, ohne eine Träne meiner kleinen Betsy Lebewohl sagen, die sich dann in ihr Eheabenteuer stürzt, das sie überallhin, nur nicht zurück nach Dallas führen wird. Ich frage mich, wo ihre Mutter Eleanor heute stünde, hätte ich sie damals nicht dazu veranlasst, wieder nach Hause zu kommen.
Ein Leben reicht nicht aus, um die Lektionen, die wir lernen müssen, zu bewältigen. Dem Herrn sei Dank für Enkel!

Je vous embrasse, Bess

Dallas, den 1.3.1963

Liebe Marian,
ich bin tief besorgt wegen Lydias Sturz und Bewusstlosigkeit und bete, dass sie sich bald wieder erholt. Im Falle ihres Todes wäre es wohl am besten, sie an Ort und Stelle zu bestatten, um die Ausgaben einer Überführung nach Honey Grove zu vermeiden. Sie selbst möchte euch sicher auch im Tode so nahe sein wie im Leben und euch so wenige Umstände wie möglich machen. Lass mich bitte wissen, wenn du Hilfe brauchst, gleich welcher Art. *Deine dich liebende Tante Bess*

Dallas, den 15.3.1963

Liebste Lydia,
wie wunderbar, dass du dich so erstaunlich schnell erholt hast! Es wäre mir wirklich arg, wenn dich die Anregungen, die

ich deiner Tochter vorsichtshalber für den Trauerfall gegeben habe, gekränkt hätten. Sei bitte versichert, dass niemand glücklicher ist als ich, dass die Ratschläge verfrüht waren.
Doch jetzt möchte ich dir vorschlagen, dass du alle deine Wünsche bezüglich deiner Person und deiner Vermögensverhältnisse schriftlich niederlegst – eine Sache, die ich selbst schon bald nach meiner Rückkehr aus Südamerika gemacht habe. Dort war ich mit der harten Tatsache konfrontiert, dass ich nicht ewig leben werde. Natürlich kann jedes testamentarische Dokument geändert, den jeweiligen Umständen angepasst werden; ich setze mich mit Walter wenigstens einmal im Jahr zusammen, um mein Testament durchzugehen.
Im Dezember letzten Jahres habe ich neue Anordnungen für das Familiengrab getroffen, das mir zu einem wichtigen Ort geworden ist, seit ich Rob und Robin nach Dallas zurückgebracht habe; jetzt habe ich mich entschlossen, zu den beiden vorhandenen Grabstätten noch sechs weitere zu erwerben, und an Stelle meines üblichen Weihnachtsschecks habe ich Eleanor, Walter, Andrew und Nell je ein Grab überschrieben. Sie waren sichtlich sprachlos, aber ich versicherte ihnen, dass sie mir später dankbar dafür sein würden. Sam und ich nehmen die beiden verbleibenden Grabstätten für uns, und eine weitere lasse ich reservieren, sollte eines der Enkelkinder nicht heiraten. Ein Mensch mag Unabhängigkeit im Leben schätzen – im Tod sollte niemand allein sein.
Mit Mr. O'Brien, dem Dekan an der Kathedrale, habe ich auch den Trauergottesdienst besprochen, und für den Fall, dass er vor mir stirbt und die Zeremonien dann ein anderer übernehmen müsste, bewahre ich bei meinem Testament einen offenen Brief mit den Anweisungen auf. Meine Kinder weigern sich, bei solchen Erörterungen über meine Beerdigung zuzuhören, das Thema ist ihnen unerträglich und ein Grauen; so muss ich eben meinen Willen schriftlich niederlegen – wie soll denn

sonst jemand wissen, dass *Das Kampflied der Republik* meine Lieblingshymne ist?

Vergib mir bitte, dass ich mich so lange über ein Thema verbreite, das dir wahrscheinlich genauso zuwider ist wie vielen anderen Menschen. Sam geht sofort auf die Palme, wenn ich ihn nach seinen letzten Wünschen frage, und beschimpft mich bis zum Schlafengehen, dass ich annehme, ich würde ihn überleben. Manchmal ist es richtig schwer für mich, mich daran zu erinnern, welch ein sanfter, liebenswürdiger Mensch er bei unserer Heirat war. Sein Arzt ist der Meinung, dass diese Veränderung seiner Persönlichkeit nichts mit mir zu tun hat, sondern eher auf eine Arterienverkalkung zurückzuführen ist, die so häufig im Alter auftritt. An diesen tröstlichen Gedanken halte ich mich jetzt verzweifelt in meinem ständigen Kampf, nicht in diesem Meer von Kränkungen unterzugehen.

Auf jeden Fall habe ich noch nie einen Mann gesehen, der trotz seines Alters und seiner schwindenden Sehkraft so wenig gerüstet ist zum Sterben. Sein eigensinniges Beharren auf der Fortführung seines täglichen Lebens und gleichzeitig sein Widerstand, auch nur eine Minute davon wirklich zu genießen, machen mir mehr Kummer als meine eigenen körperlichen Schwächen, die beträchtlich sind. Auch wenn es ketzerisch klingt: Du bist dir sicher nicht bewusst, wie gut du dran bist, dass du deinen Mann verloren hast, solange du ihn liebtest. Das Leben kann ein ebenso heimtückischer Dieb sein wie der Tod, indem es einen Menschen all seiner liebenswerten Eigenschaften beraubt.

Gottlob kommst du wieder zu Kräften und bist wieder ganz die Alte, körperlich und geistig! Ich freue mich mit dir, und ich fühle mich jetzt selbst stärker – einfach weil es dich gibt!

Von Herzen, deine Bess

Dallas, den 15.5.1963

Lieber Dwight und liebe Totsie,
ich kam mir sehr alt vor, nachdem meine Stiefmutter Mavis im vergangenen Monat gestorben ist. Sie war jünger als ich! Andererseits freute mich der beiliegende Ausschnitt aus der *New York Times,* und ich bin glücklich, das noch erleben zu dürfen – es ist das erste Mal, dass dieses seriöse Blatt ein Mitglied meiner Familie erwähnt, obwohl ich schon seit über vierzig Jahren ein treuer Abonnent bin. Und jetzt bringen sie nicht nur einen Artikel, nein, sogar ein Foto!
Die Hochzeit meiner ältesten Enkelin mit einem angehenden Dramatiker war auch ein glücklicher Tag für mich, die ich das Theater so liebe, und außerdem bin ich ganz begeistert, dass die Kritiker meine hohe Meinung von seinem Talent teilen und seine brillante Leistung preisen, obwohl sein Stück »off-Broadway« aufgeführt wurde.
Als ich heute bei ihnen anrief, um zu gratulieren, gab es noch eine gute Nachricht (wenn auch keine, die die Aufmerksamkeit der *Times* erregen würde!): Zum neuen Jahr wird mein erstes Urenkelkind erwartet! Und plötzlich erschienen mir meine zweiundsiebzig Jahre gar kein Alter mehr, ja, ich bin fest entschlossen, meine Koffer vom Speicher zu holen und nach New York zu fahren, da ich jetzt wieder eine Familie dort oben habe.
Und vielleicht unternehme ich dann auch mal eine Reise zu euch. Wie wunderbar wird es sein, mit zwei anderen Menschen in meinem Alter zusammen zu sein, die sich so jung fühlen wie ich!

A bientôt – j'espère, Bess

Dallas, den 16.5.1963

Ma petite Betsy,
ich schätze es zwar, alles als Erste zu erfahren, aber heute früh hätte ich diese Ehre gern jemand anderem gegönnt. Deine vor-

schnelle Mitteilung an mich hat deine Mutter furchtbar gekränkt. Als du gestern gesagt hast, ich würde Urgroßmutter werden, war ich fest davon überzeugt, dass deine Eltern schon Bescheid wüssten, und habe mich sofort mit deinem Vater in Verbindung gesetzt, damit wir mein Testament ändern. Wir waren in seiner Kanzlei gerade mitten in einem Gespräch über Erbschaftsteuern, als deine Mutter hereinschaute; sie wollte Walter zum Mittagessen abholen. Als ich ihr von deiner bevorstehenden Mutterschaft erzählte, war sie fassungslos; dein Vater war genauso überrascht, er dachte, wir hätten über Urenkel im Allgemeinen gesprochen und nicht über einen speziellen in spe … Wie so viele Rechtsanwälte sieht er leider den Wald vor lauter Bäumen nicht.

Normalerweise hätte sich deine Mutter gescheut, ihre Enttäuschung zu zeigen, aber das Ganze kam so plötzlich, dass sie ihre Gefühle nicht verbergen konnte. Und sie ließ sich von mir in die Arme nehmen – zum ersten Mal seit 1936, als sie entdeckte, dass ihr Liebhaber, der Dichter, mit einem jungen Mann zusammenlebte, und ich sie trösten musste. Dein Vater, dem offensichtlich so viel tränenreiche Rührung in seiner Kanzlei gegen den Strich ging, war heilfroh, dass ich Eleanor zum Essen einlud.

Es hat mir gut getan, dass deine Mutter ihren nachmittäglichen Bildhauerkurs in der Kunsthalle abgesagt und auch den Rest des Tages mit mir verbracht hat; wir machten ein paar Besorgungen bei Nieman-Marcus (obwohl sich dort jetzt kein Verkäufer mehr an meinen Namen erinnert und die Qualität der Waren auch nicht mehr die beste ist), und dann haben wir über Dinge geplaudert, die wir schon ein Vierteljahrhundert nicht mehr berührt haben.

Jetzt spreche ich nicht als deine Großmutter, sondern als die Mutter deiner Mutter zu dir, Betsy: Ich bitte dich, heute Abend zu Hause anzurufen und deine frohe Nachricht mit jemandem zu teilen, der dich mindestens ebenso liebt wie ich.

Sei versichert, dass ich alles nur Menschenmögliche tun will, damit mein Vermögen für deine Kinder und hoffentlich auch noch für deren Kinder gut angelegt wird. Sie werden mich vielleicht nur dem Namen nach kennen, der auf einem Scheck steht, den sie vierteljährlich in Händen halten, aber ich hoffe, dass sie mit der Zeit verstehen lernen, dass der Name zu einem Menschen gehört, der sie ungesehen geliebt hat.
Ich kann nicht bis Weihnachten warten, euch wieder zu sehen, und so habe ich mich zu einem kurzen Besuch in New York entschlossen. Im Algonquin habe ich mir schon ein Zimmer bestellt, von da aus kann ich jeden Abend allein ins Theater gehen (in meinem Alter ist es nicht ratsam, sich auf die Liebenswürdigkeit von Taxifahrern zu verlassen). Nebenan habe ich ein Zimmer für dich und deinen Mann reservieren lassen, so dass wir in dieser Zeit möglichst viel voneinander haben.
Ich komme in Idlewild um fünf Uhr dreißig nachmittags an und hoffe, du holst mich ab. Reserviere bitte einen Tisch im Regenbogensaal und sage mir jetzt bloß nicht, er sei nicht mehr chic (was mir schon zu Ohren kam), man hat von dort den schönsten Blick über New York. Und ich liebe es, mit der Aussicht auf diese Stadt zu Abend zu essen! *A bientôt, Nana*

Dallas, den 21.6.1963

Liebe Totsie, lieber Dwight,
diese Reise nach New York war einfach wundervoll. Betsy und ihr Mann hatten eine Limousine gemietet und mich am Flughafen abgeholt, was bei ihrem mageren Einkommen eine großartige Geste war. Ich revanchierte mich und lud sie jeden Abend ins Theater und hinterher zum Essen ein. Mein Angebot, während dieser Tage ein Zimmer neben dem meinen zu beziehen, haben sie abgelehnt; ihre private Atmosphäre in ihrem Appartement in Greenwich Village ist ihnen lieber. Da

sie nie vor vier Uhr morgens schlafen gehen, hatte ich die Freude ihrer Gesellschaft immer erst nach dem Mittagessen. Das bescherte mir selbst freie Vormittage, an denen ich an den Grenzsteinen meiner Vergangenheit herumrückte. Im Metropolitan Museum war ich so sehr in Erinnerungen an meinen letzten Besuch mit Eleanor versunken, dass ich glaubte, sie plötzlich zu sehen, und eine fremde Dame mit ihrem Namen anrief; als sich diese erstaunt umdrehte und ich merkte, dass es natürlich nicht Eleanor war, wurde mir ganz schwarz vor den Augen und so schwindlig, dass ich mich kaum mehr auf den Beinen halten konnte. Die Dame führte mich freundlicherweise zum vorderen Eingang und half mir die endlosen Stufen hinunter bis zu einem Taxi.

Meinen Enkelkindern, die mich im Hotel erwarteten, habe ich nichts von dem Zwischenfall erzählt; ich mochte sie nicht beunruhigen. Am Abend wollten sie unbedingt ein Stück sehen, das großes Aufsehen erregt hat: *Wer hat Angst vor Virginia Woolf?* Mich interessierte die Aussage des Dramatikers nicht so sehr, aber ich hatte mein Vergnügen an seiner Sprache. Nach der Vorstellung aßen wir ganz köstlich im Hickory House.

Jedenfalls bin ich wieder heil zu Hause gelandet und habe wenigstens vorläufig keine weiteren Reisepläne. Mir geht es zwar gut – der Augenblick, in dem mir vor El Grecos Bild *Sturm über Toledo* Zeit und Raum verschwamm, hat sich nicht wiederholt. Aber Sam – als ich heimkam, fand ich ihn in äußerster Verwirrung durchs Haus wandernd vor; er fragte andauernd, wo ich denn so lange gewesen sei? Meine Antwort befriedigte ihn nur kurze Zeit, dann fragte er wieder. Der Arzt meint, er habe während meiner Abwesenheit einen leichten Schlaganfall gehabt und ich solle nicht riskieren, ihn wieder allein zu lassen.

So werde ich euch kaum sehen können, sicher nicht in diesem Sommer und möglicherweise gar nicht mehr. Vielleicht ist es aber auch besser, wenn wir uns so, wie wir waren, in Erinnerung behalten. Schreibt bitte, sooft ihr nur könnt – es wird mir helfen, euch nicht zu arg zu vermissen. *Je vous embrasse, Bess*

Mrs. Jacqueline Kennedy Dallas, den 23.11.1963, vier Uhr morgens
Weißes Haus
1600 Pennsylvania Avenue NW
Washington D.C.

Liebe Mrs. Kennedy,
der Poststempel von Dallas auf diesem Brief hält Sie hoffentlich nicht davon ab, ihn zu lesen. Ich bin zwar nur eine von Millionen, die Ihre große Trauer mit Ihnen teilen, aber heute Nacht fühle ich mich Ihnen besonders verbunden.
Sehen Sie, ich habe meinen Mann verloren, als ich noch sehr jung war, und hatte Kinder wie Sie, die ich großziehen musste. So kann ich ermessen, wie allein und verloren Sie sich jetzt in diesem Moment fühlen müssen. Aber anders als Sie konnte ich damals meinen Zorn nicht auf einen Mörder richten oder auf die Stadt, die ihn beherbergt hat.
Gleich nach der Jahrhundertwende kam ich als junge Braut nach Dallas und sah voller Stolz, wie diese Stadt Menschen aller Rassen und Religionen und jeder politischen Überzeugung aufgenommen hat. Doch gestern ist mir klar geworden, dass wir eine Weltstadt sind: groß genug, um einem Verbrecher Obdach zu geben. Heute ist mein dreiundsiebzigster Geburtstag. In den letzten Jahren habe ich jeden Geburtstag, den ich noch feiern konnte, als persönlichen Triumph betrachtet. In dieser Nacht aber, in der mich Radio und Fernsehen wach halten und die Schrecken der letzten zwölf Stunden aufs Neue durchleben lassen, denke ich zum ersten Mal, dass ich vielleicht schon zu lange auf der Welt bin. Ich fühle mich Ihnen jetzt zu nahe, als dass ich Sie Mrs. Kennedy nennen möchte. Sie sind selbst eine so viel größere Persönlichkeit, als diese Bezeichnung es besagt;

heute sieht die ganze Nation in Ihnen nur die Witwe unseres geliebten Präsidenten, aber in den Wochen und Monaten, die vor Ihnen liegen, sollten Sie sich immer vor Augen halten, dass Sie selbst eine bedeutende Frau sind.
Courage, ma chère Jacqueline. Je vous embrasse de tout mon cœur.

Elizabeth Steed Garner

Dallas, am Weihnachtsabend 1963

Liebste Lydia,
das ist das letzte Weihnachtsfest, das ich in diesem Haus verbringen werde. Auf meinen Wunsch hin versammelt sich die Familie heute hier. Früher habe ich an diesem Tag den Morgen mit Eleanor und Walter in deren Haus verbracht und den Abend bei Andrew und Nell. Heuer möchte ich in meinem eigenen Heim von der Familie umgeben sein.
In all den Jahren vorher habe ich mich um die Weihnachtsdekorationen nie besonders gekümmert, habe es den Kindern überlassen, ihre Häuser mit Bäumen und Kränzen und Kerzen zu schmücken und zu verzaubern. Aber heuer habe ich die allergrößte Tanne gekauft, die ich auftreiben konnte, und mit allem Flitterkram behängt, den ich zwanzig Jahre lang auf dem Speicher aufgehoben hatte.
Sam bleibt im Pflegeheim, in dem er seit seinem zweiten Schlaganfall an Thanksgiving untergebracht ist. Ich besuche ihn jeden Tag, und obwohl er immer lächelt, wenn er mich sieht, verliert er bei der Unterhaltung gewöhnlich den Faden. Ich glaube, er möchte nach Hause. Der Arzt allerdings äußert sich dazu wenig hoffnungsvoll und ist für eine ständige ärztliche Überwachung.
Unter diesen Umständen hält mich nichts mehr vom Verkauf des Hauses ab. Durch Sams labilen geistigen Zustand erübrigt sich die Notwendigkeit seiner Unterschrift. Ich bin schon ganz ungeduldig, die Verteilung meiner Besitztümer vorzunehmen;

für mich selbst brauche ich ja in meinem zukünftigen Appartement herzlich wenig und würde gern den Rest meiner Habe korrekt an die Erben verteilt sehen.
Im letzten Monat habe ich schon ein genaues Inventar aufgestellt und den ungefähren Verkaufswert dazu notiert, so dass ich die Sachen gerecht verteilen kann. Die älteren Enkel haben sich für ein paar Stücke speziell interessiert, und ich will mein Möglichstes tun, um ihre Wünsche zu erfüllen – sogar auf Kosten meines neuen Domizils. Aber lieber mache ich meine Enkel glücklich, als ausgerechnet die paar Möbel, die sie sich ausgesucht haben, für mich zu beanspruchen. Die jüngeren Enkel, die noch zur Schule gehen, konnten sich für nichts aus dem Hausrat begeistern, aber ich habe einige repräsentative Stücke für sie zur Seite gestellt, damit sie sich später nicht beschweren, ich hätte sie übergangen.
Das Haus wird nach den Feiertagen auf dem Immobilienmarkt angeboten; der Makler schwört, es werde innerhalb eines Monats verkauft sein. Alle mit dem Umzug zusammenhängenden Probleme werden in Kürze durch die sehnlichst erwartete Ankunft meines ersten Urenkels überstrahlt sein.

Joyeux Noël, Bess

Stadtausgabe/Herausgeber
The Dallas Morning News
Dallas, Texas

Dallas, den 15.6.1966

Sehr geehrter Herr,
anliegend übersende ich Ihnen einen Nachruf auf mich, den ich selbst verfasst habe, damit er in Ihrem Archiv aufbewahrt werden kann. Wenn ich, abgesehen von der Todesursache und dem Zeitpunkt meines Todes, irgendwelche wichtigen Details ausgelassen haben sollte, rufen Sie mich doch bitte einfach an. Ich möchte gern meiner Familie am Tag meines Hinscheidens

jede Störung ihrer Trauer ersparen, und zweifellos gibt es viele Einzelheiten in meinem Leben, von denen sie nur verschwommene Vorstellungen haben.
Außerdem lege ich eine Portraitaufnahme bei, die ich bitte, zu kopieren und mir dann so bald wie möglich zurückzuschicken. Es ist nicht das neueste Foto, aber doch das schmeichelhafteste. So dulden Sie bitte diese letzte Eitelkeit, und achten Sie darauf, dass das Bild neben den Nachruf in die Zeitung kommt. Es ist mein Recht, die Art und Weise selbst zu bestimmen, in der ich in Erinnerung behalten werden möchte.
Es ist mir bekannt, dass die *New York Times* Nachrufe prominenter Persönlichkeiten vorbereitet und normalerweise die Betreffenden um eine Interview ersucht. Den *Dallas News* ist diese Methode unbekannt, und seit ich fünfundsiebzig bin, hat sich noch niemand bei mir gemeldet. Sollte irgendein Zweifel über die herausragende Position bestehen, die ich hier in der Gemeinde zusammen mit jedem meiner beiden Ehemänner innehatte, dann sprechen Sie bitte mit Ihrem Verleger, dessen Vater mein Nachbar und in den letzten Jahren mein Freund war.
Ich bin mir darüber im Klaren, dass der Nachruf unter Umständen nicht ganz genau nach meinem Konzept gedruckt wird; ich wäre jedenfalls an einem Abzug sehr interessiert. Vielleicht könnten Sie so freundlich sein und mir einen solchen zur Begutachtung beifügen, wenn Sie mir das Foto zurückschicken. *Hochachtungsvoll, Bess Steed Garner*

P.S. Ich habe auch einen Text für die Todesanzeige meines Mannes entworfen, die ich beilege. In Anbetracht seiner schwindenden Kräfte würden Sie gut daran tun, sie in einem aktuelleren Ordner aufzubewahren als meinen Nachruf.

Dame der Gesellschaft friedlich verstorben.

Elizabeth Steed Garner, seit 1909 eine prominente Bürgerin unserer Stadt Dallas, verstarb heute in ihrem Heim, einem Luxusappartement mit Blick auf Turtle Creek.
Sie wurde 1890 in Honey Grove geboren, einer kleinen Stadt hundert Meilen südlich von Dallas, die ihr Vater, Andrew Alcott, mit aufgebaut hatte. Sie besuchte das Mary Baldwin College in Virginia, verließ es aber ohne Abschluss, um ihren Klassenfreund Robert Randolph Steed zu heiraten, Sohn eines führenden texanischen Pädagogen.
Das junge Paar kam auf seiner Hochzeitsreise nach Dallas. Mit Unterstützung seiner Frau übernahm Mr. Steed eine leitende Stellung im aufblühenden Immobilienmarkt und konnte in den neun Jahren, die er hier lebte, das Anwachsen der Bevölkerung von Dallas von 90 000 auf 150 000 Einwohner miterleben.
Das Ehepaar zog dann mit seinen drei Kindern nach St. Louis, um Mr. Steed bei seinem zunehmenden Engagement im Versicherungsgeschäft zur Seite zu stehen. 1918 wurde er Präsident der Midwestern-Lebensversicherungsgesellschaft. Aber durch die enorme Anstrengung in der letzten Kampagne der Kriegsanleihen im 1. Weltkrieg erschöpft, erlag er einer Influenza und starb 1919. Seine Witwe kehrte nach Dallas zurück; sie unternahm weiterhin ausgedehnte Reisen, bis sie in den letzten Jahren durch Krankheit an ihr Heim gefesselt blieb. 1922 heiratete sie einen jungen Ingenieur, Samson Arlington Garner, der von Pennsylvania nach Texas gezogen war. Mit großem Stolz verfolgte sie seine Karriere. Er wurde zum Präsidenten der Daltex Stahlwerke ernannt und 1960 zum Aufsichtsratsvorsitzenden. Sie war eine Hauptaktionärin der Gesellschaft.
Als Mitglied des Dallas Shakespeare-Clubs und Gründungsmitglied der städtischen Konzert-Zyklen und des Dallas-Symphonieorchesters verschrieb sich Mrs. Garner ganz dem kulturellen Leben der Stadt. In ihrem Testament ist vorgesehen, dass alle Kunstschätze aus ihrem Besitz an das Museum der Schönen Künste in Dallas übergehen.
An Stelle von Blumen wird gebeten, mit einer Spende an den Gedächtnis-

fonds des Shakespeare-Clubs auf ihren Namen junge Dramatiker unserer Zeit zu unterstützen.
Mrs. Garner ist Mitglied der Bischöflichen St. Matthews Cathedral, in der der Trauergottesdienst stattfinden wird. Sie wird im Hillcrest-Mausoleum beigesetzt.

Es trauern um sie Eleanor Elizabeth Burton, ihre Tochter, und Andrew Alcott Steed, ihr Sohn, beide aus Dallas, mit sechs Enkelkindern und einem Urenkel.

Dallas, den 10.8.1967

Lieber Dwight, liebe Totsie,
es hat eine Zeit gegeben, da wollte ich partout nach New York ziehen. Doch damals waren die Kinder noch klein, und Sam wollte mich heiraten – und so kann ich erst jetzt, mehr als vierzig Jahre später, die aufregende Erfahrung machen, in einem eigenen Appartement ein freies, unabhängiges Leben zu führen, hoch oben über der Stadt! Ich kann Turtle Creek sehen, und wenn es auch nicht der Central Park ist – nachts leuchten die hellen Lichter der Großstadt zu mir herauf, und sie könnten ebenso gut zu New York gehören.
Viele meiner Freunde wollen in ihrem Alter in die kleinen Städte zurückkehren, in denen sie geboren sind; sie werden ihre letzten Jahre dort dahindämmernd verbringen. Für mich selbst gibt es nichts Schöneres als einen Sonnenuntergang in der Großstadt, und ich denke gern an all die fremden Menschen, die hier in diesem Gebäude über mir und unter mir wohnen; es ist tröstlich für mich, alle diese mir nahen Leben zu spüren, deren Ablauf ich nicht kenne.
Meine mir treu ergebene Haushälterin ist mit unserem derzeitigen Lebensstil ebenfalls höchst zufrieden. Zum Glück ist sie zehn Jahre jünger als ich und kann immer noch, ohne straffällig

zu werden, einen Wagen chauffieren. Als das Haus glücklich veräußert war, habe ich mir einen neuen Oldsmobile Cutlass gekauft und ihn auf ihren Namen eintragen lassen. Jeden Nachmittag ziehen wir los und drehen unsere Runden; wir fahren bis zum Sonnenuntergang, dann besuchen wir Sam.

Sam hat jetzt ganz aufgehört zu fragen, ob er nach Hause kommen darf, und gestern habe ich auch verstanden, warum. Er und unsere frühere Nachbarin, Mrs. Perkins, saßen nebeneinander auf der Sonnenveranda, als ich zum Nachmittagsbesuch erschien, und ich nahm an ihrem friedlichen Schweigen teil. Sie hatten sich längst alles gesagt, was es zu sagen gab. Dann sah ich zu meiner Verwunderung, dass sie sich bei den Händen hielten. Sie grüßten mich höflich, aber sie schienen keine Ahnung zu haben, welche Rolle ich in ihrem Leben gespielt hatte.

Ich weiß jedoch aus früheren Unterhaltungen mit Mrs. Perkins, dass sie immer noch recht präzise Vorstellungen von der Wirklichkeit hat; in der Zeit, in der ich mein Haus verkaufte, fragte sie mir die Seele aus dem Leib und schien sehr betroffen, dass ich, wie sie annahm, meinen Mann für immer verlassen hätte. Sie hat ihn immer bedauert, wenn ich auf große Reisen ging; in meiner Abwesenheit war er häufig bei ihr zum Essen. Gestern hatte ich fast den Verdacht, dass ihre Gleichgültigkeit mir gegenüber mehr ihrer Sorge um Sam entsprang als einer Verminderung ihrer geistigen Fähigkeiten.

Als Sam endlich sprach, fragte er, ob ich die Dompfafffamilie sehen könne, die draußen am Fenster nistet? Ich brauchte gar nicht näher hinzuschauen, ich wusste, dass er von dem Fenster des Frühstückszimmers in einem Hotel sprach, wo wir waren, und dass er die Hand, die er umfasste, für meine hielt. Warum auch immer sie es tat – ich konnte meiner früheren Nachbarin nur dankbar sein, dass sie für die Illusion meiner ständigen Gegenwart sorgte und mir so ein unabhängiges Leben ermöglichte.

Betsy und ihr Mann waren mit der Kleinen den ganzen Sommer über hier. Es ist ein wahres Wunder, zuzusehen, wie eine neue Generation zum bewussten Leben findet. Meine Urenkelin schwätzt unaufhörlich, und ich kann dir nicht sagen, welche Freude es für mich ist, wieder eine kleine Stimme »Nana« sagen zu hören. Ich rufe jeden Abend an, bevor sie schlafen geht, und rede so lange mit ihr, bis ihre Mutter ihr den Hörer abnimmt.

Auch mit Sam telefoniere ich täglich. Ich gehe jeden Abend nach dem Essen ins Bett und rufe ihn von dort aus an, um ihm gute Nacht zu sagen. Eines Abends war ich mit meinen Freunden Townsend im Theater und vergaß anzurufen. Am nächsten Tag sagte mir die Schwester, Sam habe ihr nicht erlaubt, seine Nachttischlampe auszuknipsen. Ich erklärte ihr den Grund: Er wolle das Telefon sehen, damit er, wenn es klingelte, gleich abheben könne. Sie hatte versucht, ihm zu erklären, dass die Vermittlung schon geschlossen sei, aber er habe nur den Kopf geschüttelt und sie beschimpft, sobald sie der Lampe näher kam. Schließlich sei er bei Licht eingeschlafen.

Betsy redet mir zu, im Herbst zur Premiere des Stückes, das ihr Mann kürzlich geschrieben hat, nach Los Angeles zu fliegen. Es wird im neuen Theater aufgeführt, das eben eingeweiht wurde. Ich habe große Lust dazu! Warum kommt ihr beide nicht auch? Dann könnt ihr sehen, was meine Familie an Stücken und an Nachwuchs produziert hat. Beides erfüllt mich mit Stolz, und ich bin froh, zu ihrem Leben zu gehören. Es macht mir nur Kummer, Sam allein zu lassen, auch wenn ich jeden Abend ein Ferngespräch mit ihm anmelden würde. Aber die Reise geht mir nicht aus dem Kopf; zu lange haben wir unsere Freundschaft nur brieflich aufrechterhalten. Und ich wünsche mir nichts mehr, als euch in die Arme zu schließen, solange ich es noch kann.

Ich erinnere mich an einen Ausdruck, den ich im ersten Jahr im

Französischunterricht lernte: »J'ai le cœur gros«, um ein übervolles Herz zu beschreiben. Damals hielt ich diese Redensart für ziemlich grob. Ich wusste noch nicht, wie grausam und grob das Leben mit uns am Ende sein kann, wenn wir die verlieren, die wir lieben, einen nach dem anderen.

Ich sehne mich so danach, bei euch zu sein. »J'ai le cœur gros«, wenn ich an euch denke. *Je vous embrasse, Bess*

Dallas, den 23.11.1967

Liebe Totsie, lieber Dwight,

mein Koffer war schon gepackt für den Flug am frühen Morgen nach Los Angeles, als der Anruf kam. Sam ist friedlich im Schlaf gestorben. Ich hatte ihn noch am Nachmittag besucht und ihm am Telefon eine gute Nacht gewünscht und bin jetzt wirklich froh, dass ich noch zu Hause war. Den Flug habe ich storniert und zweifle jetzt, ob ich je wieder aus Dallas herauskomme.

Ich schaue mich um – wie viele meiner Freunde sind denn noch übrig? Wir sind Überlebende nach einem fürchterlichen Sturm; die Lebensqualität ist nicht mehr wichtig, im Augenblick geht es nur um die reine Existenz.

Als ich Betsy anrief, sagte sie, sie habe mir eine Nachricht für Kalifornien aufgespart: Der nächste Urenkel ist unterwegs! Ich habe Betsy überredet, in Los Angeles zu bleiben und nicht zur Beisetzung zu kommen – es ist zu gefährlich, in den ersten Monaten der Schwangerschaft zu fliegen.

Ich bin so müde. Da steht mein leerer Koffer neben dem Schrank – wie kam ich denn nur auf den Gedanken, eine so lange Reise zu unternehmen?

Es wird spät. Ich will jetzt essen. Muss Sam anrufen …

24.11. 1967

Sehr geehrte Mr. und Mrs. Davis,
Mrs. Garner hatte in der Nacht einen schweren Schlaganfall. Der Arzt sagt, er wäre für jeden anderen tödlich gewesen, aber anscheinend hat sie die Konstitution eines wesentlich jüngeren Menschen. Als ich ihren Koffer für die Klinik packte, fand ich diesen Brief neben ihrem Bett, und ich schicke ihn an Sie, auch wenn er unvollendet ist. *Mit den besten Grüßen*

Marthareen Jenkins, Haushälterin bei Mrs. Garner

Dallas, den 19.6.1968

Liebe Betsy,
es ist schwer für mich zu schreiben, aber ich möchte, dass du es weißt. Das Baby ist wunderschön. Wie Kind von der Wolkenfee. Ich möchte es im Arm halten. Nicht nur Bilder. Wann sehen wir uns? Komm und lasse Baby hier. Ich halte seine Hand fest, wenn Auto kommt. Traue mir. Bald wird Baby laufen und glauben, ich bin immer hinter ihm.
Eleanor kommt bald. Noch keine Blumen auf dem Tisch. Muss in den Garten. Nichts blüht hier, und wo sind die Dompfaffen hin? Ich möchte weit fort, in jenes andere Land.
Das ist ein sonderbares Land. Die Sonne hört nie auf zu scheinen. Ich bin sehr müde. Möchte schlafen, aber in meinen Augen ist Licht. Muss Sam anrufen. Dann geht mein Schiff. Captain's Dinner heute Abend. Schreibe mir. Möchte Briefe im Kasten. *Adieu, Nana*